京[illegible]浙

省域现代化的理论与实践

基于京沪苏浙鲁粤六省市的分析

Theory and Practice of Provincial Modernization

Based on the Exploration in Beijing, Shanghai, Jiangsu, Zhejiang, Shandong and Guangdong

王树华 孟 静 查婷俊 著

社会科学文献出版社
SOCIAL SCIENCES ACADEMIC PRESS (CHINA)

序

以中国式现代化全面推进中华民族伟大复兴，是党的二十大擘画的宏伟蓝图。习近平总书记在党的二十大报告中对中国式现代化的内涵特征和本质要求进行了全面阐释，对全面建成社会主义现代化强国、实现第二个百年奋斗目标作出战略安排，为新时代新征程推进社会主义现代化建设指明了前进方向、确立了行动指南。

实现现代化，区域发展始终是一个不可回避的重点问题。各国现代化发展的历史实践表明，区域率先是现代化发展的一般规律。比如，英国的现代化最初发生在交通和资源条件良好的"伦敦-伯明翰-利物浦-曼彻斯特"沿线区域，随后向其他区域扩散。美国最早承接英国现代化力量扩散的地区是紧邻大西洋的"波士顿-华盛顿"城市群，其后逐步向美国中部的"芝加哥-匹兹堡"城市群以及太平洋沿岸的"旧金山-圣地亚哥"城市群扩张。这些地方的现代化有一个共同特征，那就是现代化往往发端于沿海、沿河或者沿湖地区。中国式现代化是地域辽阔、人口规模巨大的现代化。党的十八大以来，以习近平同志为核心的党中央通过赋予东部发达省市特殊的使命与任务，明确要求东部发达地区先行发展，推进探索性、引领性发展。近三年，党中央、国务院先后出台意见支持深圳建设中国特色社会主义先行示范区，支持上海浦东新区打造社会主义现代化建设引领区，支持浙江高质量发展建设共同富裕示范区。2020 年 11 月，习近平总书记在江苏考察时赋予江苏"争当表率、争做示范、走在前列"的光荣使命，明确要求江苏"在率先实现社会主义现代化上走在前列"。2021 年 10 月，习近平总书记在山东考察时赋予山东"走在前、开新局"的光荣使命。由此可见，党中央对东部发达省市的决策部署，是充分建立在对现代化"区域率先"规律深刻把握基础之上的，东部发达省市的现代化实践有望为全国其他地区的现代化发展提供样本示范与经验借鉴。同时，从现实基础来看，东部发达省市在社会主义现代化建设上走在前列也是有基础、有条件的。

新时代新征程对现代化发展提出了新要求、新课题。新型智库发展要与时代同步，努力回答好时代之问、实践之问，为中国式现代化提供强有力的理论支持和智力支撑。在江苏省的12家重点高端智库和17家重点培育智库中，江苏区域现代化研究院是省内唯一明确以“区域现代化”为主攻研究方向的省级重点高端智库。自2015年12月成立以来，研究院以决策咨询为工作中心，服务省委省政府重大经济社会政策的前期预研、中期评估与后期完善提高，聚焦区域现代化理论与实践，力争建成集理论研究、战略谋划、决策服务、政策评估“四位一体”的高端智库。为进一步加强区域现代化的系统性、前瞻性、战略性研究，江苏区域现代化研究院专门组织编写了“区域现代化研究丛书”，围绕界定区域现代化在全国现代化格局中的方位、把握区域现代化在全国现代化中的比较优势、拓展区域现代化的发展内涵、涵养区域现代化的社会文明基础、前瞻性规避现代化陷阱以及区域现代化的其他重大理论与实践问题展开了系列研究。在区域现代化的实践中，省、市、县等各级地方政府对现代化的推进发挥着重要的组织、协调、支持、保障作用，可以对现代化的推进形成强大合力。2019年，我带领江苏省社会科学院的多位科研人员撰写了《设区市的现代化——以盐城为样本的探索》一书，从设区市现代化的内涵与路径、基础设施建设、现代产业体系、区域创新体系等多个维度对设区市现代化问题进行了系统研究。考虑到省域是国家现代化和城市现代化的枢纽环节，发挥着落实执行国家战略、协调动员基层力量的重要作用，江苏区域现代化研究院王树华、孟静、查婷俊三位科研人员以“省域现代化”为研究对象，撰写了《省域现代化的理论与实践——基于京沪苏浙鲁粤六省市的分析》一书，对省域现代化的理论与实践进行了深入研究，是对区域现代化研究的有益补充。希望他们继续努力，在区域现代化理论研究和实践探索中多出高质量的学术成果。

是以为序！

夏锦文

2022年11月

目　录

第一章　省域现代化：理论视角与实践路径

现代化是产生于人类生产生活实践的一种客观现象，它涵盖了进入近现代以来人类社会在经济、社会、政治、文化、生活方式、价值观、生态观等各领域发生的一系列变化，是一个多领域相互作用、系统推进的过程。当前，现代化已经成为各个国家和地区共同追求的发展目标。从我国的情况来看，“我们所推进的现代化，既有各国现代化的共同特征，更有基于国情的中国特色”。[①] 我国要建设的是“中国共产党领导的社会主义现代化”，是“中国式现代化”。作为我国重要的行政区划单元的现代化，省域现代化是“中国式现代化”建设的重要空间载体，发挥着落实执行国家战略，协调动员市县区级力量的作用，对其进行专门研究对实现“中国式现代化”具有重要意义。

第一节　现代化、区域现代化与省域现代化的内涵分析

一　现代化的内涵与特征

（一）现代化的理论内涵

现代化产生于人类实践，人类历史的渐进性和连续性导致人们对现代化发轫和兴起的时间认知存在差异，并进一步导致对现代化内涵理解的差异。有学者认为，现代化的萌芽可以追溯到 14 世纪中叶到 17 世纪的文艺复兴运动。如布莱克认为现代化进程开始于 1500 年左右，并且归纳了人类社

---

① 《习近平谈治国理政》（第四卷），外文出版社，2022。

会产生、农耕社会出现和现代化三次人类历史的革命性转变。[①] 但一般认为，现代化以18世纪开启于英国的工业革命和法国资产阶级大革命为开端，由此带来经济、社会、思想、政治、文化等领域的一系列翻天覆地的变化，包括经济领域的工业化、政治领域的民主化、思想领域强调天赋人权和理性主义等，这一切使人们相信一个新的时代已经到来。1748年人们用“modernize”（成为现代的）一词，1770年又引入“modernization”（现代化）一词，描述这些新变化、新现象。

“现代”是现时代所发生的一系列新变化的集合，“正在发生”决定了“现代”的特征是不固定的，这也是关于现代化的讨论较为“混乱”的原因。[②] 马克斯·韦伯认为，现代社会的特征是目标理性逐渐增多，具体表现为对个体利益的重视、自由劳动、专业分工、科层制及法制化等。[③] 罗兹曼认为，现代化是涉及社会众多方面的一系列变化过程，包括国际依赖增加、出生率和死亡率下降、经济持续增长、收入分配更加平均、专业化、官僚主义化、大众参与政治和教育普及等。[④] 帕森斯认为现代性具有普遍意义，是人类社会的发展走向，并通过与传统社会的对比定义了现代社会，传统社会具有特殊性、泛布性、先赋性、情感性和集体取向，现代社会则具有普遍性、专一性、自致性、中立性和个人取向。[⑤] 滕尼斯认为，现代社会以世界主义、大城市兴起和民族的生活等为特征。[⑥] 涂尔干认为，现代社会的特征是个人主义的兴起、个人权力的扩大和高度的分工。[⑦] 布莱克认为，现代化进程是现代功能对传统体制冲击的过程，现代性用于描述在技术、政治、经济、社会发展方面最先进国家的共同特征，现代化用于描述这些国

---

① C. E. 布莱克：《现代化的动力：一个比较史的研究》，景跃进、张静译，浙江人民出版社，1989。

② 奈特·毕乃德：《现代化与近代初期的中国》，载西里尔·E. 布莱克编《比较现代化》，杨豫译，上海译文出版社，1996。

③ Weber, Max, *Economy and Society*. New York: Bedminster Press, 1968.

④ 吉尔伯特·罗兹曼主编《中国的现代化》，陶骅等译，上海人民出版社，1989。

⑤ Parsons, Talcott & Shils, Edward, *Toward a General Theory of Action*. New York: Harper and Row, 1951.

⑥ 斐迪南·滕尼斯：《共同体与社会》，林荣远译，商务印书馆，1999。

⑦ 埃米尔·涂尔干：《社会分工论》，渠敬东译，生活·读书·新知三联书店，2017。

家获得这些特征的过程。[①][②] 艾森斯塔特认为，现代化以高度的结构分化、社会流动以及更大规模的统一、集中的制度建立为特征。[③] 吉登斯则用工业化、资本主义、国家行政和军事力量描述现代性。[④] 亨廷顿等人认为，广义上讲现代化是指工业革命以来人类社会经历的一系列变革，这场变革以工业化为推动力，渗透到经济、政治、文化、思想等各领域；狭义上讲现代化是落后国家采取高效途径、有计划地快速追赶先进工业化国家，融入世界现代化进程的发展过程。[⑤] 何传启等人认为，现代化是一个世界性现象，它发生在人类社会的各个领域和前沿及后进国家或地区；是文明的进步，包括文明要素的创新、选择、传播和退出，现代文明的形成、发展、转型和国际互动；也是国家的发展目标，是国家要追赶、达到和保持世界先进水平的目标。[⑥]

本书综合各学者研究认为，现代化是指以工业革命、启蒙运动和理性主义的兴起为开端，以科学技术进步和知识普及为动力，由生产力发展而引起的人类文明的全方位变革，是由农业文明向工业文明再向后工业文明系统演进的过程，是物质空间、经济、政治、社会、文化、思想观念和行为习惯等由传统向现代全面进步发展的过程。[⑦] 现代性则意味着变得更加现代，是现代化成果的结晶，它意味着对过去历史阶段的更新、革新和进步。

（二）现代化的发展特征

第一，现代化既是发展的目标也是发展的过程。现代化的过程是开放的、动态的、不断推进的、永无止境的。康德把人类历史分为幼年期、青年期和以理性为主导的成年期；孔德把人类历史分为神学阶段、形而上学阶段和科学阶段，并认为科学阶段是人类社会发展的最高阶段。成年期和

---

① C. E. 布莱克：《现代化的动力：一个比较史的研究》，景跃进、张静译，浙江人民出版社，1989。

② 郝文武：《乡村振兴战略中农村教育现代化的本质和目标》，《南京师大学报》（社会科学版）2021 年第 4 期。

③ S. N. 艾森斯塔特：《反思现代性》，旷新年、王爱松译，生活·读书·新知三联书店，2006。

④ 安东尼·吉登斯：《现代性的后果》，田禾译，译林出版社，2000。

⑤ 塞缪尔·亨廷顿等：《现代化：理论与历史经验的再探讨》，张景明译，上海译文出版社，1993。

⑥ 何传启主编《中国现代化报告（2020）》，北京大学出版社，2020。

⑦ 孟静：《中心城市现代化的动力机制与路径探索》，《现代经济探讨》2020 年第 12 期。

科学阶段均是对现代的不同表述，现代是一个持久的时间和过程。[①] 这一过程中新的取代旧的，更新的又取代新的。可见，现代化是一个相对的概念，现代是在与传统的对比中被定义的。现代化的目标也是不断发展的。何传启根据不同历史阶段的现代化特征提出了第一次现代化和第二次现代化：第一次现代化发端于蒸汽革命、电力革命等带来的生产力发展和生产方式变革，以机械化、工业化、电气化、城市化、民主化等为特征；第二次现代化则更多地体现为现代化质量的提升，内涵式发展取代外延式增长，以信息化、知识化、人本化、全球化等为特征。[②] 需要注意的是，第一次现代化和第二次现代化是基于对发达国家现代化历史的理想分类，对发展中国家和地区的现代化实践来说，现代化还意味着要追赶乃至超越发达国家，如果严格按照第一次现代化和第二次现代化的顺序推进，这种超越或引领是十分困难的。因此，从实践角度看，两次现代化不是截然分开的，而是同步推进的。[③] 这种同时性是我国立足和塑造自身优势，确定更高目标，实现跨越式发展的依据。

第二，现代化过程是非线性的。从第一次现代化到第二次现代化既有延续又有革新，甚至冲突，某些主导方向和发展目标已经更迭，出现了知识化、信息化、人文化、生态化转型。[④] 卡林内斯库区分了两种现代性：一是社会领域的现代性，它源于工业革命和科技革命，是理性主义和实用主义的；二是美学和哲学领域的现代性，强调非理性主义，是对第一种现代性的反思，这两种现代性存在着矛盾，甚至是剧烈冲突，使得现代性具有“反对自身的传统”的特征，即通过断裂与危机实现创新是现代性与生俱来的意识。[⑤] 从世界范围的实践看，现代化的过程不是一帆风顺的，甚至有中断乃至逆流的可能，中断的原因主要是创新能力不足、各领域间不协调、群体间获得感差异等导致的关系紧张和现代化后续动力不足等，极大削弱国际竞争力、延缓现代化进程。[⑥] 就中国而言，全面建成小康社会、基本实

① 尹保云：《现代性与现代化的历史定位》，《学术月刊》2005 年第 10 期。
② 何传启：《第二次现代化理论与中国现代化》，《中国国情国力》2002 年第 10 期。
③ 洪银兴：《现代化理论和区域率先基本现代化》，《经济学动态》2012 年第 3 期。
④ 孟静：《中心城市现代化的动力机制与路径探索》，《现代经济探讨》2020 年第 12 期。
⑤ 马泰·卡林内斯库：《现代性的五副面孔》，顾爱彬、李瑞华译，译林出版社，2015。
⑥ 孟静：《中心城市现代化的动力机制与路径探索》，《现代经济探讨》2020 年第 12 期。

现现代化是社会主义现代化建设的不同阶段，从全面小康到基本实现现代化不是直线延续、简单累积，而是发展格局、发展目标、质量和结构的全面跃升，需要付出巨大的努力。实现现代化目标，既要允许走在前列的区域先行探索、积累经验、发挥先导作用，又要充分发挥先行区域的引擎作用和带动作用，促进区域协调发展，实现共同富裕。

第三，现代化是人类社会各领域共同变化和相互作用的过程。现代化是涉及人类社会各领域、包括多方面内容的全面系统的发展过程，它涉及人类社会根本性和整体性的变化。现代化目标能否顺利实现，既受经济因素、经济体制的影响，也受社会、文化、治理体制、民主法治、国民素质、环境质量等非经济因素的影响，不能简单地将现代化过程归结为某一领域或某一因素的变化。现代化实践的全领域特征，决定了现代化的整体性和长期性，也决定了对现代化的研究必然具有跨学科、多学科的特征，不同领域的学者采取各具特色的研究方法、从不同角度对现代化进行研究，产生了经济现代化、区域现代化、人的现代化等更为具体的概念。当然，现代化在各领域的推进不是同步的，它可能首先开始于某一领域，但在发展过程中，率先突破的领域必然与其他领域发生关联，带动其他领域的现代化，某些领域的相对滞后会阻碍整个现代化进程，甚至引发各领域的混乱，带来经济、环境、社会等各方面的问题，只有各领域良性互动、互相支撑，现代化才能持续推进。立足全局来看，现代化具有整体性。① 因此，对现代化的评价也必须是综合全面的。

二　省域现代化：区域现代化研究的重要尺度

（一）区域现代化的理论内涵

现代化产生和发展于人类的实践，具有实践性。人类的实践活动必须在现实世界中展开，必然落地于特定的空间，因此现代化具有空间性，区域现代化就是现代化实践在具体空间中的落地。崔大树认为，区域现代化是某一地区在现代化动力（工业化、城市化、科学技术和信息化等）和制

---

① 孟静：《中心城市现代化的动力机制与路径探索》，《现代经济探讨》2020 年第 12 期。

度革命的共同推动下发生的复杂系统的时空演变过程。[①] 肖金成从目标角度思考区域现代化，指出现代化区域发展体系是统筹协调发展、轴（交通轴）带（经济隆起带）引领发展、群（城市群）区（经济区）耦合发展、城乡联动发展的体系。[②] 刘旺洪认为，区域现代化是以科技革命和社会进步为动力，不同区域由农业社会向工业社会、知识社会转型的过程。[③] 综合各学者研究，本书认为区域现代化指某个地区的经济社会文化等由传统向现代的全面变革，也指以现代化目标为导向的区域发展过程。

第一，区域现代化既是现代化在具体空间上的实践，也是区域率先发展理论在现代化领域的呈现。现代化受经济发展、科技创新、社会发展、人的素质等多种因素的共同影响，不同区域的现代化起点差异很大，导致现代化实践在空间维度上是不同步的，这使得区域率先现代化成为可能。一般而言，现代化进程会首先开始于科学技术基础和经济社会发展水平较高的区域，并对其他区域产生示范效应和辐射带动作用，其他区域通过与率先现代化区域的分工合作及学习交流也将逐步开启现代化进程。就世界范围来看，现代化首先开始于西欧，进而扩散到北美，再向东亚、东南亚扩散；中国的现代化首先发端于长三角城市群、珠三角城市群、环渤海经济区等几个具有关键优势的区域。

第二，区域现代化是一个开放的系统。某一区域的经济系统、创新系统、生态系统等的正常运转，必然与其他区域发生千丝万缕的联系，因而区域的现代化过程不可能是封闭的，区域现代化必须保持对外开放。率先现代化的区域一方面会吸引大量人口流入，另一方面也会通过产业升级将某些产业转移出去、延长产业链条，从而形成对其他区域的带动作用。因此，区域现代化在某一阶段可能会导致区域间发展差距的扩大，但从中长期来看，随着现代化进程的推进，区域间发展水平的差距将逐步缩小，区域间的发展将逐步由不均衡走向均衡。

第三，区域现代化落脚的区域不是任意划定的一片空间范围，而是具有一定的自主性、内部联系和相对一致性的区域。一是要具有一定程度的

---

① 崔大树：《关于区域现代化基本涵义的理论探讨》，《经济学动态》2002 年第 12 期。

② 肖金成：《建设现代化区域发展体系》，《宏观经济管理》2019 年第 3 期。

③ 刘旺洪：《区域现代化界说：从全球实践到中国方案》，《现代经济探讨》2018 年第 9 期。

自主性和主动性，可以立足自己的区域发展条件和现代化程度，制定现代化规划、选择现代化策略等。二是空间必须具备一定的整体性，具有相对一致性和内部联系，在自然条件、区位条件、经济社会发展水平、制度体制、人口素质、文化传统等要素方面存在相对一致性或互补性，使其可以区别于其他区域，在交通信息、经济发展、社会交往、人员流动等方面具有密切的联系。国家现代化、城市群现代化、省域现代化、城市现代化、社区现代化等，都是区域现代化的不同空间尺度。

（二）省域现代化的理论内涵

省域是区域现代化的重要空间单位。在现代化的实践中，国家、省、市、区等各级政府对现代化的推进发挥着重要的组织、协调、支持、保障作用，可以对现代化的推进形成强大合力。其中，省域是国家现代化和城市现代化的枢纽环节，发挥着落实执行国家战略、协调动员基层力量的作用，可以有效链接起国家制度优势和实践创新优势，是区域率先现代化的重要落实层面。一般而言，省域现代化是现代化在省级空间上的全面投射，是涉及各领域、各方面的系统工程，发挥着承上启下的衔接作用，既是落实国家现代化战略的重要环节，又对城市现代化发挥着重要的指导作用。省域现代化的首要目标是在国家现代化目标指引下，结合省域实际构建现代化实践体系，包括现代化目标体系、政策规范体系、主体协同体系、高效组织体系和方法路径体系，一方面为省域现代化提供明确目标，另一方面为全国现代化提供创新经验。与国家现代化具有全面性相比，省域现代化实践必须建立在自身发展优势和发展特色的基础上，其现代化内容是有侧重的，侧重于科技创新现代化、经济现代化、社会治理能力和社会治理水平现代化、生态现代化、人的现代化等方面，政治现代化、制度现代化则更多属于国家现代化层面的内容。就省域来说，能够率先推进的只是基本现代化，全面现代化需要立足全国范围。

省域现代化之所以是区域现代化研究的重要尺度，主要是因为以下三点。一是省域的空间范围具有相对稳定性，当前的行政区划调整主要集中在区级层面，省域作为一级行政主体区域的稳定性较强，有利于现代化措施的连续执行和现代化进程的持续推进。二是省域具有一定的决策自主性，可以有效调动省市区三级的资源和积极性，省域既是经济区也是行政区，在省域范围内，市场调控主体、社会发展主体、决策主体、治理主体与行政主体相一致，可以一体化地进行决策、制定和推行规则，有利于实现协调发展。三是省域具有较强的内部联系，尤其是随着交通基础设施建设和信息化平台建设，省域内部要素流动性增强，规则相对统一，信息交流更加频繁，更有利于实现资源的优化组合，可以有效激发现代化的内生动力。当然，以省域为现代化单元不是要划定现代化的边界，事实上现代化需要各种要素跨越省域自由流动，省域同样可以在跨省域流动、城市群合作和提升区域国际竞争力等方面发挥重要积极作用。

当前，中国对省域现代化的研究主要集中在两个方面。一是，以省域为研究范围探索区域率先现代化的对策措施，主要是以北京、上海、江苏、浙江、广东、山东等经济发达省（市）为研究对象，探索率先实现基本现代化的发展模式、战略重点、对策思路和路径等。二是，对省域现代化发展水平进行测度和比较研究。沈正平等人构建了省域基本现代化指标体系，对中国 31 个省（区、市）的现代化水平进行评估，将其划分为高水平区域、较高水平区域、中水平区域、较低水平区域、低水平区域五种类型，发现现代化水平较高的省份集中在东部沿海。① 崔大树对 12 个省（区、市）的现代化发展水平进行了测度，将其分为四类并分别提出相应的发展建议。②

（三）省域现代化在我国社会主义现代化建设中的定位和作用

区域发展过程的不平衡性，决定了我国的现代化进程要采取区域率先推进的模式，其中省域作为一级完整的行政区划单位，是最适宜区域整体推进的空间尺度。省域现代化在促进全国现代化、促进城市群现代化、提高全球城市的国际竞争力等方面，都发挥着重要作用。

第一，可以为全国现代化积累创新经验。较发达省份率先推进和实现基本现代化，可以立足省情制定更符合实际需求的发展措施，进行渐进式且更多样的现代化创新，探索现代化的多样化路径和模式，在引领性发展

---

① 沈正平、马晓冬、范文国：《我国省域基本现代化建设水平综合评价》，《甘肃社会科学》2013 年第 1 期。

② 崔大树：《关于区域现代化基本涵义的理论探讨》，《经济学动态》2002 年第 12 期。

和创新发展上取得突破，可以对其他省份发挥引领带动和目标导向作用，有利于从总体上加快中国的现代化进程。其他省份则可以通过向现代化先行省份学习、合作与交流加快实现现代化，从而实现现代化在空间上从不均衡向均衡的转变。

第二，可以为全国现代化提供更好的条件保障。我国幅员辽阔，东部、中部、西部发展水平差距较大，以省域为单位推动现代化可以更好地立足实际，极大地提高决策效率和可操作性。省域作为一级财政主体、行政主体、考核单元和统计单元，可以通过建设一体化的交通运输网络、信息通信网络、制度规范等基础设施，为要素流动提供更稳定的支撑，保证各类要素在空间上高速流动。实现现代化作为国家目标，实践过程必然要求更好地发挥政府作用，省域单元内发展水平相对一致，而且在长期发展中形成了特定的生产消费的组织模式，在文化历史传统和心理感情上也更为一致，有利于达成经济社会文化发展的共同目标，以省域为具体组织单元推进现代化不仅可以调动地方政府强有力的推动能力，而且更有利于政府和市场的结合。

第三，省域作为一级治理主体和财政主体，可以立足全省发展公共事业、增进民生福利、促进社会发展，并积极推动省内各地级市间的合作，对确保公平具有重要意义。现代化不仅是经济现代化，还包括社会发展和社会福利等公共性的发展目标。在同一省内，居民更密切、更广泛的流动和接触决定了其对省内公共服务公平性的要求更高。以省域为单位促进公共服务和社会治理现代化，通过地方资源统筹、优化配置资源等措施，可以在全省范围内增加公共服务供给、确保公共服务均等化、提高公共服务质量，尤其是可以更有针对性地立足省域发展中的短板，增加对农村、郊区等相对薄弱地区的科教文卫社会保障供给，对确保中心城市、腹地、乡村的共同富裕具有重要意义。因而以省域为单位推进现代化，可以更好地平衡公平和效率的需求。同时，省级政府可以更好地承担某些大型建设项目支出，确保各地级市在基础设施上基本公平，并且合理平衡和调节市级的建设项目，有效防止市级层面的“重复建设”。

第四，省域空间范围适度，可以更高效地为现代化提供科技支撑、集聚经济、人才市场、决策支持和社会文化等基础设施和发展环境。一方面，当前全球范围内城市区域间的竞争日益加剧，省域区域发展的有机性和整体性更强，具有一定的经济发展规模，经济社会人文环境一致性强，要素流动成本更低，可以为全球城市参与国际竞争提供有力的支撑。全球城市或区域中心城市的发展收益和绩效落地于省域、辐射带动作用也首先影响周边城市，因而省域具有支持全球城市或区域中心城市发展的强大愿望，可以采取一系列省级政策促进中心城市爆发式、突破式增长。另一方面，省域囊括了中心城市和腹地、城市和乡村，更有利于区域现代化过程中梯度推移、极化涓滴或辐射带动作用的发挥。省域现代化有利于协调全球城市、中心城市和腹地的关系，有利于城乡之间的互动和一体化，可以使区域间的发展不平衡和平衡保持在一个合理范围内，既能充分发挥中心城市的辐射带动作用，又能充分发挥腹地的支撑作用，使现代化更可持续。

第五，作为区域现代化的中观层面，省域现代化处于更高层面的国家现代化和更基层层面的城乡现代化的中间环节，有着承上启下的作用，既能落实国家现代化的要求，又可以指导城市和乡村的现代化，通过省域层面的协调，在确保落实国家政策的同时，可以有效避免机械化、教条化的执行政策。在现代化过程中，各要素在全球范围内自由流动，推动了全球化和流动空间，同时生产实践依然要立足于空间，只有区域采取开放发展战略才能有效促进各种流动与合作，因此现代化是全球化与地方化共同推进的过程。在经济发展上，全球化和地方化作为现代化过程的两个方面，共同推动了地域空间重组。一方面，各种跨越省域的空间，如城市群、世界城市大量出现并发挥着越来越重要的作用；另一方面，省域依然是一级重要的空间单元，不仅可以通过整合合作主体利益提高城市群的合作效率，而且可以为世界城市的发展提供有力的腹地支撑，事实上无论是城市群还是世界城市的发展都需要省域的强有力支撑。在科技发展上，省域是支撑创新单元和创新主体的创新区域，可以通过加大财政投入、建设科技创新走廊和科技创新共同体、建设科技创新公共平台等措施，有效支撑创新。在跨省域的城市群一体化发展上，在市与市自主合作的同时，以省域为单元参与分工合作，有利于合作方之间形成对等关系，可以发挥协调动员地级市的作用，可以减少参与合作的主体数量，从而促进更加深入、聚焦的交流，因而更利于达成合作协议。在社会治理上，省域治理是联结国家治理的顶层框架设计和基层治理的创新实践的枢纽，省域治理现代化可以有效协调国家治理和基层治理单元，实现维护中央统一管理和地方有效治理的双重目标，有助于提升地方治理效能。[①]

第二节　现代化理论研究：历史进程、理论流派与中国特色社会主义现代化

一　现代化理论研究的历史进程

现代化的理论研究，是经济、社会、政治、哲学、文化、人类学等诸领域的学者对现代化实践过程的总结和反思及对何为现代化、如何实现现代化的思考。正因为如此，对现代化的理论研究要迟于现代化的实践。西方的现代化研究，主要以世界现代化历史及现代化实践为研究对象，形成了现代化的概念、理论、评价方法、实现路径等一系列研究成果。

19 世纪到 20 世纪初，马克斯·韦伯从论证资本主义合理性和合法性的角度出发，马克思、恩格斯、卡莱尔等人则从批判现实的角度出发，分别对工业化和资本主义带来的系统性变化进行研究，二者均可视为现代化理论研究的萌芽。正如亨廷顿指出的，西方现代化理论可以在斯宾塞和马克思等人的著作中寻找到起源。[②]

20 世纪五六十年代，第一轮现代化理论研究达到高潮，经典现代化理论从经济发展、历史变迁、社会结构、制度建设、人的现代化等领域对现代化进行研究，共同构成经典现代化理论。

20 世纪八九十年代，学术界立足世界经济社会发展的新状况，进一步开启了对经典现代化理论的反思和发展，由此带来第二轮研究高潮，出现了自反性现代化、再现代化、多元现代性、全球化、后现代主义、生态现代化等理论，是对经典现代化理论的超越。

当前，现代化已经成为一种世界性的发展趋势和大多数国家主动或被动的追求，现代化理论被广泛用于指导实践。

---

① 李建华、李天峰：《省域治理现代化：功能定位、情境描绘和体系建构》，《行政论坛》2021 年第 4 期。

② 塞缪尔·亨廷顿：《导致变化的变化：现代化、发展和政治》，载西里尔·E. 布莱克编《比较现代化》，杨豫译，上海译文出版社，1996。

二　现代化研究的主要理论流派

（一）经典现代化理论

经典现代化理论产生于20世纪50年代，是不同领域的学者研究世界现代化进程的一系列理论集合，而不是单一的理论。[①] 经典现代化理论立足总结发达国家的现代化现象、思考发展中国家如何追赶发达国家两个视角，主要内容包括经典现代化的理论内涵、特点、规律、模式、动力和结果等。

按照研究领域的不同大致可分为经济现代化、政治现代化、社会现代化、文化现代化、人的现代化、现代化哲学和现代化历史研究七个分支。在经济上，认为现代化发端于工业革命带来的生产力大发展，重视工业化的发展、市场经济和自由企业制度的建立。库兹涅茨认为，现代化是基于技术进步及与此相应的制度优化和意识形态调整，一个国家向人民供应经济商品的能力进入长期上升阶段，是与工业化、城市化同步的过程。[②] 在政治上，认为现代化以对自由、民主、法制、秩序的追求和实现为标志，强调人的权利、民众监督和分权的政治制度等。亨廷顿提出了权力理性化、政治功能分化、全社会广泛的政治参与这三条现代化的标准。[③] 在社会上，认为现代化以社会功能专门化和多样化、基于社会分层基础上的有机整合、社会阶层流动性增强、社会生活世俗化、政府管理契约化等为特征，强调城市化、社会分层和社会组织的发展。帕森斯将社会行动理论应用于对现代性的分析，构建了融合社会科学的宏大社会理论体系。[④] 在文化上，强调宗教信仰的多元化、世俗价值观以及科学理性的精神。[⑤] 在人的现代化上，强调参与意识、合作、包容、富有时间观等现代品格。英格尔斯从人及其精神观念变迁的独特视角来把握现代化，强调现代化的关键是人的现代化，并归纳了现代人的九大特征，即乐于接受革新、形成见解的能力、面向未来、计划性和组织性、掌握环境、信任和承担义务、尊重他人和自尊、相

---

① 何传启：《现代化研究的十种理论》，《理论与现代化》2016年第1期。

② 库兹涅茨：《现代经济增长》，戴睿、易诚译，北京经济学院出版社，1989。

③ 塞缪尔·亨廷顿：《现代化：理论与历史经验的再探讨》，张景明译，上海译文出版社，1993。

④ 塔尔科特·帕森斯：《社会行动的结构》，张明德、夏遇南、彭刚译，译林出版社，2003。

⑤ 尹保云：《现代性与现代化的历史定位》，《学术月刊》2005年第10期。

信科学、按贡献获得报酬。[①]

经典现代化具有一定程度的“西方中心主义”色彩，对于20世纪80年代出现的后工业化、风险社会及发展中国家能否引领现代化进程等解释力度不够，因此后来出现了对经典现代化的反思和重构。

（二）现代化过程论

现代化过程论将现代化置于人类历史的发展阶段中研究，更加关注现代化发展的过程，更加关注现代化不同阶段的特征、发展规律和评价指征。[②] 美国发展经济学家罗斯托将人类社会发展分为传统社会阶段、为起飞创造前提阶段、起飞阶段、成熟阶段、大众消费、追求生活质量阶段六个成长阶段，由低级成长阶段向高级成长阶段依次过渡是人类社会发展的必然规律，其中为起飞创造前提阶段和起飞阶段是由传统社会向现代社会过渡的阶段，其后的三个成长阶段均属于现代化阶段。[③] 布莱克把现代化过程分为现代性的挑战、现代化的稳固、经济和社会的转型、社会整合四个阶段。[④]

（三）现代化的结构功能理论

现代化的结构功能理论更加重视对现代化状况、结果和本质的研究，认为现代社会与传统社会的根本差别是社会分工精细化和专门化、结构分化和社会整合。帕森斯认为，传统社会向现代社会的发展过程有两个方面：一是社会结构分化和层次化、社会功能专门化的过程；二是为应对社会分化导致的冲突和关系失调而发生的社会整合过程。分化程度高、整合功能成熟代表了现代化的水平。[⑤] 列维归纳了现代社会的结构特点，包括日益专业化的社会组织单位、高度发达的科层组织、各组织单位间日益紧密的相

---

① 阿历克斯·英格尔斯：《人的现代化——心理·思想·态度·行为》，殷陆君译，四川人民出版社，1985。

② 周毅：《现代化理论的六大学派及其特点》，《当代世界与社会主义》2003年第2期。

③ Rostow W., *The Stages of Economic Growth: A Non-Communist Manifesto*. Cambridge: Cambridge University Press, 1960.

④ C. E. 布莱克：《现代化的动力：一个比较史的研究》，景跃进、张静译，浙江人民出版社，1989。

⑤ 塔尔科特·帕森斯：《社会行动的结构》，张明德、夏遇南、彭刚译，译林出版社，2003。

互依存关系、国家权力的集中、家庭的小型化、普遍的伦理、发达的交换手段和市场等。①

（四）自反性现代化理论

20 世纪末，现代社会在日常生活、组织结构和全球系统等各方面均较 20 世纪 50 年代发生了重大变化，已经超越了经典现代化理论的解释能力，学术界开始对已有理论进行反思，由此形成了自反性现代化理论，即对现代化的现代化。

德国学者贝克在 20 世纪 80 年代提出“自反性现代化”，探索了现代性对工业社会进行抽离和重新嵌合的可能性，认为现代化的演进是整体的、复杂的而且是分阶段的，并把现代化分为普通现代化（建立工业社会）和自反性现代化（进入风险社会）两大阶段，正是工业社会的内部冲突导致了风险社会的来临和不确定性的回归。吉登斯提出“后传统社会”的到来，指出全球化和传统撤离是自反性现代化阶段的显著特征，“后传统社会”是第一个全球社会，是模糊空间意义上的社会。拉什则从结构、美学和社群的角度思考自反性现代化，并归纳出现代化的新特征，即个体的进一步个性化和零散化，基于共同情感的“自反性社群”的形成，制度变得更有文化性，文化机构占据中心地位，越来越多的社会交往和交换发生在体制之外等。②

生态现代化是自反性现代化的一个重要视角和内容。无论是贝克、吉登斯还是拉什都对生态问题给予了极大关注，指出自然的社会化，即环境已经不是外在于人类社会的，而是受人类生活的渗透。贝克认为可以借生态问题对工业现代性进行自我大改造，以保证将来的生存和发展能力；吉登斯认为应该抛弃自然无生命的观点，生态问题必须从自然终结和传统破除两个角度来理解。多元现代化则是自反性现代化的另一视角。艾森斯塔特用现代性的多元性批判经典现代化理论，指出现代性的蔓延不会导致单一文明或单一制度模式，而是具有多样性的方案和制度模式。③

---

① Levy M J., *Modernization and the Structure of Society*. Princeton: Princeton University Press, 1966.

② 乌尔里希·贝克、安东尼·吉登斯、斯科特·拉什：《自反性现代化：现代社会秩序中的政治、传统与美学》，赵文书译，商务印书馆，2014。

③ S. N. 艾森斯塔特：《反思现代性》，旷新年、王爱松译，生活·读书·新知三联书店，2006。

（五）后现代主义

后现代主义的出现主要源于经典现代化对理性主义、中心主义和人类改造自然能力的过度强调导致一系列发展的难题，作为应对，后现代主义出现了明显的人文主义、多元主义、生态主义转向。根据对现代的观点大体可以把后现代主义分为两类：一是反对现代性，主要出现在哲学、文化、艺术领域；二是对现代化的修正、发展和超越，主要出现在经济、政治、社会等实证领域。

鲍曼指出现代性正由"固体"阶段向"液体"阶段过渡，新阶段的核心特征是不确定性的增加，包括权力和政治分离，本应由政府履行的职能被抛给社会个体；社群削弱，社会日益成为随机组成的网络而非结构；计划性行动崩溃；个体抉择的风险增加等。① 鲍曼同时指出，全球化是现代社会不可逆转的过程，但他没有将全球化等同于全球一体化，而是指出全球化既联合又分化，在全球范围内流动性增强的同时，本土化也在进行，上层对底层的分隔和排斥日益明显，一部分人被固定在"本土上"。② 贝尔将人类社会的发展分为前工业社会、工业社会和后工业社会三个阶段，在后工业社会中，知识技术阶层出现并占据主导地位，理论知识占据中心地位，对技术的创造和控制能力决定发展方向，智能技术广泛用于决策。③ 英格尔哈特把20世纪70年代以来发达国家发生的变化统称为后现代化，认为后现代化是对现代化的超越而非反叛，它一方面延续了现代化的世俗化、专业化和个体化，另一方面与现代化以经济增长为核心目标不同，后现代化的核心目标是增加个人幸福、提高生活质量和情感体验。④

三　中国特色社会主义现代化

中国的现代化研究始于对西方现代化理论的引进和介绍。20世纪30年

① 齐格蒙特·鲍曼：《流动的时代：生活于充满不确定性的年代》，谷蕾、武媛媛译，江苏人民出版社，2012。

② 齐格蒙特·鲍曼：《全球化：人类的后果》，郭国良、徐建华译，商务印书馆，2013。

③ 丹尼尔·贝尔：《后工业社会的来临》，高铦、王宏周、魏章玲译，江西人民出版社，2018。

④ 罗纳德·英格尔哈特：《现代化与后现代化：43个国家的文化、经济与政治变迁》，严挺译，社会科学文献出版社，2013。

代，李达的《中国现代经济史概观》（1935 年）、何干之的《近代中国启蒙运动史》（1937 年）等，都对近代中国如何通过现代化改变积贫积弱的状态进行了研究。[①] 20 世纪 80 年代，随着改革开放的推进，经济建设成为党和国家的工作重心，带来理论界研究主题的重大转变，现代化成为学术研究的重要主题之一，迎来了新的研究篇章，以黎澍、罗荣渠、章开沅等为代表的学者开了中国现代化研究的先河。20 世纪末现代化研究出现高峰，并一直持续至今，随着我国进入社会主义现代化建设新阶段，对现代化的研究又出现了新一轮的高峰。

（一）中国特色社会主义现代化的理论研究

对中国特色社会主义现代化的理论研究，建立在我国的现代化实践基础上，主要立足三大理论基础：一是以马克思主义为指导，强调“人的自由而全面发展”；二是吸收借鉴西方现代化理论研究成果，并进行发展创新，不断超越西方经验和西方现代化理论；三是对我国传统文化的扬弃及传统文化的再现代化。其内容主要包括现代化与现代性的基础理论、中国式现代化话语体系、现代化进程论、社会主义现代化理论、中国特色社会主义现代化制度等。

罗荣渠以马克思主义指导现代化研究，提出以生产力为中轴的“一元多线”发展观，指出在生产力推动下历史发展具有多重向度，现代化是向现代工业社会转变的涉及全球的过程，并且提出了内源性现代化与外源性现代化的分类，及资本主义、社会主义和混合式现代化三大类型的区分。[②] 袁红英提出“复合现代性”理论范式，指出现代性的本质是人的理性和解放，中国的现代性兼具时空压缩性与任务多重性、国家自主性与人民主体性、后发追赶性与前瞻反思性、要素综合性与结构复合性，其实践框架应以建成社会主义现代化强国为总目标，以高质量发展和高效能治理为主轴，立足宏观、中观、微观三个层面，在经济、政治、文化、社会、生态五大领域整体协同发力。[③] 何传启提出“第二次现代化”理论，将世

① 林被甸、董正华：《现代化研究在中国的兴起与发展》，《历史研究》1998 年第 5 期。
② 罗荣渠：《现代化新论：世界与中国的现代化进程（增订本）》，商务印书馆，2009。
③ 袁红英：《新时代中国现代化的理论范式、框架体系与实践方略》，《改革》2021 年第 5 期。

界现代化进程分为两次现代化，第一次现代化是从农业文明向工业文明转型，第二次现代化是指工业文明向知识文明、物质文明向生态文明转型。[①]张占斌和王学凯把中国现代化的实践逻辑归结为从被动现代化到主动现代化、从外源式现代化到内生性现代化、从单一现代化到全面高质量现代化的转型。[②]

（二）关于中国特色社会主义现代化的政策研究

我国的现代化是中国共产党领导下的全体人民共同奋斗的实践，作为国家主动推动的过程，现代化政策对现代化实践和理论研究都发挥着重要的指导作用。

第一，随着现代化的深入推进，国家政策对现代化的定位更加全面、准确。1954 年，周恩来在第一届全国人大第一次会议上提出，建设“强大的现代化的工业、现代化的农业、现代化的交通运输业和现代化的国防”，首次提出“四个现代化”目标。[③] 1979 年，邓小平提出走“中国式的现代化道路”，现代化内涵更为丰富。1987 年，党的十三大将现代化目标丰富发展为“富强、民主、文明”。2006 年，党的十六届六中全会，进一步把“和谐”纳入现代化建设目标。2017 年，习近平同志在党的十九大上，第一次将“美丽”纳入现代化建设目标，确立了“富强、民主、文明、和谐、美丽”的现代化建设目标。第二，关于现代化的战略目标和路线图，党的十三大确定了“三步走”战略，要求到 21 世纪中叶基本实现现代化。党的十九大进一步做出两个阶段战略安排，明确第一阶段从 2020 年到 2035 年基本实现社会主义现代化，第二阶段从 2035 年到 21 世纪中叶把我国建成富强民主文明和谐美丽的社会主义现代化强国。[④] 第三，关于区域现代化，党的十六大提出有条件的地方可以率先基本实现现代化，党的十八大要求有条件的地方在现代化建设中继续走在前列，为省域层面的

---

① 何传启：《第二次现代化理论与中国现代化》，《中国国情国力》2002 年第 10 期。

② 张占斌、王学凯：《中国式现代化：理论基础、思想演进与实践逻辑》，《行政管理改革》2021 年第 8 期。

③ 汪青松、佘超：《从“小康社会”到“全面建成现代化强国”的发展逻辑》，《思想理论教育导刊》2020 第 8 期。

④ 《习近平谈治国理政》（第三卷），外文出版社，2020。

现代化实践提供了依据。

（三）关于中国特色社会主义现代化的专题研究

与西方的现代化理论包含众多分支类似，我国的现代化政策一直强调现代化的全面性，现代化研究同样涉及众多领域，主要包括经济现代化、治理体系和治理能力现代化、生态现代化、人的现代化、农业农村现代化、建设现代化法治国家、教育现代化、现代化与城市化等。

第一，在经济现代化上，强调以实现共同富裕为目标，以高质量发展为引领，以创新为第一动力，实现产业结构高级化、建设现代化的产业链和供应链、提升资本配置效率。迟福林指出，建设现代化经济体系，需要适应主要矛盾的变化，以高质量发展为目标，以创新为战略支撑，以深化供给侧改革为主线，以市场经济和开放型经济为动力。① 盛朝迅认为，现代化经济体系建设的关键在于建设现代化产业链，即具有创新力、引领力、基础支撑力、协同力、全球产业链控制力、盈利能力和可持续发展能力的产业链，并且提出了产业基础再造工程、扶持核心环节、培育产业生态主导企业、鼓励企业专业化、促进产业链联动发展、深化拓展国际合作等建设策略。②

第二，在治理体系和治理能力现代化上，强调政府责任和政府职能转变、治理主体多元化、数字赋能、社会保障统筹、部门区域联动和基层协商治理。郑言和李猛将国家治理体系现代化落脚于国家治理的制度化、规范化、程序化，将国家治理能力现代化落脚于依法按照制度治国理政能力，把制度优势转化为治理优势的能力。③ 姜晓萍则从完善社会政策体系、构建公民权利保障体系、优化基本公共服务体系、加强社会组织培育和监管、建立社会行为规范体系、创新社区治理体系、巩固公共安全体系、健全社会风险预警和应对体系八个方面提出对策建议。④

---

① 迟福林：《以高质量发展为核心目标建设现代化经济体系》，《行政管理改革》2017 年第 12 期。

② 盛朝迅：《推进我国产业链现代化的思路与方略》，《改革》2019 年第 10 期。

③ 郑言、李猛：《推进国家治理体系与国家治理能力现代化》，《吉林大学社会科学学报》2014 年第 2 期。

④ 姜晓萍：《国家治理现代化进程中的社会治理体制创新》，《中国行政管理》2014 年第 2 期。

第三，在生态现代化上，强调人与自然和谐共生的理念，通过绿色经济发展和科技创新保护环境，构建现代化的污染防治体系等。洪大用分析了我国经济增长与环境保护的关系，认为中国的现代化实践注重经济增长与环境保护双赢，具有明显的生态现代化取向，并且指出生态现代化存在多种路径与模式，推进生态现代化的同时应注重社会公正、必须配套进行社会改革，生态现代化理论应扩展环境和环境改革概念。[①]

第四，在人的现代化上，同时强调人作为现代化的主体和客体地位，认为现代化应以实现人的自由全面发展为目的。赵克荣认为，人的现代化是人的社会化的历史推进，依赖人和社会更高层次发展的需要，具有强烈的能动性。[②] 张智认为，人的现代化是人更加独立、更具世界历史性、进行更加广泛的社会交往、实现全面发展和自由个性等的过程，个体利益、人的交往、经济增长、政治发展、社会进步、文化转型、生态变迁、知识革新、科技创新、教育优化、媒介扩张、制度创新是人的现代化的多维动力。[③]

第五，在农业农村现代化上。王梦奎指出，城乡差距和地区差距是中国现代化进程的两大难题，城乡协调发展的实质是解决好“三农”问题、改变二元经济结构，关键是促进农村劳动力向非农产业转移、解决好土地问题。[④] 胡鞍钢、吴群刚、张曙光等人分别从农业企业化和土地流转的角度提出了农业农村现代化的路径。[⑤][⑥]

---

① 洪大用：《经济增长、环境保护与生态现代化——以环境社会学为视角》，《中国社会科学》2012 年第 9 期。

② 赵克荣：《论人的社会化与人的现代化》，《社会科学研究》2001 年第 1 期。

③ 张智：《人的现代化：内涵、动因、规律及经验——从历史唯物主义的视角看》，《理论探讨》2016 年第 2 期。

④ 王梦奎：《中国现代化进程中的两大难题：城乡差距和地区差距》，《农业经济问题》2004 年第 5 期。

⑤ 胡鞍钢、吴群刚：《农业企业化：中国农村现代化的重要途径》，《农业经济问题》2001 年第 1 期。

⑥ 北京天则经济研究所中国土地问题课题组、张曙光：《土地流转与农业现代化》，《管理世界》2010 年第 7 期。

第三节　现代化实践探索：模式路径、评价指标与经验启示

一　现代化发展的模式与路径

现代化的实践探索，不仅包括对现代化的发展模式的总结，也包括对现代化建设实践的具体路径的探索。现代化是一个复杂的过程，因行政层级、发展环境等的不同，不同区域的现代化发展模式和实践路径也不完全相同。

（一）现代化发展的主要模式

布莱克研究了世界 170 个国家和地区的现代化历程，主要从政治现代化的角度出发，总结了七种现代化模式：政治革命继发工业革命模式，现代化具有内发性和渐进性，包括英国和法国；英法“支系”模式，以继承英法现代制度和流动的社会结构为特征，同化和社会整合是其首要问题，以美国、加拿大、澳大利亚、新西兰为代表；内生性与被动性相结合模式，现代化初期政治转型滞后于经济转型，自身形成了现代化生活方式，但政治现代化更多受法国影响，以德国、意大利、荷兰为代表；拉美模式，现代化发生较迟，受外部干涉较大；相对自主现代化模式，能主动回应现代性的挑战，传统制度向现代制度的转型具有连续的特征，以俄国、日本、中国为代表；亚洲和北非模式，传统文化较发达，面临适应现代知识的问题；南部非洲和大洋洲模式，倾向于从较现代社会借助现代观念和制度。[①] 格申克龙提出了现代化的“追赶模式”，并且把后发国家的工业化归结为八个类型：本地型-引进型、被迫型-自发型、生产资料优先型-消费资料优先型、通货膨胀型-通货稳定型、数量变化型-结构变化型、连续型-间断型、农业发展型-农业停滞型、经济动机型-政治目的型。[②] 1960 年日本箱根会议提出了现代化的“箱根标准”，包括城市化和城市向心趋势，无生命动力

① C. E. 布莱克：《现代化的动力：一个比较史的研究》，景跃进、张静译，浙江人民出版社，1989。

② 周毅：《现代化理论的六大学派及其特点》，《当代世界与社会主义》2003 年第 2 期。

能源的利用，商品流通和服务设施的增长，大范围的交流，对经济和政治事务的广泛参与，社会流动性增强和更加多样化的个人活动领域，文化知识普及，大众传播系统的建立，政府、商业、工业等社会制度和官僚管理组织，人口不断趋向统一性、相互影响增强等，这是对日本现代化历程和经验的总结，可以看作现代化的日本模式。金明善和徐平研究发现，国家的力量在推动日本现代化中发挥了重要作用，政府在现代化中发挥了制定政策目标、政策手段和决策体制等宏观调节职能，国家宏观调控与市场机制相结合是其成功经验。①

习近平总书记指出，我国的现代化具有中国特色，是中国式现代化，是社会主义现代化。我国的现代化是对西方现代化经验的超越，既要与国际通行标准相接轨，又不能照搬西方现代化的目标和模式，而要立足本国国情，在吸收世界先进成果的同时探索适合自身的发展道路，引领世界现代化浪潮。② 现代化的中国模式具有以下五点特征。一是人口规模巨大的现代化，将有大约 14 亿人口整体进入现代化社会，规模超过现有现代化国家和地区人口的总和。二是全体人民共同富裕的现代化，坚持以人民为中心的思想，区域差距、城乡差距逐步缩小。三是物质文明和精神文明相协调的现代化，提高文明程度、形成文明风尚，不断促进人的全面发展。四是人与自然和谐共生的现代化，坚持绿色发展理念，切实提高发展质量。五是走和平发展道路的现代化，致力于构建人类命运共同体，在与世界各国互利共赢中实现中华民族伟大复兴的发展道路。

（二）现代化发展的具体路径

根据现代化研究的区域范围的不同，对现代化发展路径的研究可以分为以下四种。一是以国家为对象，对国家的现代化发展路径及中国与西方、东亚国家的现代化道路比较研究。如人民日报理论部主编的《中国式现代化》③，王立胜的《中国式现代化道路与人类文明新形态》④，李鹏的《中国

---

① 金明善、徐平：《日本：走向现代化》，辽宁大学出版社，1990。

② 洪银兴：《经济发展的中国道路和习近平经济思想的贡献》，《经济学动态》2021 年第 12 期。

③ 人民日报理论部主编《中国式现代化》，东方出版社，2021。

④ 王立胜：《中国式现代化道路与人类文明新形态》，江西高校出版社，2022。

式现代化：基于马克思主义政党与经济理论的研究》[①]，杨耕的《东方的崛起：关于中国式现代化的哲学反思》[②]，王可园、张学娟、王子蕲的《中国式现代化新道路》[③]，洪朝辉的《社会经济变迁的主题——美国现代化进程新论》[④]，李庆余等人的《美国现代化道路》[⑤]，金明善主编的《日本现代化研究》[⑥]，江立华、杨燕树的《东亚现代化的历史进程》[⑦] 等。二是以城市群、经济区为研究对象。《中山大学学报》2022 年第 1 期组织了对城市群现代化的专题研究，相关作者分别从中心城市的引领作用、协同推进城市群产业链供应链的现代化、消费中心城市建设等视角探讨了城市群现代化的高质量发展之路。三是以省域为研究对象，主要是以经济发达省份为研究对象。张海防等人对江苏等经济发达地区率先实现现代化的路径进行了研究[⑧]；宋林飞总结了苏南现代化建设的政策实践，包括自主创新引领、高新产业集群、开放合作示范、城乡一体表率、生态宜居导向、共同富裕追求等[⑨]；史晋川则系统总结了浙江的现代化发展模式[⑩]。四是以城市及社区为对象。如对上海、北京、深圳等建设现代化国际化大都市的策略、现代化建设经验和路径等的研究；上海与东京、上海与开罗现代化路径的比较研究；以及研究某种类型城市如资源型城市的现代化转型等。

受自然条件、历史文化、经济社会发展水平不同等影响，我国各区域、省域现代化发展的具体路径也不尽相同，呈现鲜明的区域特色。汝信等人研究了苏南社会主义现代化实践的历程，认为苏南已经进入以城市化为主导的现代化新阶段，在这种背景下必须把小城镇等的发展纳入城市化的历史大趋势考察，才能厘清发展思路。[⑪] 张建英和朱炳元认为，未来苏南现代

① 李鹏：《中国式现代化：基于马克思主义政党与经济理论的研究》，国家行政管理出版社，2022。

② 杨耕：《东方的崛起：关于中国式现代化的哲学反思》，北京师范大学出版社，2018。

③ 王可园、张学娟、王子蕲：《中国式现代化新道路》，上海人民出版社，2022。

④ 洪朝辉：《社会经济变迁的主题——美国现代化进程新论》，杭州大学出版社，1994。

⑤ 李庆余等：《美国现代化道路》，人民出版社，1994。

⑥ 金明善主编《日本现代化研究》，辽宁大学出版社，1993。

⑦ 江立华、杨燕树：《东亚现代化的历史进程》，河北大学出版社，1996。

⑧ 张海防、张家维：《经济发达地区率先实现现代化的理论阐释与实践路径——以江苏为例》，《江苏社会科学》2021 年第 6 期。

⑨ 宋林飞：《苏南现代化建设阶段性特征与高质量发展》，《学海》2018 年第 4 期。

⑩ 史晋川：《浙江的现代化进程与发展模式》，《浙江社会科学》1999 年第 3 期。

⑪ 汝信主编《城市化：苏南现代化的新实践》，中国社会科学出版社，2001。

化的重点是既保证社会的独立性和自主性，又能充分发挥政府对经济社会活动的统筹协调能力，实现从“强政府弱社会”向“强政府强社会”模式、从政府主导型向市场主导型的转型。[①] 肖海鹏认为，广东现代化动力应该从依靠单一的政府力量向依靠广泛的社会民间力量转换，政府要为民间现代化推动力量的成长创造良好的发育条件和提供充足的发展空间。[②] 郭力提出了哈大齐工业走廊与东北亚各国产业合作的“X”形框架，提出通过外向化的合作途径实现技术创新主导下的区域产业合作等哈大齐区域现代化策略。[③]

二　现代化实践的评价指标

省域现代化实践的一个重要任务是探索现代化指标体系。现代化指标体系不仅要监测现代化发展进程、评价省域及其所辖地级市现代化实践成果，还要通过监测评价发现省域在现代化方面存在的问题短板和薄弱环节，通过对标找差、攀高比强找出发展过程中的制约因素，进而寻求应对策略，明确推进经济社会文化生态和人的现代化的重点，从而对现代化建设实践发挥预测和引导作用。现代化指标体系的设计要与全面建设小康社会指标体系有机衔接，同时体现前瞻性、导向性、实践性、可操作性。相比国家的全面现代化而言，区域现代化更应区分必要指标和可选指标，可以采取共性指标加个性指标模式，既要形成相对统一的设计逻辑和共性指标，又要保留个性指标，体现区域现代化发展模式共性和特性的统一。

现有影响较大的现代化标准体系主要有布莱克标准，包括人均 GNP，能源消费，劳动就业（农业、工业、服务业）比例，各部门（农业、工业、服务业）占 GNP 比例，终极用途（消费、资本形成、政府开支）占 GNP 比例，城市化，教育（中小学适龄组的入学比例、每百万居民中的高等教育学生数），健康状况（每千名出生儿童的死亡率、食物供应、每百万居民

① 张建英、朱炳元：《演进中的苏南现代化模式：路径依赖与未来转型——一个新政治经济学的分析视角》，《苏州大学学报》（哲学社会科学版）2007 年第 3 期。

② 肖海鹏：《现代化动力：从政府向民间转换——推动广东率先基本实现现代化的政策方向》，《学术研究》2002 年第 4 期。

③ 郭力：《新型区域工业现代化发展研究：以哈大齐工业走廊与东北亚各国产业合作为例》，经济科学出版社，2008。

的医生数），交流（邮件、电话、每千人报纸发行量、收音机、电视机）、收入分配 10 项标准；布伦纳和布鲁尔标准，包括农村与城市、人口、经济与政治等方面的 22 个变量和 20 个参数。在我国，区域现代化的指标体系主要有如下几种。崔大树以省域为单元，对 12 个省（区、市）的现代化发展水平进行了测度，选取了人均国内生产总值、人均工业总产值、人均社会消费品零售额、人均邮电业务量、人均移动电话拥有量、互联网用户占总人口的份额、人均可利用的医院床位数、高校毕业生占总人口的比例、科技和情报文献筹集经费额与支出经费额、人均一二三产业产值、一二三产业产值所占百分比、从业人口占总人口的比例、一二三产业从业人口百分比等 20 个指标。① 宋林飞构建了包括经济现代化、社会现代化、生态现代化、人的现代化 4 类 30 项指标的“基本现代化指标体系”。② 姚士谋等人设计了包括居民生活质量、社会安全、环境（质量、建设及公众参与）、经济（实力、结构、效益）、对外开放程度、政府作用、人力资本、文化品位 8 类 30 项指标的“城市现代化指标体系”。③

三 现代化实践的经验启示

自 18 世纪工业革命开始，西方已经有 200 多年的现代化历史，我国在全面小康建设和各省（市）的率先现代化实践中也积累了广泛而有益的经验，主要可以归结为以下几点。

第一，确立现代化目标是现代化发展的行动指南。目标的明确有益于政府、居民、企业等现代化建设的多元主体有的放矢、凝心聚力。不仅要明确现代化建设的总体愿景，对愿景进行多领域、多角度、场景化、具体清晰生动的描述和细化，而且要制定科学合理的近期目标、阶段性目标，分阶段、渐进式推进现代化进程。省域现代化目标的确立，既要体现对国家总体决策的落实，在具体的发展目标和目标值上又要从实际出发、体现省域特色。有些目标是基本目标，即省域现代化必须达到的基本要求，有些目标是区间目标，只要达到某一区间要求即可。比如，城乡居民收入、

① 崔大树：《关于区域现代化基本涵义的理论探讨》，《经济学动态》2002 年第 12 期。

② 宋林飞：《我国基本实现现代化指标体系与评估》，《南京社会科学》2012 年第 1 期。

③ 姚士谋、朱英明、汤茂林、管驰明：《城市现代化基本概念与指标体系》，《地域研究与开发》1999 年第 3 期。

城乡居民文明程度、居民受教育水平等要有明确的目标值，但三产比重、城市化率、高校数量等则要立足本省实际，具有一定的弹性空间。

第二，经济发展是现代化的根本保障。经济起飞是现代化的前提，起飞后的现代化推进则要更多地依靠产业结构和产业链升级。党的十九大明确指出，“发展是解决我国一切问题的基础和关键”。投资、消费、出口三驾马车可以为经济起飞创造条件，现阶段的现代化经济体系建设则要从技术变革和需求变革两个方面把握产业发展趋势，推动经济发展的质量变革、效率变革、动力变革和知识智能低碳变革。一是要坚持发展壮大实体经济，坚持以实体经济为经济发展的根本，推动传统产业工艺、产品和业态升级，围绕科技创新发展高科技产业、壮大新的经济增长点，培育具有品牌优势的跨国企业，培育在某个细分行业中位居全球前列的独角兽企业。二是要积极促进现代服务业的发展，包括科技服务业、创意产业、互联网产业和大数据产业、金融业、电子商务、产品设计、市场研究、质量控制、保险、广告等生产性服务业。

第三，创新是现代化的核心动力。每个国家或地区的现代化过程都伴随着科技进步。对发展中国家或地区来说，创新在第一次现代化阶段主要是吸收引进、学习利用国际先进科学技术，以此实现跨越式发展，在第二次现代化阶段则重在培育原始创新能力和自主创新能力，形成世界领先的基础研究能力和创新引领力。同时必须实现创业、创新联动，将创新能力转化成生产力和区域竞争力，鼓励以技术为核心的创业行为。与现代化发展相适应的制度创新则伴随现代化全程，需要通过政策支持激发技术、理念、路径创新的活力，在创新中形成持续不断的现代化发展动力。库兹涅茨对发达国家的研究发现，在经济实现起飞后，经济进入持续的自我增长阶段，这一阶段创新可以开拓新的发展领域、提升区域的引领能力和核心竞争力，成为现代化的核心驱动力，并且会促成经济发展方式的转变，在现代经济增长中创新的频率更快，为速度更高的增长提供了基础。[①]

第四，开放发展是现代化的重要保障。开放经济理论的最初形式是自由贸易学说，经典的代表成就是亚当·斯密的绝对优势理论与大卫·李嘉

① 库兹涅茨：《现代经济增长》，戴睿、易诚译，北京经济学院出版社，1989。

图的比较优势理论。[①] 开放发展推动区域现代化，可以通过以下三种途径实现：一是通过引进外资推动经济增长，进而加速现代化进程；二是通过技术引进提升技术对经济增长的贡献率，进而加速现代化进程；三是通过先进管理和现代企业制度的引进改进企业生产函数，进而加速现代化进程。[②]

第五，人的现代化是现代化的主体动力。[③] 现代化是由人推动的，现代化的目的也是为了人的自由而全面发展，在现代化进程中，人既是实践主体，也是价值主体，更是终极目的。人是实现经济发展的生产者和消费者，也是科学技术的研发者和应用者，现代化的科学技术必须由具有现代化思想的人研发、掌握和操作，要求更高的接受高等教育的人口的比重。缪尔达尔明确提出，现代技术不是得到或使用一种工具，而是跟随现代思想出现的。[④] 人的思想的现代化与人的受教育水平密切相关，一个区域其居民的教育程度越高，提供的基础结构越大，越能鼓励现代技术的学习和运用。[⑤]

本章参考文献

[1]《习近平谈治国理政》（第三卷），外文出版社，2020。

[2]《习近平谈治国理政》（第四卷），外文出版社，2022。

[3] 北京天则经济研究所中国土地问题课题组、张曙光：《土地流转与农业现代化》，《管理世界》2010 年第 7 期。

[4] 迟福林：《以高质量发展为核心目标建设现代化经济体系》，《行政管理改革》2017 年第 12 期。

[5] 崔大树：《关于区域现代化基本涵义的理论探讨》，《经济学动态》2002 年第 12 期。

[6] 郭力：《新型区域工业现代化发展研究：以哈大齐工业走廊与东北亚各国产业合作为例》，经济科学出版社，2008。

[7] 郝文武：《乡村振兴战略中农村教育现代化的本质和目标》，《南京师大学报》（社会科学版）2021 年第 4 期。

---

① 张幼文：《中国开放经济理论的形成及其特点》，《学术月刊》1999 年第 7 期。

② 王树华、顾丽敏：《“隐形冠军”对中小企业发展的启示》，《江南论坛》2019 年第 7 期。

③ 洪银兴：《现代化理论和区域率先基本现代化》，《经济学动态》2012 年第 3 期。

④ 缪尔达尔：《亚洲的戏剧》，载海因茨·沃尔夫冈·阿恩特编《经济发展思想史》，商务印书馆，1999。

⑤ 森德鲁姆：《发展经济学：分析和政策的框架》，载海因茨·沃尔夫冈·阿恩特编《经济发展思想史》，商务印书馆，1999。

[8] 何传启主编《中国现代化报告（2020）》，北京大学出版社，2020。

[9] 何传启：《第二次现代化理论与中国现代化》，《中国国情国力》2002年第10期。

[10] 何传启：《现代化研究的十种理论》，《理论与现代化》2016年第1期。

[11] 洪朝辉：《社会经济变迁的主题——美国现代化进程新论》，杭州大学出版社，1994。

[12] 洪大用：《经济增长、环境保护与生态现代化——以环境社会学为视角》，《中国社会科学》2012年第9期。

[13] 洪银兴：《经济发展的中国道路和习近平经济思想的贡献》，《经济学动态》2021年第12期。

[14] 洪银兴：《现代化理论和区域率先基本现代化》，《经济学动态》2012年第3期。

[15] 胡鞍钢、吴群刚：《农业企业化：中国农村现代化的重要途径》，《农业经济问题》2001年第1期。

[16] 江立华、杨燕树：《东亚现代化的历史进程》，河北大学出版社，1996。

[17] 姜晓萍：《国家治理现代化进程中的社会治理体制创新》，《中国行政管理》2014年第2期。

[18] 金明善、徐平：《日本：走向现代化》，辽宁大学出版社，1990。

[19] 金明善主编《日本现代化研究》，辽宁大学出版社，1993。

[20] 李建华、李天峰：《省域治理现代化：功能定位、情境描绘和体系建构》，《行政论坛》2021年第4期。

[21] 李鹏：《中国式现代化：基于马克思主义政党与经济理论的研究》，国家行政管理出版社，2022。

[22] 李庆余等：《美国现代化道路》，人民出版社，1994。

[23] 林被甸、董正华：《现代化研究在中国的兴起与发展》，《历史研究》1998年第5期。

[24] 刘旺洪：《区域现代化界说：从全球实践到中国方案》，《现代经济探讨》2018年第9期。

[25] 罗荣渠：《现代化新论：世界与中国的现代化进程（增订本）》，商务印书馆，2009。

[26] 孟静：《中心城市现代化的动力机制与路径探索》，《现代经济探讨》2020年第12期。

[27] 人民日报理论部主编《中国式现代化》，东方出版社，2021。

[28] 汝信主编《城市化：苏南现代化的新实践》，中国社会科学出版社，2001。

[29] 沈正平、马晓冬、范文国：《我国省域基本现代化建设水平综合评价》，《甘肃社会科学》2013年第1期。

[30] 史晋川：《浙江的现代化进程与发展模式》，《浙江社会科学》1999年第3期。

[31] 盛朝迅：《推进我国产业链现代化的思路与方略》，《改革》2019年第10期。

[32] 宋林飞：《我国基本实现现代化指标体系与评估》，《南京社会科学》2012第1期。

［33］宋林飞：《苏南现代化建设阶段性特征与高质量发展》，《学海》2018 年第 4 期。

［34］汪青松、佘超：《从“小康社会”到“全面建成现代化强国”的发展逻辑》，《思想理论教育导刊》2020 第 8 期。

［35］王可园、张学娟、王子蕲：《中国式现代化新道路》，上海人民出版社，2022。

［36］王立胜：《中国式现代化道路与人类文明新形态》，江西高校出版社，2022。

［37］王梦奎：《中国现代化进程中的两大难题：城乡差距和地区差距》，《农业经济问题》2004 年第 5 期。

［38］王树华、顾丽敏：《“隐形冠军”对中小企业发展的启示》，《江南论坛》2019 年第 7 期。

［39］肖海鹏：《现代化动力：从政府向民间转换——推动广东率先基本实现现代化的政策方向》，《学术研究》2002 年第 4 期。

［40］肖金成：《建设现代化区域发展体系》，《宏观经济管理》2019 年第 3 期。

［41］杨耕：《东方的崛起：关于中国式现代化的哲学反思》，北京师范大学出版社，2018。

［42］姚士谋、朱英明、汤茂林、管驰明：《城市现代化基本概念与指标体系》，《地域研究与开发》1999 年第 3 期。

［43］尹保云：《现代性与现代化的历史定位》，《学术月刊》2005 年第 10 期。

［44］袁红英：《新时代中国现代化的理论范式、框架体系与实践方略》，《改革》2021 年第 5 期。

［45］张海防、张家维：《经济发达地区率先实现现代化的理论阐释与实践路径——以江苏为例》，《江苏社会科学》2021 年第 6 期。

［46］张建英、朱炳元：《演进中的苏南现代化模式：路径依赖与未来转型——一个新政治经济学的分析视角》，《苏州大学学报》（哲学社会科学版）2007 年第 3 期。

［47］张幼文：《中国开放经济理论的形成及其特点》，《学术月刊》1999 年第 7 期。

［48］张占斌、王学凯：《中国式现代化：理论基础、思想演进与实践逻辑》，《行政管理改革》2021 年第 8 期。

［49］张智：《人的现代化：内涵、动因、规律及经验——从历史唯物主义的视角看》，《理论探讨》2016 年第 2 期。

［50］赵克荣：《论人的社会化与人的现代化》，《社会科学研究》2001 年第 1 期。

［51］郑言、李猛：《推进国家治理体系与国家治理能力现代化》，《吉林大学社会科学学报》2014 年第 2 期。

［52］周毅：《现代化理论的六大学派及其特点》，《当代世界与社会主义》2003 年第 2 期。

［53］C. E. 布莱克：《现代化的动力：一个比较史的研究》，景跃进、张静译，浙江人民出版社，1989。

［54］Levy M J., *Modernization and the Structure of Society*. Princeton：Princeton University Press，1966.

［55］Parsons，Talcott & Shils，Edward，*Toward a General Theory of Action*. New York：

Harper and Row, 1951.

[56] Rostow W., *The Stages of Economic Growth*: *A Non-Communist Manifesto*. Cambridge: Cambridge University Press, 1960.

[57] Weber, Max, *Economy and Society*. New York: Bedminster Press, 1968.

[58] S. N. 艾森斯塔特：《反思现代性》，旷新年、王爱松译，生活·读书·新知三联书店，2006。

[59] 阿历克斯·英格尔斯：《人的现代化——心理·思想·态度·行为》，殷陆君译，四川人民出版社，1985。

[60] 安东尼·吉登斯：《现代性的后果》，田禾译，译林出版社，2000。

[61] 丹尼尔·贝尔：《后工业社会的来临》，高铦、王宏周、魏章玲译，江西人民出版社，2018。

[62] 埃米尔·涂尔干：《社会分工论》，渠敬东译，生活·读书·新知三联书店，2017。

[63] 斐迪南·滕尼斯：《共同体与社会》，林荣远译，商务印书馆，1999。

[64] 塞缪尔·亨廷顿：《导致变化的变化：现代化、发展和政治》，载西里尔·E. 布莱克编《比较现代化》，杨豫译，上海译文出版社，1996。

[65] 塞缪尔·亨廷顿：《现代化：理论与历史经验的再探讨》，张景明译，上海译文出版社，1993。

[66] 吉尔伯特·罗兹曼主编《中国的现代化》，陶骅等译，上海人民出版社，1989。

[67] 库兹涅茨：《现代经济增长》，戴睿、易诚译，北京经济学院出版社，1989。

[68] 罗纳德·英格尔哈特：《现代化与后现代化：43 个国家的文化、经济与政治变迁》，严挺译，社会科学文献出版社，2013。

[69] 马泰·卡林内斯库：《现代性的五副面孔》，顾爱彬、李瑞华译，译林出版社，2015。

[70] 缪尔达尔：《亚洲的戏剧》，载海因茨·沃尔夫冈·阿恩特编《经济发展思想史》，商务印书馆，1999。

[71] 奈特·毕乃德：《现代化与近代初期的中国》，载西里尔·E. 布莱克编《比较现代化》，杨豫译，上海译文出版社，1996。

[72] 塔尔科特·帕森斯：《社会行动的结构》，张明德、夏遇南、彭刚译，译林出版社，2003。

[73] 齐格蒙特·鲍曼：《流动的时代：生活于充满不确定性的年代》，谷蕾、武媛媛译，江苏人民出版社，2012。

[74] 齐格蒙特·鲍曼：《全球化：人类的后果》，郭国良、徐建华译，商务印书馆，2013。

[75] 森德鲁姆：《发展经济学：分析和政策的框架》，载海因茨·沃尔夫冈·阿恩特编《经济发展思想史》，商务印书馆，1999。

[76] 乌尔里希·贝克、安东尼·吉登斯、斯科特·拉什：《自反性现代化：现代社会秩序中政治、传统与美学》，赵文书译，商务印书馆，2014。

第二章　省域现代化的主要内容

省域现代化是国家现代化的重要组成部分，以经济发达、生活富裕、人民幸福、民主法治、社会和谐、文化繁荣、生态友好等为主要特征，是包括经济现代化、政治现代化、文化现代化、社会现代化、生态现代化和人的现代化在内的，多领域、多目标、多向度的现代化过程。省域现代化的过程，要求各子系统协调共进，通过相互磨合、相互适应实现协同发展。

第一节　经济现代化①

经济现代化是省域现代化的基础、主要动力和首要任务，人民富裕、社会和谐稳定、文化事业建设等都需要以持续的经济发展为支撑。从发展历程看，现代化发端于蒸汽革命、电力革命带来的生产力大发展和生产方式的根本变革，信息化革命、知识经济和后工业化又把现代化推上新高度，不难看出经济现代化对现代化所起的基础性作用。

一　经济现代化的内涵分析

经济学家侧重于从经济层面理解现代化。库兹涅茨认为，现代化即进入现代经济增长阶段，包括工业化和城市化两大内容。② 洪银兴认为，经济现代化是指经济达到发达国家水准，并且在经济增长方式、质量和动力上进入现代增长阶段。③ 经济现代化是以科学技术积极广泛的应用、非生命能源的大量使用、劳动分工和高度专业化、市场间紧密的互相依赖、物质生

---

① 本节部分内容已发表。孟静、徐琴：《城市群现代化的动力机制与路径——兼论长三角城市群的区域现代化》，《现代经济探讨》2021 年第 12 期。

② 库兹涅茨：《现代经济增长》，戴睿、易诚译，北京经济学院出版社，1989。

③ 洪银兴：《现代化理论和区域率先基本现代化》，《经济学动态》2012 年第 3 期。

活水平的普遍提高等为特征的过程。

经济活动本质上是资源、货币、产品、信息等要素，通过生产、分配、交换、消费等环节，在居民、企业、政府间不断流动的过程。要素流通成本的存在、经济活动的不完全可分性等，决定了经济活动的空间性。马克思在《资本论》中指出，“土地本身对一切可能的，甚至非农业的生产部门来说，都是进行竞争的生产条件”[①]。资本一方面不断突破地方限制，寻求利润最大化的空间；另一方面不断占有新空间、开拓新空间，追求规模效益，并在占有空间后对其进行改良，提升空间价值、实现空间增值。贸易同时取决于资源禀赋、要素密集度和运输成本等，中间商品受规模经济和运费的影响必然会引起区域间的经济分化。进入现代化阶段，交通通信技术的进步有效减少了要素流通成本，但与此同时，区域的产业配套能力、人才基础、技术条件、政策环境等极大影响了其国际竞争力及对经济要素的吸引力，导致了全球化和区域化的同步推进，也使得区域率先实现经济现代化成为可能，对区域经济现代化的研究即建立在此基础上。

经济活动在空间上的落地，如果叠加行政边界，就有了区域经济的不同尺度，可以是城市、省域，也可以是多个经济联系密切的城市或省域共同组成的都市圈、大都市连绵区或城市群，甚至是跨国家的城市群。克鲁格曼认为，经济规模较大的区域，由于存在劳动力“蓄水池”效应、中间投入品效应和技术外溢效应，会导致制造业的持续集中，经济规模扩大、运输成本降低、制造业在经济中所占份额增大，集中程度越来越大。[②] 规模收益递增决定了支撑现代化的区域必须有一定规模。实际上，对于城市来说，其发展离不开腹地的支撑，城市现代化的过程与城市集聚高端要素和对外辐射的过程是一致的，高度现代化的世界城市更需要现代化的腹地为其提供支撑，对城市现代化的研究也应该立足更广阔的区域。就我国而言，省域兼容城市和腹地，具有相对完备的城市体系，更有利于经济要素的集聚和扩散，并由此带来省域经济的持续增长，因此省域无疑是承载经济现代化的合适尺度之一。省域经济现代化要承认差异、接受多样性，允许各

---

① 《马克思恩格斯全集》（第 46 卷），人民出版社，2003。

② 冯邦彦、叶光毓：《从区位理论演变看区域经济理论的逻辑体系构建》，《经济问题探索》2007 年第 4 期。

省选择和探索适合自身的经济现代化路径。

二　经济现代化的目标要求和主要维度

从全面小康到基本实现现代化、从第一次现代化到第二次现代化，不仅是量的积累，更是发展动能、产业结构的全面跃升。[①] 经济现代化要求经济发展方式的现代化转型，增长动力向创新驱动转变，产业结构向高端化转变，发展模式向绿色集约转变。

（一）经济可持续增长

经济健康可持续的增长是保证居民福利、企业利润、政府财力的前提，表现为地区生产总值持续增长、居民实际收入持续增加等。

无论省域还是国家，只有把握住不同阶段的经济发展动力，才能有效促进经济持续增长。我国东部沿海省份及世界发展中国家的实践表明，在现代化的初始阶段，融入国际分工链条、利用国际市场、吸引国外投资和技术对经济起飞十分重要，出口和投资对经济增长的拉动作用较强，有助于在较短时间内完成规模积累、实现追赶式增长和经济赶超。但是，随着现代化的深入推进，经济发展进入成熟阶段后，内需对经济发展的拉动作用日益重要，内需不足极易导致供需不平衡，从而影响经济发展的可持续性，甚至诱发中等收入陷阱。如果劳动者的收入长期较低，会导致劳动者贫困，进而导致需求不足，劳动者无法支付自我提升的费用，又进一步限制了人的发展，缩减了新经济空间产生的可能。我国的省域现代化是社会主义现代化，可以有效避免这种危机，通过富民增收，全方位扩大内需、发挥消费的基础作用，增强经济增长的内生动力。

（二）产业结构持续优化

产业结构优化首先要促进现代化产业体系的形成完善。经济较发达省份的经验表明，产业链条相对完整、产业配套能力强对产业的持续集聚发挥着重大的吸引作用。尤其是第二次现代化阶段，产业配套能力已经取代

① 孟静、徐琴：《城市群现代化的动力机制与路径——兼论长三角城市群的区域现代化》，《现代经济探讨》2021年第12期。

廉价劳动力成为更重要的发展优势。省域空间范围适中，可以布局大量、丰富的制造业门类，为中间商品提供便捷广阔的上游产品配套和下游市场，并在产业实践中培育大量的高技能劳动者，因而能够促使产业向省域内集中。产业链的延长和完善可以采取三种模式：核心模式，以一个或几个大城市或特大城市为中心，通过产业链条的扩散实现垂直分工和圈层式的组织结构；集群模式，在发展水平相当的城市间，通过平等对话和产业水平分工形成产业聚集区和多中心城市体系；互补模式，以功能上的互补实现分工协作。

在完善产业链条的同时，要实现产业链、价值链的攀升。要集聚高端要素，提升高新技术产业比重，信息技术、人工智能、生物技术、空间技术等新兴产业的发展，将决定经济现代化的高度。要以现代科技工艺流程和信息技术改造升级传统产业，通过科学技术和信息技术在工业设计、生产制造、管理过程中的广泛应用，实现智能制造。要在核心关键技术受制于国外的行业和领域，针对痛点加大研发投入、加快技术创新，以科技创新带动制造业进入全球工业价值链的中高端，推动工业向高质量的方向发展。①

（三）发展协调性持续增强

发展要素、发展环节间的协调性持续增强。现代化的社会化大分工要求劳动产品转化为商品，产品转化为商品只有在社会联系中才能实现，也只有通过交换商品的价值才能实现。② 省域现代化必须使生产、分配、流通、消费等各环节更加顺畅，降低交流、联系成本。同时，交换的实现要求商品生产的目的是满足人的需求，包括满足人对生产资料的需求和满足人对生活资料的需求，因而需求市场的扩大和生产市场的扩大往往具有同步性。要推动需求结构升级和供给能力提升形成相互促进的良性循环，推动总需求和总供给在更高水平、更高层次上实现动态平衡。③ 协调发展的目

---

① 孟静、徐琴：《城市群现代化的动力机制与路径——兼论长三角城市群的区域现代化》，《现代经济探讨》2021 年第 12 期。

② 程文兰：《马克思劳动价值论视域下我国数字经济的发展》，《经济研究导刊》2021 年第 28 期。

③ 沈坤荣、赵倩：《以双循环新发展格局推动“十四五”时期经济高质量发展》，《经济纵横》2020 年第 10 期。

标还在于解决发展不平衡、不充分问题，包括区域不平衡、城乡不平衡等问题。需要注重各类资源均衡、恰当配置，补齐发展短板，深挖发展潜力，提高发展的整体性和协调性，确保发展后劲。[①]

（四）经济效率稳步提升

经济现代化要求实现发展方式向高质量、高效率转型。要以科技创新和结构调整提升经济效率，通过提高产业工人技术水平和知识水平、引入自动化设备、提高智能化生产水平等，提高工业全员劳动生产率。要提升资源利用绩效，促进资源要素向高税收、高产出、高技术、高成长性企业集聚，兼顾经济发展和生态保护，实现经济高质量发展。要化解过剩产能，积极发展高端产能，提升深加工率，提升高品牌效益、高质量、高性能、高附加值产品所占比重。

三　经济现代化的动力机制和主要措施

发展目标需要通过多样化的发展路径实现。省域内不同区域、不同城市可以依据自身特点选取各具特色的发展路径，如科教创新引领、高端制造业支撑、现代服务业支撑、现代化农业支撑、绿色发展路径等，不同路径共同构成推动省域经济现代化的合力。

（一）以创新为第一驱动力的发展模式

现代化本身就是新的取代旧的、不断实现自我超越的过程，创新是推进经济现代化的第一动力。布莱克指出，知识积累和理性方法是现代化的核心。[②] 经济现代化，需要在科学技术、产业发展、组织模式、金融等各领域创造性地解决问题，并不断引发连锁反应，促使经济发展动力由要素驱动向创新驱动转变。

第一，精准把握创新主攻方向。对于后发现代化国家或地区来说，第一次现代化阶段，创新主要是基于跨国公司技术溢出效应，通过引进外资、

---

① 孟静、徐琴：《城市群现代化的动力机制与路径——兼论长三角城市群的区域现代化》，《现代经济探讨》2021 年第 12 期。

② C. E. 布莱克：《现代化的动力：一个比较史的研究》，景跃进、张静译，浙江人民出版社，1989。

承接国际代工等实现的，是学习型创新、跟随创新和集成创新。第二次现代化阶段，原始创新对经济发展的支撑作用持续增强，需要在基础原材料、关键零部件、卡脖子技术、核心技术、前沿领域重点攻关、率先突破，实现创新模式由模仿跟随向并行引领的转变，抢占新一轮科技革命的制高点。同时要创新管理、运营方式和发展模式，实现全过程创新。

第二，培育有利于创新的生态。建设创新基础设施，通过一体化创新平台实现科技信息、创新需求、仪器设备、数据文献、创业辅导、行业检测等的共享，确保企业和科研人员明确从何处获取对自己有用的创新资源以及创新成果可以为谁提供服务。要促进技术的有偿扩散，加强知识产权保护，降低企业维权投入，加大对侵权行为的惩罚力度，加强技术咨询、技术转让等中介服务。加强金融服务对创新的支持力度，设立创新、创业风险投资基金，由专业化的团队负责市场化运作，R&D 投入保持在 GDP 的 3%以上。

第三，加大创新主体培养力度。坚持企业创新主体地位，确立以需求为导向的企业创新战略，实现创业创新联动。鼓励企业设立研发部门、增加研发投入，建立省级高新技术企业培育库，对省级高新技术企业和研发投入稳步增长的企业给予相应奖补，加大科技型上市企业培育。确立人才强省战略，从基础教育阶段抓起，加强人才培养力度，提高高等教育成效，形成领先世界的基础研究能力，畅通科技成果转化渠道，推动“高校院所+企业+资金+众创空间+创业者”深度融通；提高职业教育水平，让学生在企业接受最先进的设备和技术学习；加强人才引进，通过众多科研机构吸引造就精英人才。以产兴才、以才促产，推动产才融合，推动产业高地与人才高地同步打造。

（二）在产业升级中获取持续不断的发展动力

从技术变革和需求变革两个方面把握产业发展趋势，借助智能化、绿色化、个性化发展机遇，促进传统产业升级和新兴产业发展。

第一，推进农业由机械时代迈入智能化、自动化时代。全方位提升农业综合生产能力，进一步提升科技在育种等方面的贡献率，确保粮食等农产品安全。发展标准化农业和有机农业，确保农产品生产过程和产品符合安全卫生标准，向高品质、无公害方向发展。发展农产品深加工业和休闲农业，提高农产品附加值。

第二，做强制造业，促进制造业产业链延长和升级。产业升级不是以服务业取代制造业，而是以高科技提升制造业、实现制造业与服务业联动发展。明确产能过剩实际上是供需错配，传统产业升级不是淘汰产业而是淘汰落后产能，对机械、化工等无论现在还是将来都有巨大需求的产业，在大力发展的同时，要以技术改造、自动化、智能化等提升产品质量、生产方式和流通业态。培育壮大新的经济增长点，建立健全高新技术企业培育机制，发挥具有品牌优势的大企业自主研发和联动上下游企业的作用，以若干大企业为依托实现新兴产业的发展壮大。

第三，发展现代服务业和知识产业。互联网时代，跨界发展、跨界竞争将成为常态，所有产业的发展模式都将被重塑，制造业的发展必须以服务业为支撑，反过来又会进一步推动服务业发展，三次产业已不可能截然分开。在现代服务业中，互联网和大数据产业、物联网产业，可以为智能化发展提供支撑；科技研发、产品设计、市场研究、质量控制、会计、法律、保险、广告、物流、人员培训等，可以有效提高现代化生产效率；金融业可以确保经济发展获得充足现金流，盘活企业资产。省域应根据自身需求，选择发展重点，提高科技研发、工业设计、互联网和大数据等服务性要素在制造业中的投入比重，通过生产性服务业的发展撬动科技、资金、人才等高级生产要素，服务实体经济发展。

第四，实现高质量、规模化、集群化发展，建设具有综合竞争力和国际影响力的现代化产业体系，实现从比较竞争优势向系统竞争优势的跨越。以创新支撑产业链、供应链的竞争力、稳定性和安全性，以计算机和互联网技术推动产业升级，同步推进生产环节专门化与产业链一体化，增加产业黏性，形成具有国际引领力的产业集群，打造卓越产业链，形成特色鲜明的产业链条。

（三）以开放赋能经济现代化

在现代化过程中，人类影响自然能力的增强、信息技术进步、产业分工等已经把人类命运联系在一起，全球化在短期内即使出现“逆流”，长期看全球化的趋势不会改变。开放成为经济现代化的重要动力，也是提升省域国际影响力的必要途径。

21 世纪，世界经济的动力已由国际商品的运动转变为国际资本的运动，必须坚持积极引进和发展价值链高端环节，包括跨国公司总部和高层级投资性、运营管理性、研发创新性地区总部及各类共享服务功能机构等。在知识经济社会，专业技术人员将成为最主要的劳动力，省域现代化要通过在世界范围内吸纳人才、共建国际科技合作载体等，实现与全球创新链、人才链的多触点式互联互动，打造集聚创新资源的强"磁场"。

要坚持"引进来"和"走出去"相结合，形成多层次多渠道的开放格局，必须同步推进制造业企业和服务业企业走出去，支持企业开展海外投资、海外并购，支持开发区通过建设经贸合作区整体输出经验，支持金融机构与制造业同步走出去，推动外贸结构由大进大出逐步向优进优出转变。省级政府要帮助企业及时了解国际市场，以根据不同区域、不同类型客户的需求完善生产能力，并且从提升企业货物贸易便利化程度、提高服务贸易资金结算效率、简化企业资本项目结汇支付办理流程等方面入手，促进跨境贸易投资便利化。

（四）省域一体化提升整体竞争力

立足省域研究现代化，一个重要原因是省域能够更好地协调城市和腹地的关系，形成发展合力，有利于形成规模巨大的产业集群。省域现代化实践应将此优势落于实处，促进中心城市、都市圈、县域、乡村同步发展，增强发展的平衡性、协调性、包容性，形成网络化、优势互补、协同互助的省域发展新格局，促进经济现代化的持续推进。

第一，同步提升中心城市和县域经济。中心城市代表了现代化的高度，决定着省域国际竞争力。[①] 要提升中心城市都市圈的能级和辐射能力，充分释放其科技创新能力和知识溢出效应，通过创新成果产业化做强产业、增强都市圈辐射带动力。要发展培育省域副中心城市，促使其加速集聚高端发展要素，以形成合理的城市体系。县域经济的发展可以为中心城市提供强大的腹地支撑，决定着经济现代化的可持续性。要发展壮大县域经济，推进区县与小城镇发展，提高城镇密度，形成中心城市竞争力和引领力强、腹地支撑力强的协调发展格局。

---

① 孟静、徐琴：《城市群现代化的动力机制与路径——兼论长三角城市群的区域现代化》，《现代经济探讨》2021 年第 12 期。

第二，加强省域联动发展。现代社会的经济联系依托于要素流动，要素流动需要以交通设施为载体，尤其要加强高速公路网、高速铁路网及数字信息网络建设，畅通现代化流通体系。各市应该采取更加主动、更加一体化的行动，促使各类要素沿轴线集聚和流动，叠加交通、空间和产业配套优势，形成经济发展轴和城市发展轴，带动轴线产业链、价值链不断攀升。同时，依据省域实际，探索“总部+基地”“总装+配套”“前端+后台”“研发+制造”“孵化+产业化”等中心城市与腹地的合作模式，通过经济辐射或飞地经济带动腹地发展，实现互利共赢。

第三，振兴乡村经济，塑造乡村活力。摆脱把城市和乡村等同于现代和传统的二分法，将城乡作为统一的系统，实现城乡在价值、权益、生活品质和发展机会等多维度上的平等发展。乡村振兴不能简单移植城市的发展目标，而要以满足人们对理想中乡村生活的向往为目标，全面提升乡村生活品质，促进绿色农业发展，塑造乡村亲近自然、悠闲安全稳定、富有乐趣、人情味和家园感的价值优势，与城市的价值形成互补。同时要逐步打破农民和市民的身份界限，畅通城乡经济循环，促进城乡间发展要素和发展动能的双向流动，塑造新型城乡关系。

第二节 政治现代化

政治现代化对现代化具有极其重要的意义。社会就像一架庞大而复杂的机器，政治是它的控制系统，通过各种方式直接或间接地影响甚至决定着社会有机体的各部位。没有政治现代化，就没有社会整体的现代化，现代化就会缺乏强有力的政治保障。

一 政治现代化的内涵分析

政治现代化是政治文明历史演进过程的特殊阶段，是传统政治文明伴随着经济、社会的不断演进，向现代政治文明转型的过程，现代化是一个不断发展的过程，因此政治现代化也是持续不断的过程。政治文明是人类改造社会的产物，也是人们创造的政治经验集合，集中体现为政治活动、政治关系、政治秩序、政治资源的合理配置，包括政治意识文明、政治组织文明、政治行为文明及政治制度文明等。传统政治文明植根于农业社会，其政治结构往往比较单一，一个政治角色通常履行多种功能，权力的分配方式主要是先赋性分配，权威的来源一般是非理性的信仰，而政治民主和政治参与的范围非常有限。现代政治文明的基础是工业社会，社会政治结构变得非常复杂，政治角色持续高度分化，政治权威建立在世俗社会的理性基础之上，居民享有较高的政治自由。政治权威的合理化、政治程序的民主化和政治理论的世俗化、政治治理的法制化等，是政治现代化的主要特征。政治现代化大约在公元 17 至 19 世纪成形于欧洲中西部和北美洲，而后扩散至欧洲其他国家，继而在公元 19 世纪和 20 世纪扩及南美、亚洲和非洲大陆[①]。

政治现代化作为各国、各地区的政治实践，必然产生适合各自特点的、多样的政治现代化模式。[②] 在西方政治学的理论体系中，把政治的发展阶段划分为“传统的”（指封建主义及其官僚政治）、“过渡的”（处于传统与现代之间的中间状态）和“现代的”三类[③]。亨廷顿认为，政治现代化是传统政体向现代政体转变的过程，并且将其归结为三个基本内容。一是政治权威的理性化。传统或宗教的、家庭的、种族的政治权威逐渐消解，取而代之的是单一的、世俗化的、全国性的政治权威。这种理性化的权威对外坚持国家的主权和民族的独立以抵制外国影响；对内坚持中央政府的统治权以控制分布于地方和区域性的权力。所以，政治现代化同时意味着国家的整合，把权力集中于共同认可的公共机构。二是政治功能的专门化。各种职能部门，如立法、国防、行政和科学，都有专门化的机关、团体去执行相应的功能，政治组织变得更精密，分工更精细、更复杂、更有纪律性，并且相应职位和权力的分配和赋予越来越以业绩或成就为标准。三是全社会较为广泛的政治参与。在现代国家中，无论是经动员的参与还是自主参与，社会均已直接置身于各种政府事务中，每时每刻受其影响。[④]

我国社会主义国家政治文明的实质是中国特色社会主义的政治现代化，即社会主义民主法治的健全和发展，是社会主义政治制度的自我发展和完善，包括依法治国的建立和实施，人民政治参与、平等发展权利的充分保障，以健全、有效的运行机制保障人民当家做主权利的落实。省域政治现

① S. N. 艾森斯塔德：《现代化：抗拒与变迁》，张旅平等译，中国人民大学出版社，1988。
② 马超：《中国政治现代化的根本属性及其模式特征》，《湖北社会科学》2011 年第 1 期。
③ 刘建明、王泰玄、谷长岭、金羽：《宣传舆论学大辞典》，经济日报出版社，1993。
④ 塞缪尔·亨廷顿：《变革社会中的政治秩序》，李盛平等译，华夏出版社，1987。

代化的内容相比国家政治现代化要窄得多，更多地体现在国家现代化制度和政策的有效落实上，以推进省域民主法治建设和行政体制改革为核心内容，具体表现如下：保护人民权益，各项公共政策的制定更好体现以人为本；依法行政，以法律为处理各项社会事务的最高权威，确保法律面前人人平等；人民具有积极参与社会公共事务和民主协商的权利和能力；人民平等发展权益的保障，这里的平等不是平均主义，而是建立在权利平等基础上的平等；适应现代化发展需要，推进行政管理体制改革。

二 政治现代化的目标要求和主要维度

亨廷顿认为，实现政治现代化需要满足两个前提：一是国家在现代化过程中适应能力不断增强，有动力推动国家经济改革和社会全面发展；二是国家有意愿、有能力把新生社会力量纳入制度框架之内。总而言之，衡量政治现代化的基本原则是合法性政治、有限政府以及社会广泛参与。这三方面相辅相成，合法性政治必然依赖民众的广泛参与；只有合法性的政治才能保证有限政府的良性运转运行；国家有义务保障民众的参与权。[①]

（一）人民的政治参与是政治现代化的基础

民主作为人类社会主流文明的象征，已经成为国家政治现代化的主要目标。政治的民主化进程代表了人类社会由封建宗族式政治权力向开放、文明、世俗化的社会公正权力演进的过程，这也是人类政治活动不断理性化的表现。1985 年邓小平指出，党的十一届三中全会提出一系列新政策，就国内而言，一条是“政治上发展民主”，另一条是“经济上进行改革”。2017 年，党的十九大再次强调“发展社会主义民主政治”“发挥社会主义协商民主重要作用”。

政治参与是民主政治体系的重要组成部分。有序政治参与确保人民有权参与政治活动、行使民主权利，而不是被隔绝于政治体系之外，政治参与已然构成了政治现代化的重要内容，也成为政治现代化的主要动力。新中国成立以来，尤其是改革开放以来，我国对政治体制和运行机制进行了一系列渐进式改革，不断提升人民参与治理的能力，保障人民的知情权、

① 杨光斌：《政治学导论》，中国人民大学出版社，2013。

参与权、表达权、监督权，包括充分发挥人大、政协的民主参与、民主监督、参政议政作用，提升基层民主参选率，政府信息依法公开，完善列席旁听工作机制，参与平台及以信息化为依托的多元参与渠道的畅通等。

（二）法治现代化是政治现代化的保障

法治强调法律强制力，法律的意义在于将权利与义务规范化、固定化，[①]现代化阶段法治是必不可少的共同生活的规范。习近平总书记要求，“围绕建设中国特色社会主义法治体系、建设社会主义法治国家的总目标，坚持党的领导、人民当家作主、依法治国有机统一”，“坚定不移走中国特色社会主义法治道路，在法治轨道上推动国家治理体系和治理能力现代化”。[②] 推进依法治国关键要实现五大目标：加强党对全面依法治国的领导；加强立法建设，确保有法可依；建设法治政府，提高政府依法决策、依法行政的能力；推进法治社会建设，增强全民法治观念；加强法治工作队伍建设。[③]

就省域而言，法治现代化的重点在于法治政府、法治社会和法治队伍建设。一是推进法治政府建设，确保行政合法合理，确保改革沿着法治轨道有序推进。二是以法律为社会利益调节的最高权威，加强法制教育，把法治内化为人们的自觉行动。三是加强法治队伍的正规化、专业化、职业化建设，全面提高队伍的业务能力、为民意识和程序意识。

（三）政党现代化是政治现代化的必然要求

现代政治本质上是政党政治。[④] 提升国家治理能力，要求政党治理与国家治理相协调、相一致。在国家治理现代化环境下加强政治现代化，重点在于加强执政党的政治责任与政治担当，提升执政党的政治自律，加强政治骨干队伍建设，坚持从严治党，以提升政治现代化的实践水平。

一是要坚持党的领导核心地位。充分发挥党委在把方向、谋大局、定政策、促改革等方面的领导核心作用，通过党委领导形成各治理主体间的

---

① 包心鉴：《“四个全面”：当代中国政治现代化的新境界》，《理论探讨》2015 年第 5 期。

② 《习近平谈治国理政》（第四卷），外文出版社，2022。

③ 韩强、任金晶：《当前政法领域的意识形态问题及其应对》，《上海政法学院学报》（法治论丛）2021 年第 4 期。

④ 包心鉴：《“四个全面”：当代中国政治现代化的新境界》，《理论探讨》2015 年第 5 期。

最大公约数。二是要在政党现代化和国家现代化的进程中强化党的政治责任与政治担当。就国家治理而言，政党是否有使命感、是否具备政治责任和政治担当，直接关系到国家治理实际效果的好坏，这就要求执政党在不断更新的历史条件下以更高的格局、更广阔的视野来统领国家治理的现代化。治理现代化是一项综合性的系统工程，需要政党具备高超的执政能力，同时具备政治方向的把握能力，不断加强政党自身的建设，优化政党内部的政治生态成为现代国家治理的核心。

三　政治现代化的动力机制和主要措施

政党、国家、人民和社会是政治现代化的主要动力，需要从建设政治文明、加强党的建设、促进居民政治参与、加强法治建设、实现治理体系和治理能力现代化等方面采取措施。

（一）充分发挥党的领导核心作用

中国共产党是国家治理现代化的导航者、实践者、推动者，是国家治理力量的培育者。[①] 省域政治现代化要更好地发挥党总揽全局、组织动员、协调各方的领导核心作用和“纵向到底、横向到边”的组织优势，加强党的建设，为治理体系和治理能力现代化提供坚强的组织保障。

第一，坚持党对各项工作的领导和引领，坚守为人民谋幸福的初心使命。[②] 党组织要深入基层，协调各部门、各领域，将党的组织网络建设为社会治理中连接不同治理主体的新平台，成为响应人民诉求、连接多元主体、增进多元主体相互理解的最佳平台。充分发挥党建引领经济社会发展的作用，将党建与经济社会文化建设有机结合，教育引导党员干部关爱服务群众，示范带动群众，以服务能力的提升，增强党组织的凝聚力。

第二，加强党组织建设，尤其要在基层党组织建设上下大力气。落实《中共中央关于党的百年奋斗重大成就和历史经验的决议》的要求，“全面推进党的政治建设、思想建设、组织建设、作风建设、纪律建设，把制度

---

① 刘冰、布成良：《政治现代化的中国道路与国家治理的理念选择》，《当代世界社会主义问题》2016 年第 4 期。

② 韩强、任金晶：《当前政法领域的意识形态问题及其应对》，《上海政法学院学报》（法治论丛）2021 年第 4 期。

建设贯穿其中"[①]。全面提升省域各级党组织推进治理体系和治理能力现代化所需的政治领导力、思想引领力、群众组织力、社会号召力等。实施基层党建行动，着力提升基层党组织服务能力，深入开展"两学一做"学习教育，抓好基层党员干部队伍综合素质和业务能力的培养。

（二）全面提高政府的执政能力

政治现代化的一个重要标志就是政治权威的合法性，政府的权力不是"自然"形成的，而是民众给予的。现代化进程的推进，需要不断提升执政党和政府的治理能力。具体到我国的省域现代化，就是要提升省域各级各地政府的治理能力。

要转变政府职能，实现政企、政事分开，将无限政府变为有限政府、权力政府变为责任政府，在此基础上调整界定政府职责权限。简政放权不是"甩包袱"，更不是削弱政府的强大自主性、资源动员与宏观调控能力，而是要建设"有所为，有所不为"的政府，其核心是打造服务型政府。省市各级政府要充分承担以下职责：制定和执行各项规章制度，为市场和社会的发展创设良好的环境；对省域内居民关注的问题进行分析概括，以居民公共利益为基点，确定建设、发展、治理的优先领域；编制各项财政支出的中长期计划和使用计划，并对财政经费的划拨和使用进行监督；负责为居民提供科教文卫等福利事业的支持，以及公用设施建设、管理和维修，环境卫生维护等公共事业的执行；负责居民安全的维护，包括生活安全、生产安全等。

（三）培育人民广泛参与的政治文化

实现民主政治对社会进步的作用至关重要。第一，要提高人民的参政能力。李普塞特曾对经济发展和政治现代化的辩证关系进行研究，通过统计众多国家的国民收入、教育部门、医疗水平、通信水平、新闻传媒的有关指数，总结出民主政治要求具备优质的生长土壤，也即要求社会的财富积累、工业化和城市化，以及教育处于较高水平。[②] 提高人民的参政能力，

---

① 《习近平谈治国理政》（第四卷），外文出版社，2022。

② 西摩·马丁·李普赛特：《政治人：政治的社会基础》，张绍宗译，上海人民出版社，2021。

最重要的是要做好基础建设，充分尊重和发挥人民群众的首创精神，对社会赋权增能，赋予人民参与治理的权利、畅通参与渠道，引导基层群众通过依法理性有序地参与社会治理和公共服务，实现自我发展。

第二，营造广泛参与的政治文化。民主政治的实现必须以民众的政治心理角色转换为依托，也就是从依附者到当家做主的政治角色的转换。[①] 民众心理转换与现代政治文化的建立相辅相成，参政意识、参政能力也无法完全依靠社会经济发展自然形成，依然需要培育。推进政治现代化必须着重建设人民的政治参与文化，要在民众中进行参与文化的培育，提高民众的参政意识。

第三，完善参政议政平台。充分发挥各级党代表、人大、政协的作用，通过出台各种形式的接待工作制度，增强代表、委员与群众的联系，拓展知情知政渠道。运用信息化手段，建设新型参政议政和政务公开平台，借助互联网为政府和社会、居民搭建沟通平台，实现网络问政的常态化，多元主体可以借助互联网平台实现互动协商。同时要设计大数据分析框架，利用智能化工具描绘出民众的需求偏好，由专业机构主动分析社情民意，以问题和真实需求为导向确立参政议政的重点。

（四）以法治保障政治现代化

法治化是全球化时代国家政治现代化的方略选择，法治是民主政治最好的治理形式。[②] 省域现代化必须推进法治政府、法治社会建设。要通过加强普法教育等，形成遵法守法的社会共识；要保证治理行为的合法性，做到依法治理，推行权力清单制度，建立推广法律顾问制度，推动综合行政执法改革向基层延伸，提升执法水平，强化司法监督，运用法律手段管理社会事务，解决各类社会矛盾和社会问题；要加强法律服务，引入专业化团队，在工作中善于利用法律规范和社会治理的各项理论，尤其是加强对弱势群体的法律援助，有效协调各利益群体的关系。

---

① 西摩·马丁·李普塞特：《政治人：政治的社会基础》，张绍宗译，上海人民出版社，2021。

② 梁平：《全球化背景下中国政治现代化建设》，《人民论坛》2014 年第 2 期。

第三节　文化现代化

文化现代化是与经济现代化并列的概念。现代化过程是文化现代化与经济现代化相互作用的过程。文艺复兴和启蒙运动促使思想解放，推动了科技革命的发生，并进一步引发工业化，由此引发现代化的发生；工业化又进一步引发价值观的转变，尤其是进入发达工业化或第二次现代化阶段，经济和社会福利的迅速增长，促使文化由“物质主义”向“后物质主义”转型[①]。因此，文化现代化既是现代化的动力也是现代化的结果，是实现现代化必不可少的维度。

一　文化现代化的内涵分析

文化的内涵有其自身的演进历史，不同学科对文化的理解也不相同。广义上，文化是指人类实践中创造的各种物质、精神财富和生产能力的总和；狭义上，文化专指精神领域的活动及结果，即精神文化。[②] 本书采取狭义的文化定义。英国社会学家汤普森区分了四种文化概念：古典概念，认为文化是智力或精神发展的过程；描述性概念，认为文化是群体成员所具有的信仰、价值观、习俗、思想、物品和工具的总和，也就是我们通常所说的精神文化、制度文化和物质文化三个方面；象征性概念，认为文化是体现在行动、语言、各种物品等中的意义形式；结构性概念，认为文化是在特定的历史和社会结构性背景中的象征形式。[③]

文化概念的结构性揭示了文化的产生、存续和发展离不开特定的时间和空间，特定的文化总是在特定的历史阶段、社会环境和民族区域中产生、演变的。因此，任意一种文化都具备时代性和民族性两种属性。对于一种生命力旺盛的文化而言，时代性与民族性不是机械的并列关系，而是辩证、有机统一的。民族性中寓有时代精神，时代性中也蕴含着民族特色，二者共同构成文化的生命系统。文化的时代性特征决定了文化现代化的发生，

---

① 罗纳德·英格尔哈特：《现代化与后现代化——43 个国家的文化、经济与政治变迁》，严挺译，社会科学文献出版社，2013。

② 赵伯乐：《文化现代化的涵义及特征初论》，《思想战线》2002 年第 4 期。

③ 约翰·B. 汤普森：《意识形态与现代文化》，高铦译，译林出版社，2005。

文化的民族性又决定了文化现代化的路径是多样的。

文化现代化是与经济社会的现代化转型相伴的文化转型，其本质是文化的现代性，是思维、心理、社会生活、价值理念等实现现代化转型的过程。文化含义的广泛性决定了文化现代化的内容十分丰富，主要包括意识形态上思想解放和崇尚变革；道德伦理上理性主义、契约意识、合作意识的兴起；价值观念上对人的主体性的强调、科学意识的兴起、宗教世俗化和文化自觉性；文化艺术领域的创新，一系列新的文化和艺术形式的兴起；文化传播上符号生产的现代化、大众传媒的兴起、文化产业化和文化消费的兴起等。① 文化现代化是人类对历史上现代化实践的集大成，也是对现代化实践的经验和教训进行理论总结的成果。从文化现代化的历史和趋势看，它具有目标上的模糊性、方法上的承继性、特性上的适应性和表现形式上的丰富多元性。②

在我国，省域文化现代化是指省域层面文化现代性的发展和现代文明的普及，主要是以社会主义核心价值观普及、科学文化素质提升、审美素质提升及文化创作、文化事业、文化产业等的发展与进步为标志的精神生产和精神生活的进步状态。省域文化现代化与经济、社会等其他领域的现代化密切相关，既互相适应，又能为其他领域的发展提供精神动力、思想保证和智力支持。

二　文化现代化的目标要求和主要维度

省域文化现代化的目标，一是建设文化强省，立足弘扬社会主义核心价值观和传承中华文明的高度进行文化建设，深入挖掘本省的历史文化底蕴，形成兼具区域特色和时代特征的文化品牌；二是以文化强省，通过文化建设提升国民科学文化素养，以文化凝聚推动省域发展的合力。

（一）建立以需求为导向的文化产品供给机制

要畅通群众需求反馈渠道，定期分析文化产品供给和文化需求等统计

① 谢岳、曹开雄：《现代化意义上的文化自觉——改革开放 30 年文化现代化的过程与经验》，《上海交通大学学报》（哲学社会科学版）2008 年第 6 期。

② 赵伯乐：《文化现代化的涵义及特征初论》，《思想战线》2002 年第 4 期。

数据，推动文化惠民项目与群众文化需求有效对接。以满足人民群众日益增长的文化需求为目标，深化文化产品供给侧结构性改革，努力丰富和强化政府的文化产品和文化服务有效供给，切实防止低效无效供给、防止自娱自乐。

（二）确保文化发展的公平正义

进一步整合省域文化资源，将各类文化扶持资金的投入向农村倾斜，进一步缩小城乡差距。全面提高各类公共文化设施对低收入群体、老年人、残疾人等群体的可达性，针对农村留守儿童、困难群体等开展文化关爱服务，促进文化供给有效覆盖不同群体与个体。

（三）实现文化建设“价值理性”的回归

坚持文化发展的高定位，文化不再仅是“为经济搭台唱戏”的工具，而是每个人生存和发展的基石。要进行历史文化名城、历史文化街区、历史文化名镇（村）的规划和保护，确保文脉延续性，形成富有省域或城市特点的文化特色、景观风貌、建筑风格，打造省域自身独特的文化精神。要从提升国民素质、弘扬社会主义核心价值观和传承中华文化的高度重视文化建设，更好地满足人民对美好文化生活的新期待。

（四）坚持以文化人，推进文化服务向基层下沉

人们创造了文化，文化也陶冶着人的精神，文化现代化要把实现人的现代化作为出发点与根本归宿。文化建设的重心要下移，将视野转移到对社区文化和家庭文化的关注，更加重视家庭环境、邻里感情等精神支持问题。推动基本公共文化服务的重心下移、资源下移、服务下移，实现公共文化服务方式多样化，加强基层文化设施建设和文化活动开展，打通公共文化服务的“最后一公里”。①

三　文化现代化的动力机制和主要措施

文化的产生、存续和发展，既取决于孕育其的经济、社会和生活习俗

① 章寿荣、程俊杰：《全面小康与社会主义现代化有机衔接的动因、重点与对策》，《现代经济探讨》2021 年第 3 期。

环境，也取决于其构建的价值体系是否符合时代需求、具备时代的意义。文化现代化的实现，需要价值观现代化、文化传承与创新及文化事业和文化产业发展的共同推进。

（一）文化的价值特征是文化现代化的内在动力

根据经济基础与上层建筑的辩证关系，特定时期的文化是特定时期的上层建筑，因为文化自身的沉淀特质及其延续性，决定了文化与经济基础存在不同步的可能性，即文化不仅能超越生产力或者经济基础而超前发展，也有可能落后于生产力或经济基础，出现滞后发展的情况。文化的这种特点导致文化一旦形成，就具有相对的独立性，文化在民族的发展过程中，会慢慢内化为民族性格。

我国的省域文化现代化，要建设的是“民族的、科学的、大众的文化”。民族性指这种文化必须是具备中国特色的，有着中华民族特性的文化，不仅要吸收一切有利于文化建设的宝贵传统文化资源，更要以人民群众乐于接受的方式表现出来。社会主义核心价值观是对文化现代化所内含的时代精神的概括，省域文化现代化建设，要以社会主义核心价值观为引领，一方面推动传统文化的创造性发展，另一方面实现对外来文化的兼容并蓄、去芜存菁，塑造历史传承与现代文明交相辉映的省域整体文化形象。

（二）兼容并蓄，多措并举，推动文化的创造性发展

中国文化发展过程中的多元文化共同发展、和平共处对世界的文化多样性以及世界经济一体化格局下的文化传承、文化交流与文化沟通具有重要意义。省域文化现代化必须弘扬这一特征，发展包容型文化、尊重文化差异，对多元文化兼容并蓄，增强文化兼容创新的能力。

第一，利用发展好传统文化资源，保留其精华的价值理念，用新时代人们喜闻乐见的形式展现出来，使其成为维护社会整体道德水平，防止道德滑坡的内在精神力量。我国几乎所有的省份均拥有深厚的历史文化底蕴，改革开放后工业化大生产又进一步涵养了居民的创新精神、合作意识和诚信务实精神。要充分发挥上述优势，在做强各具特色的文化板块基础上，扩大文化的影响力，塑造底蕴绵长、崇文重教、诚实守信、开放包容、富有创造性的整体文化形象。

第二，提高应对文化冲突的能力。尽管当代国际关系并不完全取决于文化，但文化差异导致的冲突也确实是引发当代世界冲突的重要因素之一。在全球化不可逆转，且全球文化必定存在越来越多的沟通与交流的大背景下，如何努力做到国家或地区之间的多元文化共处，是当代国际关系发展过程中面临的重要问题。提高应对、化解文化冲突的能力，需要识别文化差异，发展文化认同；建立文化调停和危机应对机制，提倡理性沟通，打造兼容并蓄、富于活力和感染力的文化氛围；将文化冲突和社会冲突造成的损失减少到最小，努力寻求依法治理下的最大社会共识。

（三）发展文化事业，满足人们的精神文化需求

目前，文化领域仍然是总供给不能满足总需求的领域之一。[①] 满足居民的精神文化需求，形成积极向上的文化氛围，需要将公共文化建设作为提升核心竞争力的有效载体，健全公共文化服务设施，扎实推进文化惠民工程，引导和支持大众媒介生产和宣传适合广大群众需求的健康向上的文化产品。加强省域文化资源的品牌化建设，通过发挥文化引领经济、社会发展的作用，传承各地独特的历史文化价值，推动城乡文化建设和社会综合发展。

（四）发展文化产业，实现文化发展的经济效益和社会效益统一

经济建设对文化的需求是文化现代化的重要推动力。随着世界范围的经济结构调整，文化产业和文化贸易在国际经济中的地位日益重要。充分利用现有的文化资源大力发展文化产业，从而带动经济发展已经成为许多国家产业结构调整的主要方向和重要举措。实现省域文化现代化，需要在充分利用经济和社会发展成就的前提下，积极主动地将文化融入经济社会发展进程中，在经济和社会发展需要的共同推动下完成文化的现代化。一是以市场提高文化资源的配置和使用效率，形成统一开放、竞争有序的文化市场体系，实现文化资源和文化要素充分便利的选择和自由流动。二是发展创新型文化，以创新为区域发展之魂，不断进行观念创新、体制机制创新、技术创新，在现代进步价值观念的创造和输出上保持领先，形成文化

① 《为“社会文明程度高”持续努力》，《新华日报》2015 年 11 月 29 日。

创新活力，确保文化具有自我更新的能力。建立健全知识产权的保护机制，有效保护文化创新成果。三是探讨“文化+科技”“文化+创意”“文化+金融”“文化+旅游”等新型产业模式，通过先进文化注入实现产业升级。

第四节　社会现代化[①]

社会现代化是现代化的重要组成部分，在我国许多省份社会建设滞后于经济发展的背景下，社会现代化尤为重要。人是现代化的主体力量，而人必须生活在社会中，是社会人，社会现代化可以为经济、政治、文化等的发展提供教育、人才、科技、社会心理和社会保障等支撑，与经济现代化互为支撑，也是政治现代化、文化现代化的基础。经济与社会的协调发展是现代化的必然要求，否则就容易诱发各种社会矛盾和社会问题，只有经济与社会协调发展才能有效避免各种失衡、紧张和冲突，顺利推进现代化进程。

一　社会现代化的内涵分析

社会现代化是社会发展的结果。美国社会学家帕森斯提出社会发展的四大特征，即功能分化、包容整合、适应能力提高和价值普遍化，并据此将社会的发展分为原始阶段、中间阶段、现代阶段，认为社会现代化是社会总体适应能力提高的过程。[②] 社会现代化的内涵有广义、狭义之分。广义上，社会现代化等同于现代化。狭义上，社会现代化是指社会领域的现代化，是包括社会生活、社会观念、社会结构、社会关系、社会制度、社会治理、社会组织现代化等在内的系统工程[③]，以社会权益提升、社会公平根本改善、社会关系平等理性、社会联系增强、社会事业发展、社会福利普及、治理主体多元化、治理体系科学化、社会组织专门化及高度发达的科层组织等为特征。社会现代化也是不断发展的过程，工业化阶段的社会现

---

① 本节主要内容已经发表。孟静：《以协同共治推进区域治理的现代化转型》，《现代经济探讨》2019 年第 6 期。

② 李鸿：《帕森斯现代化理论及其缺憾》，《社会科学战线》1998 年第 5 期。

③ 张林江：《中国特色社会主义社会学的逻辑主线与时代命题》，《南京社会科学》2022 年第 1 期。

代化以满足人的生存需求为中心，以理性化、城市化、教育普及、社会分化、社会流动、大众传媒兴起、公共卫生和社会保障制度的建立等为标志；后工业化阶段的社会现代化以实现人的自由全面发展为中心，以追求生活质量、社会多元化、观念多样化、社会结构知识化、信息化、文化消费比重上升、创新型社会的建立等为标志。[①]

在我国，社会建设就是建设社会现代化。[②] 陆学艺等人把社会建设定义为按照社会发展规律，通过有目的、有计划、有组织的行动，构建公平合理的社会利益关系，增进社会全体成员共同福祉，优化社会结构，促进社会和谐，实现社会现代化的过程。[③④] 2004 年，党的十六届四中全会首次提出社会建设的概念；2007 年，党的十七大提出了经济建设、政治建设、文化建设、社会建设的“四位一体”；2017 年，党的十九大要求“统筹推进经济建设、政治建设、文化建设、社会建设、生态文明建设”。社会建设已经成为我国现代化建设的重点领域。

具体到省域社会现代化，就是指坚持以人民为本，兼顾经济发展与社会公正，实现社会价值规范的现代化转型，通过省域社会治理现代化，合理协调社会利益，激发社会发展的内生动力，创建和谐稳定又充满活力的现代化社会。省域现代化的模式路径是多种多样的，无论何种模式或路径，最关键的都是确立以人民为中心的理念，经济发展、物质环境改善的目的都是为了更好地满足人的需求，发展资源依靠人民，发展动力依靠人才，发展原则以公正为本，发展价值以幸福为本。[⑤]

二　社会现代化的目标要求和主要维度

满足人民需求、保障人民权益，为发展提供和谐、稳定、有活力的社会

---

① 王裕国：《调整失衡的社会利益格局，推进我国社会现代化进程》，《消费经济》2007 年第 6 期。

② 陆学艺：《建设社会现代化：中国未来发展的战略重点》，《西北师大学报》（社会科学版）2012 年第 6 期。

③ 陆学艺主编《当代中国社会建设》，社会科学文献出版社，2013。

④ 北京工业大学当代中国社会建设研究课题组、陆学艺、胡建国、颜烨、谢振忠：《社会建设的实质是建设社会现代化》，《信访与社会矛盾问题研究》2014 年第 4 期。

⑤ 《中国特色的可持续社会现代化——访华东理工大学马克思主义研究中心主任鲍宗豪》，《马克思主义研究》2010 年第 8 期。

环境，是省域社会现代化的总体目标，该目标又可分解为社会生活现代化、社会结构现代化、社会关系现代化、社会治理现代化的具体目标。①②③

（一）发展社会事业，实现社会生活现代化

社会生活现代化是社会生活不断进步的状态，在省域层面最核心的是民生的改善。一方面，扩大社会成员基本利益，满足就业、教育、医疗、养老等民生需求，为居民提供基本生活保障、社会保障和社会福利，促进社会事业、社会保障、社会福利水平不断提升；另一方面，促进社会事业发展的公平性，不断缩小城乡差距、区域差距，重视弱势群体的利益，提高优质公共服务产品均衡供给能力，使社会事业、社会保障、社会福利能够为居民公平享有。

现代社会的特点是社会流动性增强，要素跨区域流动更加频繁、区域间联系更加紧密，社会个体化程度增加，资源不断向社会和市场分散。因此，社会事业的发展，不仅需要政府不断提高财政支出力度，更需要增强政府宏观调控能力，一方面通过发展志愿者、政府购买服务或者奖补政策等措施，有效调动社会和市场的力量共同参与社会事业建设，调动发展所需的资源；另一方面促进跨区域的政府合作，加强跨区域的基础设施和公共产品建设力度，首先立足省域及城市群层面促进社会事业发展的一体化。

（二）促进社会多元化和社会整合，实现社会结构现代化

在由传统社会向现代社会变革的过程中，功能专门化导致社会群体分化，个体对家族或单位的依附越来越弱，拥有更多的发展空间和选择自由，撬动了个体能动性，使得人们的利益诉求更加多元化、利益关系更加复杂。④ 同时，专业化分工决定了个体需求的满足需要更庞大的支持体系，使得个体间的相互依赖程度不断提升，对协同、合作提出更高要求。因此，社会整合成为社会建设的重要内容。信任是合作的基础，要加强信用体系

---

① 宋国恺：《“建设社会现代化”命题：形成、内涵及价值》，《社会学评论》2013 年第 6 期。

② 李怀：《社会建设的中国经验与理论自觉》，《山东社会科学》2013 第 11 期。

③ 张林江：《中国特色社会主义社会学的逻辑主线与时代命题》，《南京社会科学》2022 年第 1 期。

④ 孟静：《以协同共治推进区域治理的现代化转型》，《现代经济探讨》2019 年第 6 期。

建设，培育契约精神，促使个体在做出选择时，不仅强调自身权利，而且保护他人的同等权利。要加强社会的包容性建设和社会支持系统建设，畅通反应利益诉求的渠道，提升社会参与水平，公共政策的制定要充分考虑不同群体的利益诉求，有效促进社会团结。[①]

（三）塑造社会规范，实现社会关系现代化

现代社会是风险社会，有效化解各种社会矛盾是现代社会面临的一大挑战。现代化社会的多样化、多元化，以及城乡差距、行业差异、地区差距等，使得社会群体间的利益关系更加复杂，相互之间更容易产生矛盾。为有效缓解这些矛盾，需要加强社会关系文明建设。社会关系文明是人类在社会交往方面积极成果的总和，表现为人们通过良好的社会交往行为，达到或实现各种社会关系平等、和睦、民主、协调的状况和发展程度。在省域层面，关键是加强社会公德建设，提升社会道德规制力和社会凝聚力。

（四）创新社会治理模式，实现社会治理现代化

省域社会治理是指在省域空间范围内，政府引导居民、企业、社会组织等多元主体，根据制度安排，借助谈判、协商等形式，对省域范围内的公共事务进行集体决策并达成行动的过程。[②] 省域社会治理现代化要实现党建引领，依法治理，协商治理，治理主体多元化，治理方式的专业化、科学化、信息化，治理手段的柔性化，治理过程的动态化。

三　社会现代化的动力机制和主要措施

社会现代化目标的实现，需要依靠以人为本的价值理性的确立、社会事业的发展、社会建设体制机制优势的确立、社会治理体系和治理能力的现代化等共同推进。

（一）坚持社会发展的人本逻辑和价值理性

与工具理性不同，价值理性更加重视人的价值和追求，认为理性的选

---

① 孟静：《以协同共治推进区域治理的现代化转型》，《现代经济探讨》2019 年第 6 期。

② 孟静：《以协同共治推进区域治理的现代化转型》，《现代经济探讨》2019 年第 6 期。

择首先应该基于人的情感和思想。社会现代化必须强调价值理性对社会发展的主导意义，以对人的价值和情感的尊重调和工具理性的消极影响。基于此，社会现代化首先要实现由发展型社会向关怀型社会的转型，把满足“人民日益增长的美好生活需要”作为落脚点，把对效益和业绩的关注转移到对人民发展权益的保障、归属感和幸福感的实现上。[①]

第一，坚持发展为了人民，加大对公共服务尤其是关怀型服务的投入，建设高水平、广覆盖的公共服务和社会保障体系。针对人民群众的关切点，实现基于全生命历程的社会保障平衡充分发展。实施教育优先战略，以高质量发展为主线，扶持普惠园，确保幼有所育，提升义务教育质量，着力提升普通高中升学率和高考录取率，实现教育资源的公平配置；提升医疗发展水平，加大医疗技术人员培养和先进医疗设备的研发与使用；实施积极老龄化战略，集中力量优先解决农村老人、困难群体、失能失智和空巢老人等的养老难题，全方位提升社区对居家养老的支撑能力，积极发展机构养老，以老年人需要为立足点，发展老年服务业；建设和谐小区，发展保障性住房托底住房需求；提高省域保障水平，动态设计社会保障标准，并定期监测社会保障制度的效用。

第二，合理协调各方利益。社会发展要给予每个人以尊重，不能简单以整体推断个体，确保人民利益的公平实现，从权利平等、机会平等、规则平等三个方面着手促进社会公平正义，提升优质公共服务均等化供给水平和公共设施可达性，确保不同身体状况、不同年龄、不同文化背景、不同阶层的人群的公平共享。照顾不同人对不同生活方式的选择，构筑更为包容、可异地衔接、能吸纳各类人群共同参与的社会治理体系。尤其要注重保护缺乏市场能力、缺乏吸引合作伙伴能力的群体的权利，拓宽他们的社会生活参与渠道，通过专家协助、面对面访谈等，促进他们参与社会治理。[②] 要确保乡村更便捷地享受优质的教育、卫生医疗、养老服务，增加政府投入以提高乡村教师、医生和养老护理员收入，确保其享有同等的保障和晋升机会，推进城市优质学校、医院、养老机构与乡村的合作共建。

---

① 孟静：《以协同共治推进区域治理的现代化转型》，《现代经济探讨》2019 年第 6 期。

② 孟静：《以协同共治推进区域治理的现代化转型》，《现代经济探讨》2019 年第 6 期。

（二）形成现代化社会生活规则体系

建立现代化社会行为规范。社会行为规范是社会成员共同的行为准则，与约定俗成的社会风俗、社会惯例等不同，社会行为规范虽然也是在社会成员的广泛互动中形成的，但其确立带有一定的权威导向，其约束力的实现往往伴随相关社会组织如教育机构的支持，与法律规定和制度规范不同，社会行为规范的实施往往借助社会文化形式或社会关系压力。

现代化社会行为规范的确立与作用发挥，核心是民主、法治、平等、诚信、科学、友善等现代化价值观念的培育和行动载体的建设，增强社会的包容性。第一，伴随着社会流动性和社会联系的加强，民主、法治、诚信已成为满足现代社会流动和交往需求的不可或缺的价值准则，要求建立信用制度及相应的惩戒制度，以降低合作成本，使合作更容易达成。第二，促进人与人之间的包容，培养协同合作的文化、价值导向和习惯公约，实现社会成员间的有机团结。现代社会的运转必须借助合作，当合作收益大于达成并执行共识的交易成本时，合作才能够发生。平等协商、持续互动、信守承诺是协同形成的关键，协同不是折中，而是在协商、谈判和科学分析基础上选择最优行动方案，长期稳定的相互依赖关系可以有效降低交流成本。[①] 第三，对公共政策可能产生的道德影响、是否与公序良俗相冲突等展开评估，并依据评估结果及时做出调整。

（三）坚持改革赋能，塑造体制机制新优势

坚持改革赋能，全面推动与经济体制改革相适应的社会体制改革，构建创新激励、改革赋能、包容审慎的现代化建设保障制度。正确处理改革与稳定的关系，既要有吸纳已有变化、主动促进变化的能力，又要保证政策在规定期内相对稳定，以形成稳定预期。

第一，加强顶层设计引领，形成省域整体推进、各市协同并进的现代化建设新局面。省级层面首先要制定科学合理的近期目标、阶段性目标，明确中长期目标和总体愿景，并对愿景进行多领域、多角度、场景化的描绘和细化，使政府、居民、企业等现代化的多元主体能够明确目标导向。

---

① 孟静：《以协同共治推进区域治理的现代化转型》，《现代经济探讨》2019 年第 6 期。

在制度设计上，要推进面向需求的改革，畅通居民诉求反映渠道、问策于民，定期汇集反映较多的诉求进行针对性改革，形成完善的制度矩阵。对市级层面要坚持赋能放权、精准施策，赋予各地市选择现代化具体路径的自由度和自主性，以确保其快速响应新形势、新变化，采取更有针对性、更多样、更灵活、更适用的解决方案，有效激发路径创新，提高解决问题的能力和效率。最终，既要使各市都有能力解决自身问题，同时又能凝聚起来共同应对全域问题。

第二，以安全为本，加强风险预警，健全突发事件应急处置机制，显著提升本质安全水平。建立风险评估机制，提升突发事件应急处置能力，编制应对突发事件总体预案和重大风险专项预案，成立应急管理专家组，提前构建预防响应、应急救援和物资储备制度，并通过应急演练确保预案切实可行，做到第一时间发现问题、第一时间报告信息、第一时间妥善处置。全面开展安全隐患排查工作，持续深入开展工矿商贸、交通运输、建筑施工、城镇燃气、消防等领域专项整治，开展信息安全专项整治，加强对信息诈骗的专项治理。

第三，深化“放管服”改革，高标准推进营商环境建设，创造宽松、公平的市场准入环境。提供高效、优质的政府服务，创新推广“容缺受理”“信用承诺”“帮办代办”政务服务机制。持续推进社会信用体系建设，以信用数据、行为、应用“三清单”为基础，推进行政管理由“门槛管理”向“信用管理”转变，积极推进跨区域信用合作。建立适应新旧动能有序转换的政策制度体系，在包容创新的审慎监管政策、符合新产业用工特点的就业及社保政策、对新兴经济领域突发情况的快速处理制度、完善产业风险预警和分析体系、多主体长效联动机制等方面取得突破。

（四）推进治理体系和治理能力现代化

第一，促使社会治理从精英模式走向多元协同的合作模式，形成社会治理的立体性交叉网络。党组织是社会治理的领导者，负责总揽全局、协调各方，明确大方向、确定目标、制定政策，发挥组织联络和引领凝聚群众的作用。强化政府在社会治理中的主导责任，简政放权不是“甩包袱”，而是打造服务型政府，政府是社会治理的组织者、责任者、协调者和监督者，负责制定规则，营造公平竞争、共同发展的环境；组织协调，整合分散多元的体系中的不同利益体；提供公共服务、保障人民权益，尤其是承担市场出于盈利考量不愿承担的责任；监督其他主体的行为，维护秩序、应对社会风险。对社会赋权增能，实现区域治理的社会协同、公众参与，要健全人民权益的反映、沟通、协调和响应机制，完善重大事项公示听政、调查研究和集体决策制度，积极推进基层民主建设、探索社区共治体系，推进社会治理民主化。空间邻近、规模较小的团体更容易频繁互动、达成合作，因此社区应该成为个体参与公共生活的最基本场域，要导入社区自下而上的提案机制，发挥好社区的自治功能。①

第二，法治与德治相结合，确保社会治理的人性化和法制化。政策制定者和执行者要始终明确政策针对的是有血有肉的人，强调人文关怀，采用柔性化、渐进式推进手段，避免运动式的治理方式。要把法治思维和法治方式贯穿社会治理全过程，以法律为平衡社会利益、调节社会关系、规范社会行为的最高权威。把社会治理难题转化为司法执法问题，提高政府依法决策、依法行政的能力。

第三，推进网格化治理，实现社会治理精细化。针对“信息孤岛”的问题，在省域层面建立统一的数据信息平台和电子政务系统，以人口信息为基础，集合多种信息资源和社会统计资源，各个部门借助平台实现信息共享、工作联动，在平台上可以集中完成信息查询、工作部署、指挥调度等业务。强化综合执法与网格化治理的融合互动，提高网格办事的规范化水平，并且在网格化中推进大数据技术手段的运用，设计大数据分析框架，对治理资源进行整合分析，对居民需求进行多层次、多维度的细分，使服务供给契合需求，并持续跟踪服务效果以改进供给。同时通过与居民面对面的沟通交流，挖掘被宏观数据掩盖的个体差异化需求。治理信息化一定要确保信息安全，通过控制访问权限、数据加密和过滤器、分离密钥等多种方法防止数据泄露，确保数据使用留痕。②

第五节　生态现代化

生态现代化是社会主义现代化的重要支撑，它不仅关系居民的健康发

---

① 孟静：《以协同共治推进区域治理的现代化转型》，《现代经济探讨》2019 年第 6 期。

② 孟静：《以协同共治推进区域治理的现代化转型》，《现代经济探讨》2019 年第 6 期。

展，也是可持续发展的内在要求。随着工业化的推进，生态环境承载力有限、资源环境约束加剧等结构性矛盾更加突出，要求通过生产效率的提升、清洁技术的研发运用、建设生态文明等实现生态现代化。与传统的环境决定论或激进的环境理论不同，现代化的生态观强调生态环境保护与经济社会发展相互促进，人与自然和谐共生，既实现了现代化的生态转型，又实现了生态的现代化转型。

一 生态现代化的内涵分析

生态现代化理论的提出建立在反思现代化的基础上，是在应对工业化导致的生态环境破坏、进行生态重建的过程中产生发展的。在现代化进程中，人改造自然的能力不断增强，自然环境越来越多地转变为人造环境，给人们带来极大便利的同时，也带来资源枯竭、环境污染、生态破坏等问题，随着现代化的深入推进，这些问题越来越严重。1962 年美国学者雷切尔·卡逊的《寂静的春天》出版，1972 年罗马俱乐部发表《增长的极限》报告，由此开启了对人与环境、人与自然关系的广泛而大量的研究。1982 年德国学者马丁·耶内克首次提出生态现代化的概念。

生态现代化认为，面对生态问题需要重新认识政治和经济发展，采取前瞻性环境友好政策，促进技术革新，通过成熟的市场机制促进工业生产效率提高和结构升级，从而减少原材料投入和能源消耗，实现经济发展和环境保护的双赢和互相加强，技术创新、市场机制、环境政策和预防性原则是生态现代化的四大要素。①② 生态现代化理论自产生后，经历了一系列发展。第一阶段，生态现代化理论具有明显的技术导向，希望通过科学技术创新解决环境问题，更加强调污染防治和末端治理。第二阶段，生态现代化理论的制度和文化转向，更加重视国家和市场在生态保护中的作用，认为生态保护需要采取整体路径，把经济、制度、文化、社会发展和自然生态系统的保护联系在一起，利益相关者的合作行动、冲突解决、保护机制的建立等成为研究重点。第三阶段，建立了更加广阔的全球视角，强调

---

① 郇庆治、马丁·耶内克：《生态现代化理论：回顾与展望》，《马克思主义与现实》2010 年第 1 期。

② 黄英娜、叶平：《20 世纪末西方生态现代化思想述评》，《国外社会科学》2001 年第 4 期。

生态环境的有机性和生态重构与经济发展共赢的思考方式。生态环境的合作治理成为研究重点，强调制定长期战略和采取集体行动，一方面采取“缔约方”等各种形式进行跨省、跨流域，甚至跨国的利益协调，另一方面更加重视部门间及与其他影响要素间在政策制定时的交错互动，环境生态系统保护和生态活力恢复、公众参与管理和决策、生态环境正义等成为新的研究热点。

党的十八届三中全会提出“建立系统完整的生态文明制度体系”，修订后的《中华人民共和国环境保护法》指出“一切单位和个人都有保护环境的义务”，确立了多元化的环保主体，并且明确地方政府对本行政区环境质量负责、企业事业单位对所造成的环境损害依法承担责任、公民应自觉履行环保义务，对各主体的责任做了科学界定。生态环境立法是关乎利益表达、平衡与实现的制度安排，应赋予公众实际立法参与权，使各级政府、市场主体、社会组织和居民借助协商对话等手段，在利益碰撞中寻求妥协平衡，进而形成价值和利益共识。①

省域生态现代化是生态现代化的重要组成部分和基础，就省域生态现代化来说，生态保护技术研发、多元主体利益协调、生态补偿机制的建立是其需要研究的主要内容。生态环境问题的产生，主要原因是不同层次的利益冲突，包括不同区域、不同政府部门、企业盈利需求与居民环境福利、当代人与后代人的冲突等，生态环境保护首先要对这些利益冲突进行协调，要建立符合可持续发展要求的指标体系，利用经济、政策等手段限制相关主体的行为。② 在省域层面上，生态补偿是协调各主体、各区域环境利益的重要杠杆，即以保护生态环境、促进人与自然和谐为目的，根据生态系统服务价值、生态保护成本、发展机会成本，综合运用行政和市场手段调整生态环境保护建设各方利益。③

二　生态现代化的目标要求和主要维度

实现生态现代化就要打破把自然作为客体的二分法，建立现代化的生

① 秦鹏、李奇伟：《协调各方利益冲突，规范环境立法途径》，《环境保护》2013 年第 13 期。

② 马庆国、邓峰：《环境资源保护的利益冲突及协调》，《软科学》1998 年第 2 期。

③ 李远：《创新环境及其政策的出发点——兼论增强区域的全球化竞争力》，《经济地理》1999 年第 3 期。

态观，实现人与自然和谐共生，为此需要推动生产、生活、发展方式等向绿色发展转变。

（一）同时加强源头防控和末端治理

加强源头防控，建立资源节约型、低碳环保型、循环再生型经济体系，发展节能环保产业，推进产业结构升级，从招商引资、产业落户的源头上做好污染防治。加强末端治理，打好污染防治攻坚战，实施雨污分流、垃圾分类处理、人居环境综合整治工程，提升污水、固废、危废等处置能力，持续加强生态保护和生态修复。

（二）加大生态技术研发力度

以技术革新促进资源环境保护，加大生态技术研发力度。推广建设风能、太阳能、核能等清洁能源，攻克现代化节能减排和环境保护技术，并以技术为支撑带动绿色产业发展，形成新的经济增长点，利用绩效评价工作，助推资源要素向高技术、高产出、高成长性企业集聚，支持相关产业构建起循环经济产业链条。[①]

（三）推动发展方式的绿色低碳转型

兼顾保护和发展的需求，做好“生态+”文章，积极探索生态保护与经济发展共赢之路，实现生态性、智慧性和人文性的统一，推动生态、经济、美学、文化、社会效益同步实现。推行绿色低碳的生产方式，优化产业结构和能源结构，提高单位土地的产出效率，打造生态型产业体系，构建绿色、低碳、循环的经济发展模式。倡导绿色生活方式，提倡简约适度的消费观，从绿色建筑、绿色办公、绿色出行和绿色消费四个方面入手促进节能减排。

（四）形成保护环境的制度体系

加强环境统计、环境监测和绿色政绩考核三大体系建设，实现环境保护与经济社会发展同步推进。建立生态补偿机制，探索生态产品增值模式；

---

① 孟静：《如何提高扬子江城市群建设质量》，《唯实》2018 年第 7 期。

建立生态产品市场交易制度，探索跨省域生态双向补偿、流域山水林田湖草生态修复等生态产品增值与市场交易模式，提升生态产品生产及转换能力，打通生态优势与经济优势的双向转化通道；建立环境保护利益协调机制，这既是为了提高行政效率，更是为了实现公平正义，环境保护利益协调机制的构建需要引入政府决策与公众参与交错互动的治理模式，并将此模式贯穿政策制定、执行、监督全过程，各主体通过平等交流和适度集中能够较迅速地达成认同、形成集体决策，在此基础上对主体进行细分，借助市场规律和利益倾斜保护制度，实现受益地区对受损地区、获益群体对受损群体的补偿。

三　生态现代化的动力机制和主要措施

生态现代化的实施过程，一是要注重可行性，立足实际，协调保护与发展、刚性与弹性的关系，确保各项政策措施落地和持续推进；二是要注重系统性，促进各要素的有机耦合，形成具有自我维持能力的生态系统，促进人口资源环境均衡发展、永续发展，形成绿色低碳的省域发展模式。

（一）因地制宜采取更具操作性的保护措施

生态保护应尊重各地的环境特征、社会现实和发展愿景，采取各具特色、更加精细的保护措施，而不是简单强调统一的数字指标。对省域内的国家级自然保护区、国家森林公园、重要水体等要进行严格保护，确保生态安全；对乡村、农田、城市绿地等生态功能区，在保护的同时要积极提升其有机农业、观光游憩、休闲度假、公共空间等多样化生态服务功能，建立生态价值转化机制和生态补偿机制，避免生态功能区因发展动力不足而衰败。在此基础上，把握好江河、山脉、绿轴等生态保护中的连续性元素，深入推进生态走廊建设，发挥多种类型生态空间的优势，形成山水林田湖草生命共同体，构建连续的生态系统，形成省域发展的生态基底。

（二）大力促进低碳经济发展

低碳经济以“低排放、高能效、高效率”为特征，即通过更少的自然资源消耗和更少的环境污染获得更多的经济产出，创造更高的生活标准和更好的生活质量。[①] 通过产业结构的调整和发展模式的转变，低碳经济不仅不会放慢经济增长，反而会促进经济的新一轮高增长，是促进人民生活方式发生根本性变化的模式。一方面，要求经济活动不以牺牲环境为代价，重点解决发展中产生的环境污染和生态损害等问题；另一方面，要从环保活动中获取经济效益，发展生态农业、生态旅游、可再生能源等有利于改善环境的绿色产业。[②] 正如丹尼尔·埃斯蒂在《从绿到金：打造企业增长与生态发展的共生模式》中指出的，从全新视角观察事物会带来实际收益，灵活管理绿色浪潮带来的压力，能够使企业获得潜在效益。[③]

（三）用制度保护生态环境

环境的整体性决定了环境保护要求不同区域、不同机构之间加强合作。[④] 因此，制度制定的关键在于规范和改善主体行为、协调利益相关者的关系、平衡他们的权利和责任，这样才能调动各方积极性形成环境保护的合力，以最小的投入获得最大的产出，实现环境保护的多方共赢。制度是最重要的元规范，生态现代化要求综合采取法律、行政、经济手段构建生态环境保护制度，包括调控监管、综合考核、责任追究等利益约束制度，损害赔偿、生态补偿等利益分配制度，赋予环境综合治理部门实际权力等组织协调制度，为居民参与决策提供更广泛的途径等合作决策制度。

第一，制定环境保护相关政策，实现各环保主体间的良性互动和合作。环境保护需要各相关主体的共同努力，政策对污染者、受害者、补偿者关系定位的错位或缺失，导致各主体为追求利益对环境保护采取不负责任的态度，是环境问题产生的深层次原因，生态现代化制度的建立首先要解决这种错位。为此需要明确各主体在利益诉求、权利和能力方面的不同，绘制利益相关者图，借以分析应该在哪儿引入“政策力量”。在此基础上，探讨采取何种机制和政策才能变冲突为认同、达成合作，引入合作

---

① 刘军：《国外低碳城市的建设经验及对我国城市化的启示》，《科技进步与对策》2010 年第 11 期。

② 孟静：《如何提高扬子江城市群建设质量》，《唯实》2018 年第 7 期。

③ 丹尼尔·埃斯蒂、安德鲁·温斯顿：《从绿到金：打造企业增长与生态发展的共生模式》，张天鸽、梁雪梅译，中信出版社，2020。

④ 秦鹏、李奇伟：《协调各方利益冲突，规范环境立法途径》，《环境保护》2013 年第 7 期。

复杂性理论和博弈论，制定环境保护规范以规范主体行为、明确主体权责，构建多等级的治理体系、形成治理权威，确保各利益主体之间关系的持续性和地位对等，发挥市场协调利益的作用，建立生态补偿机制以确保环境正义。

第二，提升相关政策的落实能力。一方面，需要重点关注部门之间的利益协调与合作。确立生态治理的行政权威并赋予其法律地位和实际权利，建立治理组织框架、明确规定各部门的职权与责任，在此基础上制定具体、可操作的考核指标及相应的责任追究制度和社会监督制度。另一方面，要建立绿色政绩考核机制。加强生态资产离任责任审计，对严重损害环境生态的行为，实行领导干部终身责任追究制度。明确各级政府环境保护的事权、财权及指标考核的责任主体，事权清晰，财权事权对称。加快环境统计、环境监测和责任考核三大体系建设。

（四）采取紧凑开发模式，保持自然生态过程的连续性

紧凑型城市是高密度、功能混用的城市形态，它对保护乡村、减少汽车出行、支持公共交通和步行、公共服务设施的可达性、市政和基础设施的有效利用等都具有重要意义。为此要求做到以下四点。第一，进行混合用途的开发，住宅和商业的开发商们在同一地块的开发中采用协调一致的方案。第二，土地利用集约化，用足城市存量空间，减少盲目扩张。第三，以连续性代替土地细分，强调城市内在的紧密关系，邻里社区最大可能的与周边相邻地块连接起来，城市建设相对集中、密集组团，生活和就业单元尽量拉近距离，人们的居住更靠近工作地点和日常生活所必需的服务设施，高速公路和主干道到达邻里社区时应该从其边缘通过，以免导致社区被分隔开。第四，注重保持自然生态过程的整体性和连续性，利用绿廊、绿楔、绿道和结点等，将城市绿地、自然保护区、农地、河流、滨水绿带和郊野等纳入绿色网络，形成自然、多样、高效、有一定自我维持能力的完整绿化系统。

第六节　人的现代化

人的现代化是社会主义现代化的核心。人是现代化的主体，是现代化

建设中最主动、最活跃、最富创造性的因素；人同时也是现代化的目的，科技进步、制度创新、社会流动等都是为了实现人的动机和价值。建设中国特色社会主义现代化符合全体人民的利益，是全体人民的共同追求，也需要全体人民共同奋斗。

一 人的现代化的内涵分析

马克思、恩格斯指出，历史“是追求着自己目的的人的活动”，人的活动说明人是现代化的主体，追求自己目的说明人也是现代化的目的。人的现代化即人的观念思想、心理特征、能力素质、行为方式等跟上甚至超越现代化步伐的过程。

第一，人的现代化是现实的人的自我现代化。人的现代化即人的自由而全面的发展。人的现代化既受制于现代化整体发展水平，也决定着现代化进程。现代化需要人来建设，现代化的经济体系、制度体系、科学技术等都需要现代化的人赋予其生命力，现代化的成果也最终体现为人的素质、思维方式和思想观念等的全面提升。

第二，人的现代化的内涵需要通过勾勒现代人的特征来界定。马克斯·韦伯指出，现代人是理性的追求现世的物质和精神目标的人。[①] 英格尔斯总结了现代人的 12 大特征：乐于接受新的生活经验、思想观念和行为方式；准备接受社会的改革和变化；思路广阔，头脑开放，尊重并愿意考虑各方面的不同意见、看法；注重现在与未来，守时惜时；强烈的个人效能感，对人和社会的能力充满信心，办事讲求效率；趋向于制定长期计划；尽可能多地获取知识；可依赖性和信任感；重视专门技术；对教育的内容和传统智慧敢于提出挑战；相互了解、尊重和自尊；了解生产和过程。[②] 理斯曼认为现代人是有内在导向性格的人，即能够充分发挥自身能动性的人。[③] 总结各类研究，现代人是富有理性精神、能动性强、注重个人效能感、时间观念强、富有创新意识、尊重知识、尊重他人和自尊、包容、建立在信任基础上的人。

---

① 陈波：《人的现代化及有效控制》，《武汉理工大学学报》（社会科学版）2002 年第 6 期。

② 阿历克斯·英格尔斯：《人的现代化——心理·思想·态度·行为》，殷陆君译，四川人民出版社，1985。

③ 大卫·理斯曼：《孤独的人群》，王崑、朱虹译，南京大学出版社，2002。

在我国，党的十九大报告提出，“必须坚持以人民为中心的发展思想，不断促进人的全面发展、全体人民共同富裕”，并且从人民权利、社会文明、人民生活、公共服务等方面对人的现代化目标进行了系统全面的描述。[①] 党的十九届五中全会通过的《中共中央关于制定国民经济和社会发展第十四个五年规划和二〇三五年远景目标的建议》，提出“人民生活更加美好，人的全面发展、全体人民共同富裕取得更为明显的实质性进展”是主要目标之一。[②] 可见在我国，人的现代化是一个更为全面的概念，在国家层面和省域层面人的现代化内涵具有一致性，指人作为主体和客体的现代化，其目的是实现人的全面发展。第一，现代化是人有目的的追求，现代化发展的理想结果是广大居民利益的更多满足，同时满足作为整体的人和作为个体的人的需求，是社会主义现代化建设的目的。第二，现代化是以人为主体的行为，作为人为事物的结果，现代化的得失都与人有密切关系，应该在人自身之上寻找原因和答案，现代化发展的过程实际上也是塑造现代化的人的过程，关键在于推进人的发展、提高人的素质。

二 人的现代化的目标要求和主要维度

现代化以人的现代化为中心，省域发展必须以营造适宜居民生活、发展的理想家园为最终目的。人民满意度是衡量现代化成败的关键，要始终以实现好、维护好、发展好人民群众根本利益为最高标准。

（一）保障和改善民生，加快实现共同富裕

民生是人民群众最关心、最直接、最根本的利益。中国的省域现代化，是人民看得见、摸得着、感受得到的现代化，民生是现代化建设中具有统领性的问题，可以主导六个现代化的发展目标和价值标准。民生也是推动发展方式转型、治理方式变革的关键动力，只有当人民共同富裕升级了需求结构，民生保障带来了安全感，文化精神生活增加了才智，才能激发人民为了过上更加美好的生活而不断奋斗的动力，文明和进步才能发生，现代化才能实现。

---

① 《习近平谈治国理政》（第三卷），外文出版社，2020。

② 《习近平谈治国理政》（第四卷），外文出版社，2022。

省域现代化要以满足人民的美好生活需要为目标，把人民的满意度作为最关键的衡量指标，继续提升民生发展质量和民生发展协同度，更好、更充分、更均衡地满足人民民生需求。一是要将百姓富作为人的现代化的根本追求，构建富民增收长效机制，着力提高居民收入水平。二是要加快实现共同富裕，显著扩大中等收入群体规模，进一步提高低收入群体托底保障水平，推动城乡融合发展，缩小区域差距，促进城乡、区域共同繁荣。

（二）健全社会保障体系，增加高质量公共产品供给

民生问题既有供给不足的问题，也有供给质量不高的结构性矛盾。现代化尤其是第二次现代化阶段，民生建设要解决的不仅是生存问题，更是以满足全方位、高层次的民生需要为目标的发展问题，需求日益多样化、差别化、个性化产生了精准识别要求。如果供需无法精准对接，就容易导致两个问题：一是某些民生服务设施和场所空置，利用率较低；二是居民需求无法得到满足。大数据给需求识别带来一定便利，但民生需求不仅是数据，更是人的具体体验和感受，对数据和体验可以进行不同解读，因此数据只能作为分析需求的辅助材料，尚需探索更有效的需求反映和供需对接模式。就现阶段而言，高质量的教育供给、优质的医疗资源供给、适应快速老龄化和老年人口高龄化需求的养老服务供给，是我国各省域现代化建设普遍面临的需求，要聚焦养老、教育、医疗领域用智用力，密织社会保障“安全网”。

（三）实现人的自由全面发展

实现人的现代化，实质上也就是实现人的自由全面发展。人的现代化是人的自由全面发展的必经阶段，人的自由全面发展是人的现代化的最终目的和必然结果。[①] 一是要提高全民科学文化水平，发展基础教育、职业教育和高等教育，实现教育的终身化，深化教育领域综合改革，坚持资源增长与优化布局并举，增加学位供给与提升教育质量并重，加大教育投入力度、提升投入效果。二是要坚持精神文明和物质文明一起抓，提升全民思想道德水平，更加注重人文、德治的软性价值，扎实开展新时代公民道德

---

① 杜飞进：《论法治力》，《社会科学研究》2014 年第 3 期。

建设。三是要在现代化的生产生活实践中培养现代化的人，要强化民众的话语权。四是要牢牢把握人才第一资源，创新引才、育才、用才机制，以事业聚才、以服务留才。

三　人的现代化的动力机制和主要措施

人的现代化的实现，一方面要坚持以人民为中心的现代化，把满足全体居民的需求作为出发点，以百姓富为根本追求，确保人民享有更高品质生活；另一方面要实现人的自由全面发展，坚持精神文明和物质文明一起抓，充分调动每个人的积极性、主动性和创造力，并且注重发挥人才的带动示范作用。

（一）多渠道增加居民收入

将市场的自由原则和社会平等原则相结合，从权利平等、机会平等、规则平等三个方面着手促进社会公平正义，使人民群众的获得感、幸福感、安全感全面提升，让人民共享发展成果。

第一，在发展中保障和改善民生。通过提高就业率和技能投资增加居民收入，让人人拥有通过辛勤劳动实现自身发展的机会。为企业和个人的发展创设更有利的环境，增强对企业和产业的吸引力，通过经济发展实现更加充分、更有质量的就业，给予企业和个人更大的发展空间，加大对民营企业、中小微企业及个体工商户的政策支持力度，为居民增收提供蓄水池。不仅要确保就业，还要提高就业水平，通过实体经济发展，尤其是高科技产业、知识产业集群，提升产业发展专业化质量，以切实提高从业人员工资，实现经济强与百姓富的同频共振。通过新技能的获得使劳动力能够适应新形势，进行职业转换，减少失业情况。要履行终身学习原则，更加注重人力资本投入，通过职业培训和教育终身化不断提升职业素养，实现更高水平就业。通过发展生物医疗、旅游康养、文化教育、生活服务等民生产业，吸纳更多从业人口，为制造业升级腾挪空间，以民生发展解决民生问题。

第二，推进居民收入倍增计划。建立职工工资与生产效率提高同步增长的机制，让劳动、资本、技术、管理、数据等共同参与分配，促进居民增收渠道多样化。通过加强民生投入、实现生活条件等值化和更高水平的社会保障等，充分发挥社会保障的“隐形财富”功能，提升富民的含金量。

第三，要把公平性作为重要标尺，扎实推进共同富裕。把经济薄弱地区的居民增收作为重中之重，全力促进经济相对薄弱地区的产业发展和升级，以共建代替帮扶，确立更加平等的合作理念，将其作为新发展空间、产业链条升级的最紧密协作区和最佳突破区，促进立足省域或跨省域的产业链升级整合。要充分挖掘乡村的发展潜力，加强对乡村劳动力尤其是新生代劳动力的培训，通过引入工业化的思维推动乡村一二三产融合，构建农业新业态，以产业发展促进居民增收。

（二）在现代化生产生活实践中塑造现代化的人

通过经济体系、治理体系和治理能力等的现代化，培养掌握先进技术、富有创新精神、合作意识和主动性的现代人。通过支持创新涵养期待变革、重视新思想、新经验、新技术的人，通过精细化的产业分工培养善于合作、宽容、包容的人，通过维护交通秩序、环境绿化美化等民生实事涵养富有纪律性和审美能力的人，通过推广志愿者文化涵养具有奉献精神的人。制度设计、城乡建设等均应更加重视人文性和人性关怀，更加注重对建成环境的人文要素、民俗风情、精神意境和艺术性的发掘和营造，通过建设儿童友好城市、老年人友好城市、残疾人友好城市等建设人们生活的“善境”，用对人的尊敬达成教化人的目的。

完善人的现代化的社会支持网络。人们发展能力的差异，不仅在于物质条件的差异，更在于以人际关系为代表的社会资本的差异。要将关注点转移到家庭和社区，把更多的人力、物力、财力投向社区，建立具有服务功能的开放型社区，大力发展混合居住社区，恢复社区的公共生活和社区活力，提升社区凝聚力，在社区自治和社区文化建设中培养现代化的人。[①] 尤其要关注农村社区建设，为邻里互助、家庭生活、居民发展提供优质基础设施和公共服务支持，更加关注家庭、邻里对个人的精神支持。

（三）以教育为本，提升人的素质能力

以教育为基、以科技为经、以文化为纬，不断提升人的道德水准、文

---

① 孟静：《中心城市现代化的动力机制与路径探索》，《现代经济探讨》2020 年第 12 期。

化水平和文明素养。教育是提升人的现代化水平的最直接手段，其作用不仅在于普及科学知识，还在于培养人的效能感、价值观、规则意识、开放思维和行为习惯等。要全面贯彻实施教育优先发展战略，以教育高质量发展为主线，推动课程结构、学科结构、区域结构、类型结构等要素的优化。要着力破解义务教育资源供给“不均衡不充分”难题，并逐步实现“量的扩张”向“质的提升”的转变，满足人民对高质量教育的需求。要进一步完善终身教育体系，使学习与创新成为居民的重要理念和普遍的生活方式，构建学习型社会。发挥社会主义核心价值观对国民教育、精神文明创建、文化产品创作传播的引领作用，使其成为人民的自觉行动。

（四）以文化铸魂，提升人的文明修养

文化现代化对于现代化主体的培养，起着非常关键的支撑作用。推动文化现代化，一方面，要加快文化“硬”环境建设，进一步完善科教中心、博览中心、公共图书馆等基础设施，为居民提升文化水平提供良好的场所和机会，为人们塑造良好的精神文化风貌提供广博空间。加强载体建设，以文明实体创建活动、文明行为规范和文明社区载体建设为抓手，着力推动城乡居民养成良好的现代文明习惯和行为规范。[①] 另一方面，要充分利用电视、广播、报纸杂志等大众传播媒介优化文化发展的“软”环境，引导和支持大众媒介生产和宣传适合广大群众消费水平的健康向上的文化产品，使人们在文化熏陶中潜移默化地提升自身的文化修养和文明程度。

本章参考文献

[1]《习近平谈治国理政》（第三卷），外文出版社，2020。

[2]《习近平谈治国理政》（第四卷），外文出版社，2022。

[3]《马克思恩格斯全集》（第46卷），人民出版社，2003。

[4] Lucian w. Pyealld Sidney Verba, *Political Culture and Political Development*. Princeton, N. J.: Princeton University Press, 1965.

[5] C. E. 布莱克：《现代化的动力：一个比较史的研究》，景跃进、张静译，浙江

① 王树华、宋颖弘：《社会主义现代化建设试点：理论逻辑与地方实践》，《现代经济探讨》2020年第6期。

人民出版社，1989。

［6］S. N. 艾森斯塔德：《现代化：抗拒与变迁》，张旅平译，中国人民大学出版社，1988。

［7］阿历克斯·英格尔斯：《人的现代化——心理·思想·态度·行为》，殷陆君译，四川人民出版社，1985。

［8］大卫·理斯曼：《孤独的人群》，王崑译，南京大学出版社，2002。

［9］丹尼尔·埃斯蒂、安德鲁·温斯顿：《从绿到金：打造企业增长与生态发展的共生模式》，张天鸽、梁雪梅译，中信出版社，2020。

［10］塞缪尔·亨廷顿：《变革社会中的政治秩序》，李盛平等译，华夏出版社，1987。

［11］库兹涅茨：《现代经济增长》，戴睿、易诚译，北京经济学院出版社，1989。

［12］西摩·马丁·李普塞特：《政治人：政治的社会基础》，张绍宗译，上海人民出版社，1997。

［13］罗纳德·英格尔哈特：《现代化与后现代化：43 个国家的文化、经济与政治变迁》，严挺译，社会科学文献出版社，2013。

［14］约翰·B. 汤普森：《意识形态与现代文化》，高铦译，译林出版社，2005。

［15］《为“社会文明程度高”持续努力》，《新华日报》2015 年 11 月 29 日。

［16］包心鉴：《“四个全面”：当代中国政治现代化的新境界》，《理论探讨》2015 年第 5 期。

［17］北京工业大学当代中国社会建设研究课题组、陆学艺、胡建国、颜烨、谢振忠：《社会建设的实质是建设社会现代化》，《信访与社会矛盾问题研究》2014 年第 4 期。

［18］陈波：《人的现代化及有效控制》，《武汉理工大学学报》（社会科学版）2002 年第 6 期。

［19］程文兰：《马克思劳动价值论视域下我国数字经济的发展》，《经济研究导刊》2021 年第 28 期。

［20］杜飞进：《论法治力》，《社会科学研究》2014 年第 3 期。

［21］杜人淮：《推动构建新发展格局的三重向度》，《西北工业大学学报》（社会科学版）2022 年第 1 期。

［22］冯邦彦、叶光毓：《从区位理论演变看区域经济理论的逻辑体系构建》，《经济问题探索》2007 年第 4 期。

［23］韩强、任金晶：《当前政法领域的意识形态问题及其应对》，《上海政法学院学报》（法治论丛）2021 年第 4 期。

［24］洪银兴：《现代化理论和区域率先基本现代化》，《经济学动态》2012 年第 3 期。

［25］黄英娜、叶平：《20 世纪末西方生态现代化思想述评》，《国外社会科学》2001 年第 4 期。

［26］景天魁、高和荣：《中国马克思主义社会学理论发展 100 年》，《社会科学战

线》2021 年第 2 期。

［27］李鸿：《帕森斯现代化理论及其缺憾》，《社会科学战线》1998 年第 5 期。

［28］李怀：《社会建设的中国经验与理论自觉》，《山东社会科学》2013 第 11 期。

［29］李建平、梅晓光：《“双循环”新发展格局下乡村振兴面临的挑战与对策分析》，《理论探讨》2021 年第 5 期。

［30］李军鹏：《论全面建成社会主义现代化强国新阶段的政府治理体系现代化》，《中共天津市委党校学报》2021 年第 9 期。

［31］李远：《创新环境及其政策的出发点——兼论增强区域的全球化竞争力》，《经济地理》1999 年第 3 期。

［32］梁平：《全球化背景下中国政治现代化建设》，《人民论坛》2014 年第 2 期。

［33］刘冰、布成良：《政治现代化的中国道路与国家治理的理念选择》，《当代世界社会主义问题》2016 年第 4 期。

［34］刘建明、王泰玄、谷长岭、金羽：《宣传舆论学大辞典》，经济日报出版社，1993。

［35］刘军：《国外低碳城市的建设经验及对我国城市化的启示》，《科技进步与对策》2010 年第 11 期。

［36］陆学艺：《建设社会现代化：中国未来发展的战略重点》，《西北师大学报》（社会科学版）2012 年第 6 期。

［37］陆学艺主编《当代中国社会建设》，社会科学文献出版社，2013。

［38］马超：《中国政治现代化的根本属性及其模式特征》，《湖北社会科学》2011 年第 1 期。

［39］马庆国、邓峰：《环境资源保护的利益冲突及协调》，《软科学》1998 年第 2 期。

［40］孟静、徐琴：《城市群现代化的动力机制与路径——兼论长三角城市群的区域现代化》，《现代经济探讨》2021 年第 12 期。

［41］孟静：《如何提高扬子江城市群建设质量》，《唯实》2018 年第 7 期。

［42］孟静：《以协同共治推进区域治理的现代化转型》，《现代经济探讨》2019 年第 6 期。

［43］孟静：《中心城市现代化的动力机制与路径探索》，《现代经济探讨》2020 年第 12 期。

［44］秦鹏、李奇伟：《协调各方利益冲突，规范环境立法途径》，《环境保护》2013 年第 13 期。

［45］沈坤荣、赵倩：《以双循环新发展格局推动“十四五”时期经济高质量发展》，《经济纵横》2020 年第 10 期。

［46］宋国恺：《“建设社会现代化”命题：形成、内涵及价值》，《社会学评论》2013 年第 6 期。

［47］王裕国：《调整失衡的社会利益格局，推进我国社会现代化进程》，《消费经济》2007 年第 6 期。

[48] 吴庆阳、唐志勇：《基层社会治理现代化提升路径——基于供给侧改革视角》，《当代经济》2021 年第 12 期。

[49] 谢岳、曹开雄：《现代化意义上的文化自觉——改革开放 30 年文化现代化的过程与经验》，《上海交通大学学报》（哲学社会科学版）2008 年第 6 期。

[50] 郇庆治、马丁·耶内克：《生态现代化理论：回顾与展望》，《马克思主义与现实》2010 年第 1 期。

[51] 杨光斌：《政治学导论》，中国人民大学出版社，2013。

[52] 张林江：《中国特色社会主义社会学的逻辑主线与时代命题》，《南京社会科学》2022 年第 1 期。

[53] 章寿荣、程俊杰：《全面小康与社会主义现代化有机衔接的动因、重点与对策》，《现代经济探讨》2021 年第 3 期。

[54] 赵伯乐：《文化现代化的涵义及特征初论》，《思想战线》2002 年第 4 期。

[55]《中国特色的可持续社会现代化——访华东理工大学马克思主义研究中心主任鲍宗豪》，《马克思主义研究》2010 年第 8 期。

第三章　北京市现代化实践探索

新中国成立之初，中央政府确定北京为首都，并提出在旧城基础上建设新城，标志着北京城市更新正式拉开序幕，北京开始向着现代化大城市一步步迈进。自此之后，北京跟随国家现代化建设的战略，依靠其区位特征与优势、强大的经济社会发展基础，探索实现现代化的北京路径。

第一节　省域现代化的发展基础与特征

2017 年 9 月 27 日国务院批复确定北京是中国的政治中心、文化中心、国际交往中心、科技创新中心[①]。政治、经济、文化的重要战略中心地位和充足的人力资源都为北京市的现代化提供了发展契机，也使其在制度建设完善、城市功能优化、产业结构转型、社会民生发展等多方面取得了重要突破。

一　北京市的区位特征与优势

北京市位于我国华北平原的北部，毗邻渤海湾，上靠辽东半岛，下临山东半岛，与天津市相邻，被河北省环绕。在气候上属于暖温带半湿润半干旱季风气候，夏季高温多雨，冬季寒冷干燥，春、秋季短促，降水量季节性分布明显，全年 80%的降水集中在夏季，尤其是七八月常伴有大雨。北京作为中华人民共和国的首都，在 2017 年 9 月 27 日被国务院批复确定为中国的政治中心、文化中心、国际交往中心、科技创新中心，全市下辖 16 个区，辖区总面积 16410. 54 平方公里。

---

① 资料来源：2017 年 9 月 27 日中共中央、国务院关于对《北京城市总体规划（2016—2035 年）》的批复。

（一）重要的战略地位为省域现代化提供了发展契机

新中国成立之初，中央政府确定北京作为首都，并提出在旧城基础上建设新城，标志着北京城市更新正式拉开了序幕，北京开始向着现代化大城市一步步迈进。纵观新中国成立后的北京城市发展历程，政治、经济、文化的重要战略中心地位为北京市的现代化提供了发展契机，使其在制度建设完善、城市功能优化、产业结构转型、社会民生发展等多方面取得了重要突破。

自 1950 年编制《北京城市总体规划》以来，北京首都现代化建设的方向就定位为“我国政治、经济、文化的中心，特别要把它建设成为我国强大的工业基地和科学技术的中心”①。1950～1982 年，北京城市总体规划逐步形成和完善，尤其是在 1982 年的总体规划中提出了对文物本身及其周围环境的保护，以及对旧城实施整体保护。改革开放以后，随着经济的不断转型和产业结构的不断优化，北京城市更新逐步转向以“退二进三”的城市功能结构调整以及危旧房的改造为主要内容，推动了现代化城市的建设②。2000 年以后，在科学发展观的指导下，新城新区的建设逐步展开，城市内涵的发展、城市功能和品质的提升、产业向土地集约型转型等逐渐受到重视，成为现代化进程的核心内容。2012 年以后，北京的城市现代化表现出多层次、多类型、高质量的“两多一高”发展特点。2017 年北京发布了《北京城市总体规划（2016—2035 年）》，提出北京要建设成为“伟大社会主义祖国的首都、迈向中华民族伟大复兴的大国首都、国际一流的和谐宜居之都”，也更加明确了现阶段北京作为首都是“全国政治中心、文化中心、国际交往中心、科技创新中心”的战略定位。

北京重要的战略地位使其成为中央政府政策的发源地，丰富的公共资源为北京带来了巨大的吸引力和辐射力。一是为北京吸引了来自世界各地的消费人流；二是为北京吸引了全球的投资项目和资金；三是为北京吸引了大批新兴产业和新经济业态落地生根。这种首都优势成为北京特有的推

① 董光器：《六十年和二十年——对北京城市现代化发展历程的回顾与展望（上）》，《北京规划建设》2010 年第 5 期。

② 王崇烈、陈思伽：《北京城市更新实践历程回顾》，《北京规划建设》2021 年第 6 期。

进城市现代化发展的财富和资源。

（二）充足的人力资源为省域现代化提供了发展动力

作为首都，北京一直以来是全国乃至全球人才的汇聚高地。北京市的人口结构呈现人口数量不断增加、流动人口数量不断增加、受教育平均年限逐年提升、人口集中度不断提升、人口变化与经济增长关联度不断提升等特征。具体可以从总量和结构两个视角来进一步分析。

从总量上看，自改革开放以来，北京市常住人口的变化趋势分为两个阶段。从图 3-1 不难看出，第一阶段为 1978~2016 年，常住人口数量不断扩大，从 1978 年的 871.5 万人增长到 2016 年的 2195.4 万人；第二阶段是 2017~2020 年，常住人口数量出现了缓慢下降的趋势，到 2020 年下降到 2189 万人。常住外来人口数量的变化趋势与常住人口保持一致，且常住外来人口在 1995 年之后经历了快速增长，占常住人口的比重不断上升，从 1978 年的 2.50%上升到 1995 年的 14.45%，随后不断缓慢增长，在 2012 年之后保持在 39%左右。常住外来人口已经成为北京市常住人口的重要组成部分。

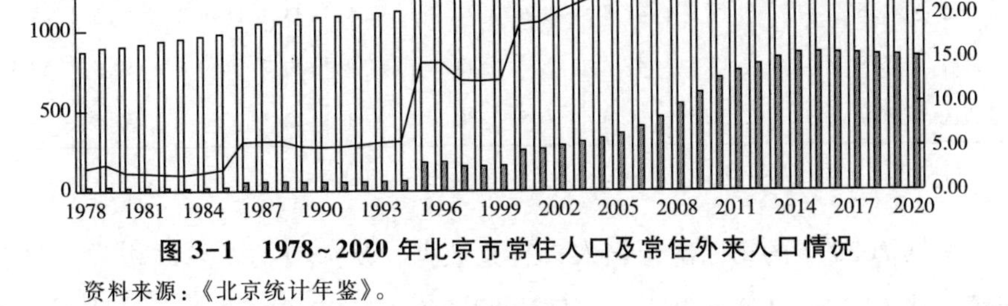

图 3-1　1978~2020 年北京市常住人口及常住外来人口情况

资料来源：《北京统计年鉴》。

具体到北京各行政区的常住人口分布情况（见表 3-1），2010~2020 年常住人口总量保持在 200 万人以上的行政区包括朝阳区、海淀区和丰台区。昌平区的常住人口在 2016 年突破了 200 万人，房山区、通州区、顺义区、昌平区等北京新城区的常住人口在2010年以后快速且持续增加，大兴区、门头沟区、怀柔区、平谷区、密云区、延庆区的常住人口在2010年以后也有所增长，相比之下老城区如东城区、西城区的常住人口数量则呈现不断下降的趋势，人口从老城向新城流动的趋势明显，说明在城市更新与现代化进程中，新城区对人口的吸引力要高于老城区。

表3-1 北京市主要年份常住人口区域分布

单位：万人

	2010	2011	2012	2013	2014	2015	2016	2017	2018	2019	2020
东城区	91.90	91.10	90.90	91.00	91.20	90.00	86.40	82.80	79.20	75.30	70.90
西城区	162.17	124.20	129.40	131.30	131.20	131.00	127.30	123.30	119.70	115.30	110.60
朝阳区	354.50	367.20	376.60	387.20	398.00	399.00	389.30	379.10	369.30	357.50	345.10
丰台区	211.20	218.70	224.10	230.80	236.30	238.40	232.40	225.80	219.00	211.10	201.90
石景山区	61.60	64.00	64.70	65.70	66.80	66.90	65.30	63.30	61.40	59.40	56.80
海淀区	328.10	342.00	350.70	359.70	370.00	372.10	364.00	352.40	341.50	329.00	313.20
房山区	94.50	96.50	98.30	100.30	103.60	104.00	108.90	114.50	118.50	124.80	131.30
通州区	118.40	125.00	129.20	132.90	136.50	139.40	145.90	154.50	163.30	173.20	184.00
顺义区	87.70	91.50	95.30	98.40	101.00	102.90	108.90	114.50	119.60	125.70	132.40
昌平区	166.10	173.60	182.90	188.20	191.20	196.50	202.20	207.60	213.60	219.50	226.90
大兴区	136.50	142.90	147.00	150.70	154.50	156.20	169.40	176.10	179.60	188.80	199.40
门头沟区	29.00	29.60	30.40	31.10	31.80	32.20	32.80	34.20	35.70	37.30	39.30
怀柔区	37.30	37.00	37.60	38.20	38.10	38.60	39.60	40.80	41.90	42.70	44.10
平谷区	41.6	41.7	41.7	41.8	41.9	41.9	42.5	43.3	44.2	44.5	45.7
密云区	46.8	47.1	47.5	47.8	48.3	48.6	48.9	49.7	50.6	51.5	52.8
延庆区	31.7	31.8	31.3	30.9	30.8	30.5	31.3	32.3	33	33.5	34.6

资料来源：2011~2021年《北京统计年鉴》。

根据2020年的第七次全国人口普查数据，从人口的城乡结构看，北京城镇常住人口为1916.6万人，占比达87.5%，与2010年相比，城镇人口增加了230.8万人，城镇人口占比上升1.5个百分点，城镇化水平得到了进一步提高。在城镇化进程中，北京市常住人口受教育水平也在不断提升，拥有大学（指大专及以上）文化程度的常住人口数量为41980万人，这一数据在前四次人口普查中分别为4866万人、9300万人、16839万人和31499万人，北京市文盲率仅为0.9%，这一数据在前四次人口普查中分别为16.0%、10.9%、4.9%和1.9%，说明北京市尽管常住人口数量近年来有所下降，但是人口受教育程度却在不断提升，人力资源优势依然显著。

正是由于北京重要的经济、政治战略地位，随着改革开放的不断深入，首都功能定位更加凸显，相比国内其他省（区、市）有着更强的政策前沿阵地的优势，也是国内对外经济文化交流的重要城市平台，因而吸引来自全国各地的人才，以人力资源集聚叠加自然资源禀赋，自身区位优势不断凸显，成为现代化实践与探索的重要城市。

二　北京市的经济发展基础

北京作为首都，其经济发展始终与国家整体发展战略高度统一又息息相关，在遵循城市经济发展的普遍规律基础上，还始终将服务国家宏观战略作为经济发展的战略重心。随着城市经济发展的功能定位不断由工业化城市转向现代综合服务中心与国际化都市，北京的经济发展基础也在不断加强。

（一）基础设施建设完善为省域现代化提供硬件支撑

基础设施是一座城市的名片，反映了当地的生活品质和城市的运行效率①。改革开放以来，北京通过一系列卓有成效的政策措施，推动了辖区内基础设施建设的不断完善。进入高质量发展阶段，北京的基础设施建设也按照世界大城市的标准，努力建设适度超前、相互衔接、满足未来需求的基础设施功能体系。

北京的现代化建设离不开水陆空三种交通方式的硬件建设。从公路里程来看，2000年公路里程仅为13600公里，随着城市建设的不断扩张，2020年这一数据已经提升至22366公里，公路通车情况得到了明显的改善。从城市道路里程看，2000年城市道路里程仅4126公里，到2020年上升至6156公里，道路面积也由2000年的4921万平方米提升至2020年的10459万平方米，增长率为112.54%；道路桥梁由2000年的834座增加到了2020

① 李纪宏：《推动北京基础设施高质量发展的策略建议》，《中国工程咨询》2019年第6期。

年的2165座，立体式交通体系优势凸显。从铁路里程来看，北京2000年的铁路里程仅有997公里，2020年铁路里程上升至1205公里，尽管铁路里程的上升幅度不大，但从客运量的显著上升和货运量的缓慢下降可以看出，北京的运输功能更多地体现为人才的集散地而非物流集散地。2000年北京的客运量仅有18396万人，2020年客运量上升至72148万人，增长了近三倍（见表3-2）。

表3-2　北京主要年份交通基础设施概况

项目	单位	2000	2010	2015	2018	2019	2020
公路里程	公里	13600	21114	21347	21885	22256	22366
城市道路里程	公里	4126	6312	6258	6423	6203	6156
城市道路面积	万平方米	4921	9395	9164	10029	10328	10459
城市道路桥梁	座	834	1855	1885	2069	2156	2165
铁路里程	公里	997	956	1067	1124	1103	1205
客运量	万人	18396	140663	145773	69924	67571	72148
货运量	万吨	30717	23712	26849	23236	25244	27338

资料来源：2021年《北京统计年鉴》。

可以看出，北京经济的健康持续增长、现代化进程的有序推进，尤其是人才的大量汇集，都得益于传统基础设施建设的不断推进带来了生活与出行便利。党的十八大以后，北京进一步加快了基础设施现代化水平的提升，基础设施建设不仅能够促进城市功能的不断完善、城市治理水平的不断提升、生态环境的持续改善，更能为省域经济的可持续增长和省域现代化建设做出重要贡献。传统基础设施建设为北京的省域现代化推进提供了硬件保障，而新型基础设施建设不仅是新常态下支撑中国产业结构转型升级、经济迈向高质量发展的重要动力来源，也为缩小区域发展差异、实现平衡充分发展、推进省域现代化的进一步实现提供了重要硬件支撑。

2018年底的中央经济工作会议对“新型基础设施建设”做出定义后，“加强新一代信息基础设施建设”于2019年首次被列入政府工作报告。2020年3月4日，在中国经济增长减速、世界贸易摩擦加剧与新冠肺炎疫情突发的背景之下，中共中央政治局会议上再次强调“要加大公共卫生服务、应急物资保障领域投入，加快5G网络、数据中心等新型基础设施建设进度”。随后北京在 2020 年 6 月发布了《北京市加快新型基础设施建设行动方案（2020—2022 年）》。该实施方案针对“新型网络基础设施、数据智能基础设施、生态系统基础设施、科创平台基础设施、智慧应用基础设施、可信安全基础设施”六大方向，即“新网络、新要素、新生态、新平台、新应用、新安全”，提出了 30 个重点任务；提出了到 2022 年北京市基本建成网络基础稳固、数据智能融合、产业生态完善、平台创新活跃、应用智慧丰富、安全可信可控的具有国际领先水平的新型基础设施的建设目标。

基于这一建设目标，北京通过项目引进落地的方式不断践行新基建的发展理念。2020 年 5 月 8 日，工信部与北京市政府联合部署建设的国家信息技术应用创新核心基地在北京市经济技术开发区正式开园，并集中签约落户了 30 家国家信创领域重点企业，标志着北京经开区搭建起了信息化应用创新发展的“四梁八柱”，发力新基建。2021 年 6 月 1 日，新型研发机构北京智源人工智能研究院落户海淀区，并发布了超大规模智能模型“悟道 2.0”，以 1.75 万亿的参数规模成为中国首个、全球最大的万亿级模型。截止到 2021 年 8 月底，高精尖产业云集的海淀区更是完成了 3160 个 5G 基站的建设，通过对北京智源人工智能研究院建设的支持，超前布局通用智能发展，通过对微芯研究院的支持实现区块链底层开源平台、专用芯片、硬件等研发的推进，通过支持北京量子信息科学研究院等新型研发机构的建设，着力打造前沿科学研究平台。

根据中国信息通信研究院的数据，北京的区域数字经济水平和数字经济竞争力位列全国第二，新基建取得了卓越成效。北京依托区位优势、政策优势、人才优势等，日益成为数字经济创新资源的集聚地，也是全国数字产业化的高地和产业数字化方案的输出地①，为其更好地实现省域现代化提供了支撑。

（二）总部经济的强大驱动力为省域现代化提供保障

伴随着商务园区、中心商务区（CBD）的出现，总部经济业态逐渐形成。从内涵上看，总部经济源于企业将办公为主的总部与生产制造为主的厂区进行空间分离，大量总部在空间上集聚形成了总部经济的新业态，这

---

① 中国信息通信研究院：《中国区域与城市数字经济发展报告》，2020。

亦是城市极化效应的结果。[①] 北京作为全国最重要的人流、资金流、物流、信息流的集散地之一，具备优越的金融、交通、人才、教育、信息、科研等基础条件，总部经济也成为北京现代化建设的重要保障和强大驱动力。

北京不仅是总部经济的发源地，也是全国唯一既有服务业扩大开放综合试点，又有自贸试验片区的城市。[②] 总部经济资源大体由两类组成，一类是国际总部，主要以跨国公司地区总部为代表；另一类是国内总部，主要以国内集团企业总部为代表，国内总部又主要以国企总部和近几年新兴的科技独角兽总部为主，发展态势良好。据“中国总部经济国际高峰论坛”2020 年底的数据统计，北京总部企业数量达 3961 家，其中超过半数的央企总部在北京，国际总部数量累计达 183 家，形成了总量规模大、行业覆盖广泛、高新企业快速发展和辐射能力强四大特征。

（三）产业创新协同共建为省域现代化提供发展动力

现代产业体系是现代化经济体系的核心组成部分。党的十九大提出“要加快构建实体经济、科技创新、现代金融、人力资源协同发展的产业体系”。

从图 3-2 北京市 1982~2020 年三次产业对地区生产总值的贡献率可以看出，一方面，北京市的农业发展对外部的依赖性较强，第一产业对地区经济增长的贡献一直处于较低水平；另一方面，第二产业和第三产业对地区生产总值的贡献存在着明显的互补效应，尤其是 2000 年以后，北京市第二产业的经济贡献水平显著下降，而第三产业成为经济增长的主要动力和来源。从数据上看，2000 年以后，第二产业对地区生产总值的贡献率平均为 20.40%，而第三产业对地区生产总值的贡献率平均为 79.70%。

产业协同发展离不开创新要素集聚，科研人才聚集效应的优势在北京尤为突出。北京聚集了大量一流高校和科研机构，全国 36 所 A 类一流大学建设高校中有 8 家在北京[③]，无论是数量还是实力都在全国居首位，在基础

---

① 张萤雪：《中国主要中心城市总部经济发展研究》，博士学位论文，辽宁大学，2018。

② 王红茹：《京、沪总部经济大比拼：北京总部资源最多，上海跨国公司实力最强》，《中国外资》2021 年第 2 期。

③ 陈莉莉：《北京深化全国科技创新中心建设问题研究——基于北京、上海和深圳三地对比优势分析的视角》，《创新科技》2020 年第 7 期。

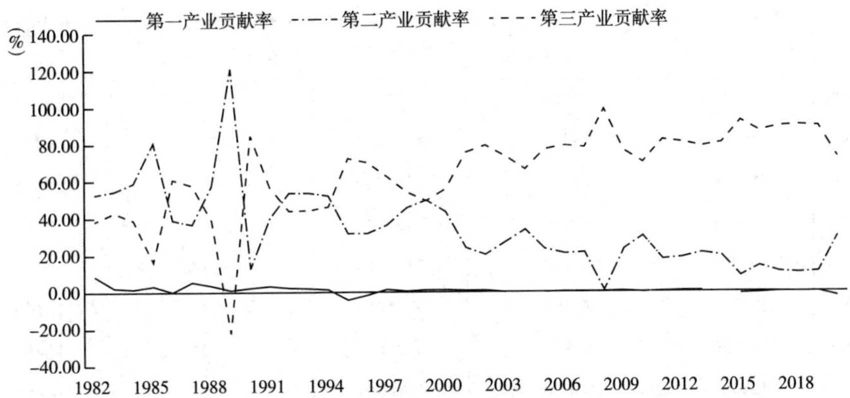

图 3-2 1982~2020 年北京市三次产业对地区生产总值的贡献率

资料来源:《北京统计年鉴》。

研究方面具有得天独厚的优势。

从表 3-3 描述的 2000~2020 年北京市产业创新情况不难发现,2000~2020 年,北京在科技活动人员、R&D 人员折合全时当量、R&D 经费内部支出、R&D 经费内部支出占 GDP 比重、专利授权量方面都取得了突破性进展。第一,在科技活动人员人数上,由 2000 年的 26.11 万人增长到 2016 年的 81.02 万人,年均增长率为 7.33%。第二,在 R&D 投入方面也居全国各省(区、市)排名第一,投向基础研究的经费规模占全国的 1/4。[①] 其中,R&D 人员折合全时当量自 2000 年的 98723 人年增长到 2020 年的 336280 人年,增加了近 2.5 倍;R&D 经费内部支出自 2000 年的 155.70 亿元增长到 2020 年的 2326.58 亿元,增加了近 14 倍;R&D 经费内部支出占 GDP 比重也从 2000 年的 4.85%提高到 2020 年的 6.44%。第三,在专利授权量方面,2000 年的专利授权量仅为 5905 件,2020 年这一数量达 16.28 万件。以上数据无不说明,北京在短短 20 年的发展中,基础创新投入和产业创新能力都得到了量和质的飞跃。

① 陈莉莉:《北京深化全国科技创新中心建设问题研究——基于北京、上海和深圳三地对比优势分析的视角》,《创新科技》2020 年第 7 期。

表 3-3 北京市产业创新情况（2000~2020 年）

年份	科技活动人员（人）	R&D 人员折合全时当量（人年）	R&D 经费内部支出（万元）	R&D 经费内部支出占 GDP 比重（%）	专利授权量（件）
2000	261113	98723	1557011	4.85	5905
2001	240609	95255	1711696	4.54	6246
2002	257326	114919	2195402	4.99	6345
2003	270921	110358	2562518	5.02	8248
2004	301202	152132	3169064	5.14	9005
2005	383153	177765	3795450	5.31	10100
2006	382756	168875	4329878	5.21	11238
2007	450331	204668	5270591	5.23	14954
2008	450147	200080	6200983	5.44	17747
2009	529985	191779	6686351	5.38	22921
2010	529811	193718	8218234	5.69	33511
2011	605980	217255	9366440	5.63	40888
2012	651003	235493	10633640	5.59	50511
2013	681346	242175	11850469	5.61	62671
2014	726792	245384	12687953	5.53	74661
2015	747461	245728	13840231	5.59	94031
2016	810195	253337	14845762	5.49	102323
2017	—	269835	15796512	5.29	106948
2018	—	267338	18707701	5.65	123496
2019	—	313986	22335870	6.3	131716
2020	—	336280	23265793	6.44	162824

资料来源：2001~2021 年《北京统计年鉴》。

三 北京市的社会发展基础

省域现代化进程的推进，不仅需要坚实的经济基础，还需要完善的社会保障制度和健全的医疗体系为社会的现代化发展提供基本保障。

（一）完善的社会保障体系是省域现代化建设的重要载体

从法律保障体系来看，2019 年 6 月，中办、国办印发《关于加快推进公共法律服务体系建设的意见》，明确指出要建设现代公共法律服务体系的指导思想、基本原则、主要目标、重要举措和保障措施。在中央政府的政策指导和市级政府的大力推动下，北京市目前已经初步建成公共法律服务实体、热线、网络、项目四大平台，基本实现了公共法律服务体系的全覆盖。

从图 3-3 的生活保障体系数据可以清晰地看出，无论是职工最低工资、失业保险金最低标准，还是城乡最低生活保障标准，都经历了快速增长。具体而言，职工最低工资从 1996 年的 270 元/月上升到 2020 年的 2200 元/月，年均增长 9.13%；失业保险金最低标准从 1996 年的 203 元/月上升到 2020 年的 1816 元/月，年均增长 9.56%；城乡最低生活保障标准从 1996 年的 190 元/月上升到 2020 年的 1170 元/月，年均增长 7.87%。

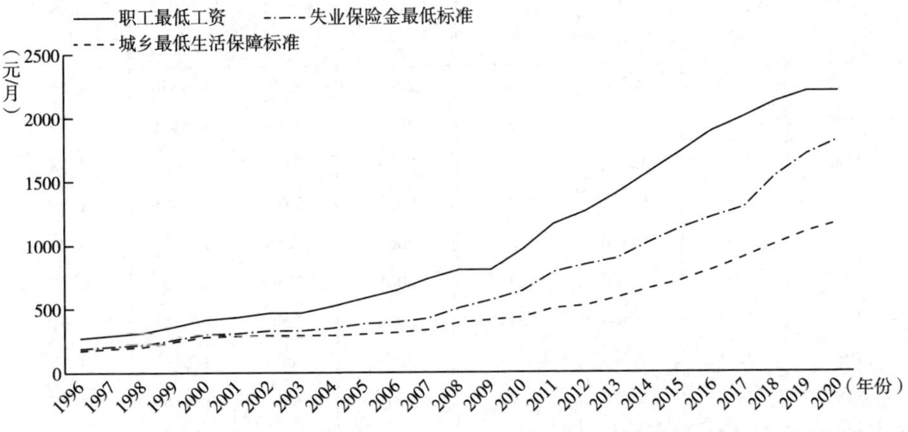

图 3-3　1996~2020 年北京市职工最低工资、失业保险金最低标准和城乡最低生活保障标准

资料来源：《北京统计年鉴》。

（二）健全的医疗体系为省域现代化提供了健康保障

人类健康是社会文明进步的基础，而健全的医疗体系可以为社会现代化提供重要的健康保障。自改革开放以来，北京的医疗体系建设不断加大力度，医疗卫生机构数量和医疗卫生人员数量不断提升，为应对新冠肺炎疫情，北京应急救援、转运能力、医疗卫生机构统筹协调能力都得到了大幅度提升。

从表 3-4 的 1978~2020 年北京市卫生事业基本情况可以看出，北京自改革开放以来医疗水平有了显著提升，现代化医疗体系逐步建立。从医疗卫生机构数可以看出，1978 年北京仅有 3263 家医疗卫生机构，到 2020 年医疗卫生机构达 11211 家，年均增长率达 2.98%。从医疗卫生机构人员数量可以看出，1978 年北京仅有医疗卫生机构人员 9.02 万人，到 2020 年达 37.57 万人，医疗卫生机构人员数量年均增长达到了 3.46%。尽管北京市总体人口水平也处于快速上升时期，但从每千户人口执业医师数依然可以看出，1978 年的北京每千户人口执业医师数仅为 3.35 人，而到 2020 年这一数量已经提升至 8.46 人，医疗队伍的不断壮大为社会现代化提供了健康保障。

表 3-4 北京市卫生事业基本情况（1978~2020 年）

年份	医疗卫生机构数（个）	医疗卫生机构人员（人）	每千户人口执业医师数（人）	年份	医疗卫生机构数（个）	医疗卫生机构人员（人）	每千户人口执业医师数（人）
1978	3263	90174	3.35	2000	6176	160258	4.66
1979	3614	97942	3.66	2001	5969	158185	4.64
1980	3818	102601	3.88	2002	4998	144021	4.18
1981	4135	110774	4.2	2003	5075	148406	4.21
1982	4389	114420	4.3	2004	7236	157157	4.25
1983	4312	119222	4.4	2005	7536	161432	4.32
1984	4173	124664	4.4	2006	7640	170586	4.41
1985	4248	127771	4.44	2007	9023	186290	4.53
1986	4483	132865	4.47	2008	9647	197765	4.78
1987	4744	142556	4.66	2009	9717	212086	5
1988	4342	145362	4.82	2010	9511	223694	5.24
1989	4398	150062	4.83	2011	9699	235708	5.46
1990	4953	156304	4.93	2012	9974	276654	6.33
1991	4970	161103	5.03	2013	10141	294012	6.52
1992	4868	164213	5.1	2014	10265	304990	6.72
1993	4962	165170	5.13	2015	10425	321151	7.17
1994	4958	164867	5.07	2016	10637	330777	7.4
1995	4955	164436	5.06	2017	10986	346255	7.78
1996	6470	164981	5.02	2018	11100	351765	7.95
1997	6577	167090	5.06	2019	11340	369139	8.28
1998	5723	162609	4.76	2020	11211	375673	8.46
1999	5990	161823	4.79	平均增长率	2.98%	3.48%	2.23%

资料来源：2021 年《北京统计年鉴》。

第二节　省域现代化的发展历程与实践

新中国成立以来，北京跟随国家现代化建设的战略，探索实现现代化的北京路径。当下的北京也面临诸多的不确定性，接连经历了中美贸易摩擦、逆全球化思潮以及新冠肺炎疫情的冲击，同时也面临着城镇化发展的阶段性瓶颈。但在“十四五”的开局之年，北京依然稳步推进以“五位一体”为总体布局的社会主义现代化建设的进程。

一　北京市现代化的发展历程

2020 年 11 月，党的十九届五中全会通过了《中共中央关于制定国民经济和社会发展第十四个五年规划和二〇三五年远景目标的建议》，明确指出“到 2035 年基本实现社会主义现代化”。作为中国的首都，北京建设现代化的历程经历了不同的阶段，不同阶段有不同困难，但也积累了丰富的现代化建设实践经验。

（一）1949~1978 年：现代化建设的初创期

这一阶段从新中国成立，也即正式确立北京为新中国首都开始，一直到改革开放。在这一阶段，主要任务是推动首都建设、改善城市面貌，尤其是自 1953 年的第一个五年计划开始，工业化建设带动了北京的现代化建设步伐，北京现代化建设开始迈入初创期，以重要公共空间和基础设施建设为主。

1949 年以后，担负战后重建艰巨任务的北京市政府首先抓城市环境的改善工作，改变城市满目疮痍和破败不堪的现状，提出了四项任务，包括改进自来水供应、整顿下水道排污问题、改善环境卫生、着手修筑道路与疏浚河湖。城市规划部门也提出了工作用房、住宅和生活服务设施按照 1：3.5：0.5 的比例进行建设。为了化解新中国成立之后人口剧增带来的蔬菜供需矛盾，一方面，针对各建设单位浪费土地、占地过大等问题，先后组织了八次土地浪费检查，回收了大量浪费的土地；另一方面，在郊区划定了 17 万亩永久菜地，为计划经济时代的蔬菜供应提供了基本保证，也为后来的城市绿化隔离带建设留下了余地。

1953 年，北京市委规划小组编制《改建与扩建北京城市规划草案要点》，提出首都建设的总方针是“为中央服务、为生产服务、为劳动人民服务”①，明确了北京的行政中心设在老城中心区，次要行政中心布局西郊，城市更新也以改扩建老城区的方式拉开了序幕。

1958 年，鉴于“大跃进”和人民公社运动的影响，市区规模有所压缩，郊区发展规模和力度有所加强，分散集团式布局和卫星城建设的规划开始实施，并一直指导着随后几年的城市建设。此后，历经“三年困难时期”“三年调整时期”“十年动乱”，北京城市现代化建设一度停滞，直到 1982 年编制的《北京城市建设总体规划方案》得到中央政府的批准，北京现代化建设才重新开启征程。

（二）1979～2002 年：现代化建设的推进期

这一阶段始于改革开放，北京开始由工业化城市定位向现代综合服务中心城市定位转型，开始以服务经济为发展重点，逐步形成了以服务经济为核心的产业格局。

1982 年《北京城市建设总体规划方案》得到批准，此时的规划已经开始意识到工业发展规模过大会影响北京的首都功能，因此对北京的定位开始转变为只作为我国重要的政治中心和文化中心，不再强调要建设成为大工业城市。这一定位基本承袭北京市委在《北京市第一期城市建设计划要点》中阐明的规划总体思路，坚持了“极力避免盲目扩大市区的局面，新的建筑应尽可能坚持由内向外，由近到远，集中成区成片地发展”的建设方向，充分体现了集约型发展原则，对今后几十年的现代化建设指明了道路，也为首都的发展奠定了良好基础，回过头来看这是符合可持续发展思想的。

1992 年，北京市编制了新的《北京城市总体规划方案》并获得批准，此时我国正处于改革开放的快速发展时期，社会主义市场经济体制逐步建立与完善，因此这一时期的《北京城市总体规划方案》围绕进一步对外开放和首都功能的不断加强做出了部署，规划提出的城市现代化进程新思路对体制转变也进行了阐释，为新时期北京的现代化建设起到了积极的作用。这一阶段的城市规划首次提出要建设开放型国际城市的重要目标，并明确

① 王崇烈、陈思伽：《北京城市更新实践历程回顾》，《北京规划建设》2021 年第 6 期。

了要遵循首都经济的发展特点建立高效的经济结构，推进环境保护与经济发展的协同，同时还要把历史文化名城保护作为现代化建设中精神文明建设的重要任务。

但也应该看到，由于对经济增长速度和城市发展进程的估计不足，埋下了现代化进程中的大城市病的种种问题，而这些问题在经济进入高速发展期后更显突出。当然，这也是我国沿海各大城市在现代化进程中所面临的共同问题，需要在实践中不断更新、积累经验，与时俱进，更加适应现代化发展的要求。

（三）2003~2014年：现代化建设的蓬勃期

在这一阶段，加入WTO使北京开始不断深入全球化浪潮之中，借助大国崛起战略的改革开放红利，北京逐步深度参与国际分工，现代高端服务业逐渐成为城市现代化的主导产业，现代化建设进入蓬勃期。从数据指标上看，这一阶段的现代化建设取得了较好的成效，高新技术和第三产业的增加值不断提升，2004年人均GDP首次突破4000美元，提前实现了1992年《北京城市总体规划方案》定下的初步现代化目标。这一阶段收入的显著提升、城市化进程的快速推进，也带来了房地产经济的飞速发展，郊区新城的建设速度大大加快。数据显示，在“六五”期间，房地产业的年竣工量已经开始持续保持在1000万平方米以上，到2005年更是高达4679万平方米。[①] 伴随着房地产业的高速发展，城市基础设施建设也在加速推进，每年用于城市基础设施的投资金额占固定资产总投资额比重持续保持在20%以上。

经历了现代化建设的蓬勃发展，北京市在这一阶段实现了中心城区建设重点不断向内涵发展转变，通过调整城市结构提高城市现代化水平；创新水平不断提升，成为保障经济持续稳定发展的重要手段；制造业发展由粗放型加工贸易式向技术创新推动式发展，逐渐从价值链微笑曲线的底部向两端延伸，开始有意识地破除价值链的“低端锁定”；对环境保护与经济发展协同的重视程度不断提升，循环经济、低碳经济得到长足发展；第三

---

① 董光器：《六十年和二十年——对北京城市现代化发展历程的回顾与展望（上）》，《北京规划建设》2010年第5期。

产业逐渐取代北京制造业的支柱产业地位，服务业的工作效率与工作质量得到了明显改善，尤其是北京对人才的吸引力不断加强，使得科教、创新研发、金融等战略性服务业得到了长足发展，科研机构覆盖了大部分的高新技术领域，产学研融合发展也不断深入。

在这一阶段，随着北京现代化进程的不断推进，经济实力增强的同时，社会民生的建设与支持力度也不断加大，居民生活水平不断提升，社区公共设施也日趋完善。

（四）2015 年至今：现代化建设的转型期

2014 年 12 月，中央政治局会议提出 2015 年要“坚持稳中求进工作总基调”，首次提出“我国进入经济发展新常态”，随着经济发展阶段由高速发展向高质量发展的转变，北京现代化建设也开始迈向转型期，力求在 2035 年要“率先基本实现社会主义现代化，努力建设好伟大社会主义祖国的首都、迈向中华民族伟大复兴的大国首都、国际一流的和谐宜居之都”。

经历了现代化建设的蓬勃期，北京市的现代经济体系已经基本建成，达到了现代化的初级水平，从指标上表现为经济总量、经济增长速度、人均 GDP 及人均可支配收入等指标均达到中等发达国家的平均水平，三次产业占比与结构较为合理、现代产业体系初具雏形；从功能上表现为服务型政府已经初步建立，市场化的资源配置机制不断发挥更大作用，随着“放管服”改革成效的凸显，营商环境得到较大改善。

但是，处在现代化建设转型期的北京距离全面实现社会主义现代化仍有较大差距，经济发展不平衡、不充分的问题依然存在，主要表现为三个方面。第一，经济总量的增长和发展质量的提升需要进一步协同。北京自 2011 年以来经济增速就开始低于 10%，比国内大部分地区都先进入经济增长新阶段，但事实上，北京与世界其他发达城市，尤其是发达国家的首都城市如东京、伦敦相比，经济发展质量仍有待提升。2021 年北京人均 GDP 为 2.4 万美元，相当于美国、日本等国家在 20 世纪八九十年代的水平，相当于韩国 2010 年以后的水平。第二，需要进一步挖掘经济增长的新动能。北京经济增长对投资的依赖较大，根据统计数据不难发现，北京的投资率仍然高于世界主要发达城市。由于当前全球不确定性加剧，未来的现代化建设应当更多地依靠内需和自主创新。第三，北京未来的现代化建设是工业化向服务型转型的过程，因此服务型经济结构的进一步优化升级格外重要。尽管第三产业增加值占 GDP 的比重在 1995 年就已经超过 50%，代替制造业成为支柱产业，2016 年更是超过了 80%，但服务业内部的结构仍不够合理，低端服务业占较大比重。《北京经济发展报告（2016~2017）》的数据显示，全市高精尖企业数量占比仅为 8%左右，且高精尖企业更替较为频繁，稳定性不足，使得北京六大高端产业功能区的转型升级也面临着挑战。

二　北京市现代化的实践路径

北京通过总部经济优势不断强化首都城市的战略地位，通过深入贯彻京津冀协同发展战略为供给侧结构性改革提供发展动力，通过数字经济发展机遇赋能经济转型，通过持续不断的教育改革为现代化建设提供高质量教育体系保障，通过要素市场化改革手段促进社会治理体系的完善和社会治理能力的现代化发展，走出了一条北京现代化建设的特色道路。

（一）以总部经济强化首都城市的战略地位，实现现代化进程的不断推进

北京作为总部经济的集聚地，2004 年首次将发展“总部经济”写入政府工作报告。2015 年 11 月 18 日，北京总部企业协会召开成立大会，同时北京市商务局下设北京总部经济发展处，北京首都城市的战略地位不断得到加强。近年来，北京市总部经济发展态势良好，表现为总量规模大、行业覆盖广泛、高新企业快速发展以及城市辐射能力逐步增强四个方面的特征。

第一，北京总部企业数量多、规模大。根据最新的“北京总部企业名单”的数据，北京共集聚了 4007 家总部企业，资产规模达 123.9 万亿元，全年营业收入总计 9.4 万亿元，利润总额突破 2.4 万亿元，其中央企数量最多，达 1123 家。2021 年，在“中国总部经济国际高峰论坛”上，北京总部企业协会会长王国丰提到“北京入围《财富》世界 500 强的企业数量达 57 家，占世界 500 强比重超过十分之一（11%），占中国大陆入围企业的比重超过四成（44.4%），连续 9 年位居全球城市榜首。2021 年新认定跨国公司地区总部 8 家，累计认定达 192 家。北京总部经济不断创新突破，保持稳步发展态势”。

第二，北京总部企业的行业覆盖全产业链。根据行业数据统计，北京总部企业的行业分布涉及制造、信息传输、贸易流通、金融、软件和信息技术、租赁和商务服务、科学研究和技术服务等众多高精尖领域，基本实现了国民经济行业门类的全覆盖，尤其是集中于高端制造业和生产性服务业的总部企业作为产业链核心企业，为价值链向高端攀升提供了重要保障。

第三，总部经济中的高新企业数量显著增加，成为北京经济增长的新动能。在北京所有总部企业中，获得国家高新技术企业认定的企业数量就有 1220 家，资产规模达 3.1 万亿元，全年营业收入达 1.5 万亿元，利润总额突破 1300 亿元，且这些高新技术企业主要分布在制造业、科技服务业和信息服务业等重点制造业产业和生产性服务业中。

第四，北京总部经济向周边区域的辐射能力显著增强，尤其是对“首都经济圈”的京津冀城市圈协同发展起到了促进作用。数据显示，北京总部企业控股的法人企业超过 1.2 万家，各类分支机构更是达 3 万家以上，分布在北京以外的超过半数。尤其是落户在河北和天津的北京总部企业控股公司达 876 家，产业活动单位超过 1900 家，位列全国第一。

为了进一步促进北京总部企业形成优势，加快构建以国内大循环为主体、国内国际双循环相互促进的新发展格局，尤其是抓住国家服务业扩大开放综合示范区和中国（北京）自由贸易试验区建设的机遇，2021 年 2 月北京市政府印发了《北京市促进总部企业高质量发展的相关规定》，提出了“1+N”政策体系以支持在京总部企业开拓市场、整合资源、创新创造、产业升级、提质增效。

（二）深入贯彻京津冀协同发展战略，以供给侧结构性改革提升发展动力

1982 年的《北京市城市建设总体规划方案》第一次提出“首都圈”概念[①]，在国家实施国土整治战略的大背景下，京津冀地区也作为试点地区开始开展国土整治工作，此时的京津冀一体化着重区域协调分工、生态环境治理、跨区域基础设施建设、产业与人口布局优化等方面，土地、人口与基础设施的布局为区域一体化奠定了基础。2015 年 2 月，《京津冀协同发展

① 杨维凤：《以现代化都市圈建设推动京津冀协同发展》，《光明日报》2021 年 10 月 25 日。

总规划》正式发布，提出从北京单中心模式逐步向多中心模式转变，标志着北京在功能疏解方面的历史性破局。2018 年京津冀协同发展论坛召开之后，同年 11 月，中共中央、国务院提出以疏散北京非首都功能来推动京津冀区域协同发展，对区域经济的空间结构进行调整，着重建设河北雄安新区和北京城市副中心，通过解决人口和交通拥挤、公共资源紧张问题，化解北京“大城市病”。2019 年 2 月，国家发展改革委印发了《关于培育发展现代化都市圈的指导意见》，明确指出要“培育发展一批现代化都市圈，形成区域竞争新优势，为城市群高质量发展、经济转型升级提供重要支撑”。这是中央第一次明确提出要建设和推动都市圈发展。随后的《中华人民共和国国民经济和社会发展第十四个五年规划和 2035 年远景目标纲要》更是将“培育发展一批同城化程度高的现代化都市圈”放在了重要的战略地位。北京市“十四五”规划也指出要“加快建设现代化首都都市圈”，可以看出，京津冀协同发展日益成为我国区域协调发展的重要组成部分，并实现了四个方面的重要发展成果。

一是基础设施建设让城市群之间的联系日益紧密。基础设施的一体化发展是区域一体化的硬件基础。纵观国际各大城市群的发展，如伦敦、东京、巴黎等都是首先建立起发达完备的综合交通体系。北京在京津冀一体化发展过程中也遵循了这样的规律，将公路交通和轨道交通的互联互通放在发展的首要位置，对于城市群内人口、资本、技术等重要要素的流动效率提升起到了促进作用。

二是区域内产业转移推动了现代化产业体系的逐步建立。北京在京津冀城市群中居于核心城市地位，在首都功能不断更新的过程中，服务业尤其是生产性服务业逐渐取代制造业成为北京的支柱产业，使北京原有的制造业企业向北京周边城市转移，推动了区域内产业升级与区域产业布局结构优化。同时，北京的服务业向都市圈辐射能力的不断增强，也带动了周边城市的服务业发展与转型升级，强化了产业链的区域配套能力。

三是推动雄安、北三县、沧州等后发城市的联动发展。通过共建产业园等模式，加强了北京及周边产业发展较为落后的城市之间的沟通，引领了这些地区的产业体系建设。尤其是北京支持雄安新区的建设，一方面促进了北京非首都功能向外疏解转移；另一方面也提升了雄安新区的经济发展水平和公共服务水平，以协同促进产业联动发展与区域协调。

四是营商环境的不断优化，为区域现代化建设中的民营经济发展提供了软环境。营商环境的一体化水平也是影响区域高质量发展的重要方面，有助于弥补原先发展过程中遗留的经济发展参差不齐、社会发展不均衡等问题，降低要素的流动成本和企业的跨区域经营成本，提高企业在区域内的流动意愿。

在首都都市圈一体化发展的过程中，以北京为核心的京津冀城市群整体竞争力得到提升，产业关联度不断增强，区域分工协同日益完善，在“十四五”时期的新发展格局下，更要坚持以新发展理念为引领，持续推动京津冀协同发展，进一步推动医疗、教育、养老等民生环节的区域联动发展，形成现代化建设的新动能。

（三）数字经济赋能经济转型日渐成为北京推进省域现代化发展新动能

新发展阶段对全面推进数字化提出了更高的要求，北京作为首都城市，其数字化水平和数字化改革的进程对全国各个城市都有示范作用。为了更好地贯彻落实习近平总书记对“数字中国”“数字政府”“智慧社会”建设等方面的指示，北京发布了《北京市关于加快建设全球数字经济标杆城市的实施方案》《北京市数字经济全产业链开放发展行动方案》，以“人民城市人民建、人民城市为人民”的理念部署北京数字经济的战略发展，取得了显著成果，形成了数字化赋能经济转型的三个优势。

第一，数字化赋能服务型政府的建设。北京作为首都以及国内重要的超大型城市，其城市治理体系的完善程度及城市治理能力现代化水平某种程度上决定了我国数字化改革的进程。北京市内人口众多、人口流动密集、社会民生保障体系功能丰富，城市治理的难度大，因此数字化成为探索超大型城市社会治理的新路径。通过新型智慧城市建设、在线新经济的大力发展以及数字基础设施的不断加强，北京数字政府的建设取得了较大的成效。包括推动生活数字化转型，提高市民的生活质量；打造数字化公共服务体系，解决“数据烟囱”“数字鸿沟”等政府部门内部数据资源格局问题；通过数字化效能提升，打造精细化、科学化、智能化的超大城市“数治”新范式。

第二，数字化赋能北京制造业企业转型升级。近年来，随着国际经济社会不确定性的增加，发达国家日益重视制造业的发展，我国也提出了要加快构建以国内大循环为主体、国内国际双循环相互促进的新发展格局，制造业数字化改革、工业互联网建设等日益成为未来塑造产业竞争力和城市竞争力的关键。特别是2020年以来，新冠肺炎疫情进一步加速了国内对数字化改革的需求，推动了数字化改革的步伐。根据2021年中国信息通信研究院发布的《中国城市数字经济发展报告》的数据，北京与上海、深圳均位于全国数字经济建设的第一梯队，其中北京是我国最具数字经济竞争力的城市，在数字创新要素和数字融合应用方面遥遥领先。从数据指标看，2020年北京信息通信技术（ICT）产业的增加值超过5999亿元，占GDP的比重达16.5%。

第三，数据交易平台与数字化人才在北京集聚。一方面，北京的数字基础设施建设走在了全国的前列。数据显示，截至2021年8月，北京拥有5G基站4.57万个，万人5G基站数量达20个，5G终端使用人数超过1200万户，居全国首位。2021年9月，北京证券交易所成立，将为更多中小数字企业的发展提供重要平台，是我国数字经济投资、消费和贸易领域的重要基础设施建设。另一方面，北京在数字化建设的过程中，汇聚了大量的数字创新要素，在我国数字经济建设中发挥着人才和技术的双重牵引作用，基于北京高校科研院所的科教资源优势，依托全市90多所高校、1000多家科研院所、128家国家级重点实验室以及超过3万家国家级高新技术企业，北京已经集聚了大量数字经济、数字创新方面的人才。

（四）不断推动教育改革，为率先实现教育现代化提供高质量教育体系保障

教育现代化是北京全面实现现代化的重要组成部分，也是改善民生和加快推进小康社会建成的战略要求。北京自20世纪80年代恢复和重建教育督导工作以来，各教育管理部门和教育机构围绕着与时俱进的教育现代化改革措施开展各项工作。首先，在巩固北京教育优先发展战略地位方面，北京教育督导机构切实督促北京市各级政府在制定经济社会发展规划时，优先对教育制度和教育现代化发展进行安排，保证财政资金对教育现代化的支持，从顶层设计层面加强教育现代化的制度要素供给质量。其次，围绕教育公平、均衡、优质发展，积极推进义务教育普及和高等教育深化。

在“九五”期间，北京就率先普及了高中阶段教育，2021 年 9 月北京印发的《北京市“十四五”时期教育改革和发展规划（2021—2025 年）》更是将“让每个孩子都享有公平而有质量的教育”作为未来教育现代化的重要目标之一。在公平教育方面，不断破除体制机制壁垒，扩大优质教育资源的辐射范围。最后，北京以基础教育综合改革加强市区联动机制，全面推进教育现代化。通过人事制度改革提高教师队伍的整体素质，通过人才培养制度改革提升教育质量，通过招生制度改革构建适合北京教育发展阶段的评价体系。

尽管北京一直立足于教育先行，以教育现代化引领全面现代化，但距离“十四五”教育现代化的目标仍然有一定的差距。要利用教育现代化支撑北京“四个中心”的功能建设，就需要通过持续的教育改革发挥先导性、基础性、全局性作用。据此，《北京市“十四五”时期教育改革和发展规划（2021—2025 年）》指出了未来五年的 11 项重要任务，包括加强党对教育工作的领导；坚持将“德智体美劳”融为一体，纳入人才的培养全过程，实现培育时代新人的目标；优化各阶段教育服务体系，如健全和优化学前教育的布局，提升幼儿园办学质量，深化高中教育的特色发展，培育全民终身学习意识；建设成为城市总体规划的教育样板，推进教育在京津冀的协同发展；提升教师素质、专业化水平与创新能力；将教育现代化与科技创新深度结合、与产业发展方向深度结合；深化教育“放管服”改革，激发教育活力；促进教育模式改革，鼓励社会各界积极承担教育职责；推进教育评价体系改革，实现教育多元化、现代化等。

（五）以要素市场化改革实现社会治理体系与社会治理能力现代化发展

近年来，北京不断通过思想转变、体制改革完善基层治理体系，基层治理取得了较好的效果。尤其是在疫情期间，展现了北京各乡镇、街道的社区基层组织的有序和高效，凸显了城市社会治理体系的建设成效。除此之外，北京的基层治理创新也形成了一批可复制推广的实践经验。如“12345”市民热线的接诉即办制度不断完善，从接诉即办向主动治理和未诉先办迭代升级，关注民生生活的难点、痛点，局长、处长亲自接待居民解决难题，切身体会和打通办事过程中的堵点，成为我国政务服务的典范和标杆。又如近年来受到关注的教育、养老等民生问题，北京通过探索智慧社区模式，根据社区居民群体特征打造生育友好型、儿童友好型、青年发展型、老年友好型等特色社区，为不同人群提供具有针对性的民生保障。

为了更好地配合《中共中央、国务院关于加强基层治理体系和治理能力现代化建设的意见》，加快北京城市基层治理能力现代化建设，北京市在2022年5月印发了《中央北京市委、北京市人民政府关于加强基层治理体系和治理能力现代化建设的实施意见》，提出了“到2025年，率先形成党组织统一领导、政府依法履职、各类组织积极协同、群众广泛参与，自治、法治、德治相结合的基层治理体系，基本建立权责明晰、协同有序、简约高效、常态化管理与应急管理动态衔接的基层治理体制机制”。

“十四五”时期是北京巩固全面建成小康社会成果、强化首都功能、建成国际一流和谐宜居之都的关键时期，推动市场监管体系现代化与监管能力水平的不断提升是实现这一目标的重要手段。在商事制度的变革中，北京始终坚持以“放管服”“证照分离”等改革措施为抓手，建立市场准入负面清单制度和外商投资准入负面清单制度，降低市场主体的办事成本，改善市场竞争秩序，健全小微企业名录。2021年10月，《北京市“十四五”时期市场监管现代化规划》的发布为全方位推进北京的市场监管体系完善提供了重要指导，并设置了北京“十四五”时期的市场监管重点指标，为优化营商环境、提高供给效率、保障消费环境、健全监管体系和提升监管能力提供了保证。2022年4月，在疫情反复波动、社会信心不足的背景下，《北京市市场监督管理局助企惠企促进市场主体发展壮大若干措施》发布，在“六稳”“六保”的目标下，充分调动市场主体积极性，是社会治理能力不断提升、社会治理现代化体系不断完善的重要体现。

第三节　省域现代化的经验启示

国家战略和省内政策多重叠加，北京持续发挥自身首都城市的战略定位优势，突出现代化建设的区位特征，为全面建设社会主义现代化新征程夯实基础、积蓄势能。通过总部经济的不断集聚推动经济发展实现现代化；通过教育改革培育现代化建设的人才，为精神文明现代化奠定基础；通过市场监管改革和要素市场化改革共同推进政府治理现代化；通过持续推动产业结构优化和能源清洁转型，以绿色发展观推进生态文明现代化；通过为民排忧解难实现人的现代化。最终合力推动省域现代化进程。

一　以总部经济集聚推动经济现代化

从理论的角度分析，总部经济也可称为首脑经济，广义上可以理解为经济与非经济的带有总部性质或总部派出性质的各种机构和组织相对集聚所产生的社会经济活动的统称。[①] 赵弘对总部经济的定义指出，总部经济通过创造诸多有利条件，吸引跨国公司及国内各大企业集团总部入驻，在区域内形成集聚效应，并带动周边地区加工生产基地的形成，形成了布局合理的价值链分工体系。[②]

随着我国经济进入新常态，对省域现代化的要求也进入了更高阶段，北京作为总部经济的集聚地，近年来发展态势良好。2021 年 2 月，为了更进一步促进北京总部企业形成优势，加快构建以国内大循环为主体、国内国际双循环相互促进的新发展格局，尤其是抓住国家服务业扩大开放综合示范区和中国（北京）自由贸易试验区建设的机遇，北京市政府印发了《北京市促进总部企业高质量发展的相关规定》，提出了“1+N”政策体系以支持在京总部企业开拓市场、整合资源、创新创造、产业升级、提质增效。

总部经济集聚成为推动经济现代化的重要支撑，同时也对周边城市群形成了不同程度的外溢效应，尤其是对“首都经济圈”内的京津冀城市圈协同发展起到了促进作用。数据显示，北京总部企业所控股的法人企业超过 1.2 万家，各类分支机构更是达 3 万家以上，分布在北京城外的超过半数。尤其是落户河北和天津的北京总部企业控股公司达 876 家，产业活动单位超过 1900 家，位列全国第一。除此之外，在首都功能不断更新的过程中，服务业尤其是生产性服务业逐渐取代制造业成为北京的支柱产业，北京原有的制造业企业向北京周边城市转移，推动了区域内产业升级与区域产业布局结构优化。同时，北京的服务业向都市圈辐射能力的不断增强，也带动了周边城市的服务业发展与转型升级，强化了产业链的区域配套能力。

---

① 史忠良、沈红兵：《中国总部经济的形成及其发展研究》，《中国工业经济》2005 年第 5 期。

② 赵弘：《总部经济》，中国经济出版社，2004。

二　以教育改革推进精神文明现代化

从理论角度分析，随着经济建设不断推进，国际竞争日趋激烈，教育理念、教育体制、人才培育、教学模式等都面临着改革需求[①]，特别是在当前日新月异的信息时代，教育现代化、教育信息化已经成为我国教育改革的重要发展方向。[②] 因此，教育现代化成为北京全面实现现代化的重要组成部分，也是改善民生和加快推进小康社会建成的战略要求。通过教育改革培育现代化建设所需要的人才，是精神文明现代化的重要基础保障。

从北京的实践经验看，北京持续巩固教育的优先发展战略地位，促进教育公平、均衡、优质发展，在推行基础教育综合改革等方面一直走在全国前列。与此同时，“热情开朗、大气开放、积极向上、助人为乐”一直是首都市民的重要标签，北京在精神文明现代化的过程中也不断将这 16 字作为北京市民核心价值观融入日常的精神文明建设活动中。例如，北京通过深入打造“北京榜样”的金字品牌，不断挖掘群众中的榜样力量，壮大榜样队伍，提升榜样影响。通过高校、企业等多渠道举荐，对北京市朝气蓬勃、充满梦想追求的“90 后”“00 后”赋予时代新人的称号，为北京青年提供奋斗的动力与激励。开展老城改造等重点领域整治工作，对农贸市场、老旧小区、背街胡同等进行重点重建、翻新工作。提升全社会居民责任感与使命感，打造志愿服务这张北京“金名片”，截至 2021 年底，全市志愿服务组织达 8.1 万个，实名注册的志愿者人数突破 449.3 万人。这些都是北京精神文明现代化建设的重要抓手。

三　以市场监管改革推进政府治理现代化

从理论的角度分析，市场监管体系的统一建设，是建立统一开放、竞争有序的现代市场体系的关键环节[③]，而当前市场监管体系的改革重点在于

① 涂思龙：《高校教育改革与创新性人才培养之管见》，《兰州大学学报》（社会科学版）2000 年第 S2 期。

② 任友群、冯仰存、郑旭东：《融合创新，智能引领，迎接教育信息化新时代》，《中国电化教育》2018 年第 1 期。

③ 王健、王鹏：《新一轮市场监管机构改革的特点、影响、挑战和建议》，《行政管理改革》2018 年第 7 期。

对政府机构设置和职能配置的不断优化。全面推进市场监管体系现代化和市场监管能力现代化，有助于为社会营造市场化、法治化、国际化的营商环境，为区域现代化建设和经济社会高质量发展奠定基础。同时，市场监管体系也需要依靠数字政府的建设提供技术支持。数字治理和数据资源整合利用目前仍然是一个世界性的新问题，北京作为数字经济走在前列的重要城市，通过积极开展数据治理、建立数据交易平台等方式，促进了政府治理水平现代化不断提升。

从北京的实践经验看，数字政府的建设可以为政府治理模式优化提供更有效的方案，实现政府治理能力的提升，北京在过去几年中，不断通过思想转变、体制改革完善基层治理体系，基层治理取得了较好的效果。尤其是在疫情期间，更加展现了北京各乡镇、街道的社区基层组织的有序和高效，凸显了城市社会治理体系的建设成效。2021 年，在“十四五”开局之年，北京不断推进《政务服务领先行动计划》落实，依托“接诉即办”的数字化转型，不断加强数字政务建设，最终实现九成政务服务事项实现“全城通办”。

四　以绿色转型推进生态文明现代化

从理论的角度分析，随着经济的不断发展，全球社会都对绿色发展、绿色转型给予了更多的关注，绿色发展也因此逐步成为可持续发展的新共识。从内涵上看，绿色发展的包容性更强，这既包括人口和经济增长、粮食和资源供给等传统可持续发展中密切关注的问题，也更加强调资源环境对人类社会的整体性危机。[①] 而我国也随着产业转型升级逐步进入重要战略机遇期，面临更多来自资源环境的约束和国际压力[②]，生态文明建设与绿色转型发展成为当前经济发展的迫切需求。

从北京的实践经验看，北京一直将绿色发展作为城市发展的基本战略，对生态环境保护和生态文明建设进行有益的创新探索，通过持续推动产业结构的优化和能源清洁转型，在绿色低碳发展的领域取得了积极进展。数

---

① 胡鞍钢、周绍杰：《绿色发展：功能界定、机制分析与发展战略》，《中国人口·资源与环境》2014 年第 1 期。

② 中国社会科学院工业经济研究所课题组：《中国工业绿色转型研究》，《中国工业经济》2011 年第 4 期。

据显示，2020年北京每万元GDP二氧化碳排放量仅为0.41吨，相比2015年下降超过26%，为低碳城市建设贡献了“北京经验”。同时，北京市作为首都城市，全力构建世界一流、国内领先的生态环境标准体系，在环境监测和污染源监管等方面尝试“智慧+环保”的监管新模式，城市洁净度得到提升，产业的绿色发展不断推进，取得了丰硕的绿色发展成果。

“绿水青山就是金山银山”，北京对生态文明现代化的要求不仅仅局限于城市内部，在推进京津冀地区生态环境联建联防联治、建设区域生态文明方面也做出了努力。例如，2013年底北京市牵头，联合河北、天津、内蒙古、山西、山东5省（区、市）和国家发改委等7个部委共同组建了京津冀及周边地区大气污染防治协作小组，通过统一立法、联合执法等协作机制针对大气污染治理展开合作，经过多年的协同治理，实现了区域内主要污染物浓度的全面下降，空气质量得到明显改善，增强了群众的“蓝天”幸福感。

五　以民生建设发展实现人的现代化

从理论的角度分析，“以人民为中心”的发展理念拥有深厚的思想渊源和科学的唯物史观基础，也是贯穿习近平新时代中国特色社会主义社会建设思想的一条主线。[①] 当前，“中国特色社会主义进入新时代，我国社会主要矛盾已经转化为人民日益增长的美好生活需要和不平衡不充分的发展之间的矛盾”[②]。要从根本上解决这一社会主要矛盾，就需要通过不断推进民生建设，努力提高和改善民生水平，不断加强和创新社会治理水平，以实现人的现代化。

“人的现代化”是省域现代化的重要价值诉求，也是区域经济社会发展的主体动力，涉及面广、内涵丰富，对现代化进程有着深远的影响。北京作为首都，目标是要打造国际一流的和谐宜居之都，近年来通过不断探索实践，北京在提升社会治理效能和创新社会治理方式上不断努力，形成了共建共治共享社会治理格局。尤其在民生保障制度的完善方面，坚持“以

① 刘爱军、段虹：《坚持“以人民为中心”改善民生与创新社会治理——论习近平新时代中国特色社会主义社会建设思想》，《理论探讨》2018年第1期。

② 《决胜全面建成小康社会、夺取新时代中国特色社会主义伟大胜利——在中国共产党第十九次全国代表大会上的报告》，人民出版社，2017。

人为本”“以民为本”，通过对普惠性、基础性、兜底性民生建设的不断加强，科教文卫事业的增强，充实了老百姓的精神世界和文化生活，提高了老百姓的安全感和幸福感，推动了首都民众从“传统人”向“现代人”转变。在社区生活中，老北京城面临城市更新的种种矛盾，但北京一直尝试探索智慧社区模式，并根据社区居民群体特征打造了一系列生育友好型、儿童友好型、青年发展型、老年友好型的特色社区，为不同人群提供具有针对性的民生保障，增强了老百姓在现代化进程中的获得感。

本章参考文献

［1］陈莉莉：《北京深化全国科技创新中心建设问题研究——基于北京、上海和深圳三地对比优势分析的视角》，《创新科技》2020 年第 7 期。

［2］董光器：《六十年和二十年——对北京城市现代化发展历程的回顾与展望（上）》，《北京规划建设》2010 年第 5 期。

［3］《关于加强基层治理体系和治理能力现代化建设的实施意见》，《北京日报》2022 年 5 月 30 日。

［4］胡鞍钢、周绍杰：《绿色发展：功能界定、机制分析与发展战略》，《中国人口·资源与环境》2014 年第 1 期。

［5］李纪宏：《推动北京基础设施高质量发展的策略建议》，《中国工程咨询》2019 年第 6 期。

［6］刘爱军、段虹：《坚持“以人民为中心”改善民生与创新社会治理——论习近平新时代中国特色社会主义社会建设思想》，《理论探讨》2018 年第 1 期。

［7］任友群、冯仰存、郑旭东：《融合创新，智能引领，迎接教育信息化新时代》，《中国电化教育》2018 年第 1 期。

［8］沈伯平：《基于历史方位视角构建中国式现代化道路的话语体系》，《教学与研究》2022 年第 6 期。

［9］史忠良、沈红兵：《中国总部经济的形成及其发展研究》，《中国工业经济》2005 年第 5 期。

［10］涂思龙：《高校教育改革与创新性人才培养之管见》，《兰州大学学报》（社会科学版）2000 年第 S2 期。

［11］王崇烈、陈思伽：《北京城市更新实践历程回顾》，《北京规划建设》2021 年第 6 期。

［12］王红茹：《京、沪总部经济大比拼：北京总部资源最多，上海跨国公司实力最强》，《中国外资》2021 年第 2 期。

［13］王健、王鹏：《新一轮市场监管机构改革的特点、影响、挑战和建议》，《行

政管理改革》2018 年第 7 期。

[14]《决胜全面建成小康社会、夺取新时代中国特色社会主义伟大胜利——在中国共产党第十九次全国代表大会上的报告》，人民出版社，2017。

[15] 杨维凤：《以现代化都市圈建设推动京津冀协同发展》，《光明日报》2021 年 10 月 25 日。

[16] 翟文博：《服务“双循环”、保险业机遇多》，《经济》2021 年第 10 期。

[17] 张萤雪：《中国主要中心城市总部经济发展研究》，博士学位论文，辽宁大学，2018。

[18] 赵弘：《总部经济》，中国经济出版社，2004。

[19] 中国社会科学院工业经济研究所课题组：《中国工业绿色转型研究》，《中国工业经济》2011 年第 4 期。

[20] 中国信息通信研究院：《中国区域与城市数字经济发展报告》，2020。

第四章　上海市现代化实践探索

作为我国四大直辖市之一，上海是我国首批沿海开放城市，也是我国长江三角洲的核心城市、长江经济带的龙头城市。长期以来，上海以引领性的现代化实践稳定发挥着龙头带动作用，对我国经济发展的影响力和带动力持续增强。展望 2035 年，上海发展定位是建设卓越的全球城市和社会主义现代化国际大都市，成为具有世界影响力的经济、金融、贸易、航运、科技创新中心和令人向往的创新之城、人文之城、生态之城。

第一节　省域现代化的发展基础与特征

一　上海市区位特征

（一）自然地理环境良好

上海市是中国直辖市，地处长江三角洲冲积平原，位于太平洋西岸，亚洲大陆板块东沿，平均海拔高度 4 米左右，陆地地势由东向西低微倾斜。北界长江，东濒东海，南临杭州湾，西接江苏和浙江两省，总面积 6340.5 平方公里。[①] 东西最大距离约 100 公里，南北最大距离约 120 公里；大陆海岸线长约 213 公里，海域面积约 1 万平方公里。在北面的长江入海处，有崇明、长兴、横沙、九段沙等岛屿，其中崇明岛是中国第三大岛。海域上有大金山岛、小金山岛、浮山岛、佘山岛等基岩岛。土地资源总面积 836974.67 公顷，耕地资源总面积 193095.27 公顷。上海生物资源、植被资源和矿产资源都比较匮乏。由于上海市地处长江入海口、太湖流域东缘，境内江、河、湖、塘相间，水网交织，水资源非常丰富。全市河道长度 3.0309 万公里，河流和湖泊

① 资料来源：《上海年鉴 2021 · 上海概貌》。

总面积 640.9 平方公里，水面率 10.11%，河网密度平均每平方公里 4.78 公里。上海气候四季分明，日照充分，雨量充沛，春秋较短，冬夏较长。截至 2020 年底，上海市辖有浦东新区、黄浦、徐汇、长宁、静安、普陀、虹口、杨浦、闵行、宝山、嘉定、金山、松江、青浦、奉贤和崇明 16 个区，共 107 个街道、106 个镇、2 个乡。① 总体而言，上海地势平坦、水资源充分、气候条件也较适宜经济发展，但由于区域面积总体限制，土地、矿产、生物等资源相对匮乏。

（二）区位优势突出

上海自然资源不富余，但其所处的地理位置区位优势十分显著，主要体现在三个方面。一是航运交通地理优势。水运成本低廉，适合长距离大吨位货物运输，世界范围靠航运兴起的城市很多。上海处于长江入海口，是整个长江航运“黄金水道”的龙头所在。长江水运几乎覆盖整个长江经济带，因而水运覆盖面极广。上海又是沿海城市，处在南北海岸中心点。“拥江抱海”得天独厚的条件，使得上海航运和贸易非常发达。上海黄浦江、长江沿岸有很多港口设施，特别是洋山深水港兴建并投入使用后，上海整体航运能力大幅度提升。2021 年上海港货物吞吐量 7.697 亿吨，世界排名第二；货运集装箱吞吐量 4703 万标准箱，世界排名第一，且连续 12 年世界排名第一。② 这样的自然禀赋为上海的现代化发展奠定了前提条件。二是背靠长三角腹地。长江三角洲地区包括上海市、江苏省、浙江省和安徽省，区域面积 35.8 万平方公里，约占全国国土面积 3.73%。长三角地区地势平坦，河湖密布，自古以来农业发达，物产富足，有“苏湖熟天下足”和“上有天堂下有苏杭”之美誉。改革开放以来，长三角地区逐步成为我国经济发展最快、经济总量规模最大、制造业最为发达的地区。2021 年，长三角地区 GDP 超过 27 万亿元，约占全国 GDP 的 24%。③ 长三角地区逐步形成了以上海为龙头带动，南京都市圈、苏锡常都市圈、合肥都市圈、杭州都市圈共同发展的具有国际竞争力的世界级城市群。长三角腹地为上海

---

① 资料来源：《上海年鉴 2021 · 上海概貌》。

② 资料来源：上海国际航运研究中心发布的《全球港口发展报告（2021）》。

③ 秋池：《长三角三省一市，2021 年度生产总值已小幅赶超德国》，澎湃新闻网站，2022 年 2 月 17 日，https://www.thepaper.cn/newsDetail_forward_16726199。

发展提供了各类要素的强有力支撑。三是开放的城市底蕴。自开埠建立通商口岸以来，资金、人才、技术、物资等源源不断汇聚，上海逐步发展成为国际化大都市，曾一度成为远东第一大城市。百年历史积淀，塑造了上海包容、开放、自信的底蕴。1978 年以后，上海进入改革开放新阶段。特别是 1990 年以后，上海更加主动开放、创新发展，丰富了上海发展的精神底蕴。习近平总书记把上海城市精神提炼概括为“海纳百川、追求卓越、开明睿智、大气谦和”，把上海城市品格概括为“开放、创新、包容”。[①] 正是因为拥有如此深厚的城市底蕴，上海吸引了大量创业者、各类人才和国内外大公司扎根。

二　上海市人口环境

（一）人口总量持续增加，外来人口增幅较大

1978 年以来，上海市人口总量不断增加，人口密度也不断提高。常住人口数量从 1978 年的 1104 万人增长到 2020 年的 2488.36 万人，增加约 1.25 倍。根据联合国发布的《世界城镇化展望 2021》，全世界人口规模达千万级的城市中，上海排名第三。1978 年以来，上海户籍人口数量从 1978 年的 1098.28 万人增长到 2020 年的 1475.63 万人，增长约 34.36%，整体而言增长缓慢。从《上海市第七次全国人口普查主要数据公报》来看，上海市常住人口规模稳定增长，但增长速度有所放缓。第五次全国人口普查显示，上海市常住人口在 1990~2000 年增加了 307 万人；第六次全国人口普查显示，上海市常住人口在 2000~2010 年增加了 661 万人；第七次全国人口普查显示，上海市常住人口在 2010~2020 年增加了 185 万人。上海市外来人口增加更为明显，数量从 1978 年的 5.72 万人增长到 2020 年的 1012.73 万人，增长了 176 倍。[②] 持续的人口流入为上海经济、社会发展增添了活力，“改革开放以来，上海市外来人口强有力地补充了劳动力资源的数量，减轻了常住人口的老龄化程度，有效延缓了常住人口老龄化进程。既为上海市经济社会高速发展提供了充足的、源源不断的劳动力，又保持了有利于经济

---

① 熊月之：《从城市精神与城市品格看上海之“大”如何炼成》，文汇网，2021 年 9 月 6 日，https：//wenhui.whb.cn/third/baidu/202109/06/422703.html。

② 资料来源：《2021 上海统计年鉴 · 人口》。

社会发展的人口年龄结构，延长了收获人口红利的周期，增强了收获人口红利的强度”。①

（二）人口预期寿命不断提高，老龄化情况严重

2020 年，上海市户籍人口预期寿命为 83.67 岁，与 1978 年相比，预期寿命提高了 10 岁；户籍人口男女性别比约为 0.976∶1，与 1978 年户籍人口性别比相比，变化不大、基本持平。《上海市第七次全国人口普查主要数据公报》显示，常住人口中男性人口为 12875211 人，占 51.8%；女性人口为 11995684 人，占 48.2%。常住人口性别比由第六次全国人口普查的 106.19 上升为 107.33。在年龄结构方面，上海常住人口中，0~14 岁人口为 2436296 人，占 9.8%；15~59 岁人口为 16619137 人，占 66.8%；60 岁及以上人口为 5815462 人，占 23.4%，其中 65 岁及以上人口为 4049012 人，占 16.3%。与 2010 年第六次全国人口普查数据相比，上海 0~14 岁人口的比重提高 1.2 个百分点，15~59 岁人口的比重下降 9.5 个百分点，60 岁及以上人口的比重提高 8.3 个百分点，65 岁及以上人口的比重提高 6.2 个百分点（见表 4-1）。② “第六次全国人口普查阶段，上海老龄化问题就较为突出，而第七次人口普调查结果显示，上海老龄化程度进一步加深。”③

表 4-1　上海第七次人口普查常住人口分地区年龄结构分布

单位：万人

地区	合计	0~14 岁	15~59 岁	60 岁及以上	65 岁及以上	80 岁及以上
全市	2487.09	243.63	1661.91	581.55	404.90	83.59
浦东	568.15	59.56	385.70	122.89	85.15	16.59
黄浦	66.20	5.74	42.85	17.61	12.24	2.91
徐汇	111.31	10.90	68.45	31.96	22.94	5.59
长宁	69.31	6.16	42.98	20.17	14.31	3.71

① 原新：《人口自由流迁增添上海大城市发展活力》，澎湃新闻网站，2019 年 1 月 17 日，https：//baijiahao.baidu.com/s？id=1621989035350797460&wfr=spider&for=pc。

② 上海市统计局、上海市第七次全国人口普查领导小组办公室：《上海市第七次全国人口普查主要数据公报》，《解放日报》2021 年 5 月 19 日。

③ 张煜、徐蒙：《上海人口数据显示哪些新特征新趋势》，《解放日报》2021 年 5 月 19 日。

续表

地区	合计	0~14 岁	15~59 岁	60 岁及以上	65 岁及以上	80 岁及以上
静安	97.57	9.09	57.69	30.80	21.44	4.78
普陀	123.98	11.64	74.45	37.89	26.19	5.38
虹口	75.75	6.20	44.39	25.16	17.60	4.08
杨浦	124.25	10.98	73.78	39.49	27.16	6.26
闵行	265.35	28.83	182.88	53.64	37.21	7.11
宝山	223.52	22.36	150.06	51.10	34.39	6.32
嘉定	183.43	17.99	132.69	32.74	22.13	4.09
金山	82.28	7.58	55.30	19.39	14.01	2.79
松江	190.97	20.46	140.36	30.15	20.83	3.70
青浦	127.14	11.27	94.72	21.16	14.70	2.90
奉贤	114.09	10.59	81.41	22.09	15.70	3.10
崇明	63.79	4.27	34.22	25.31	18.90	4.31

数据来源：2021 年《上海统计年鉴》。

（三）人口受教育程度高，高学历人才多

根据《上海市第七次全国人口普查主要数据公报》，截至 2020 年，与 2010 年第六次全国人口普查相比，上海市常住人口中每 10 万人中拥有大学（指大专及以上）文化程度的由 21893 人上升为 33872 人，拥有高中文化程度的由 20953 人下降为 19020 人，拥有初中文化程度的由 36519 人下降为 28935 人，拥有小学文化程度的由 13562 人下降为 11929 人。[①] “上海具有大学文化程度的常住人口数量达到 842 万人，比十年前增加 338 万人，增幅达 67.1%，量速齐增；上海每 10 万人拥有高中文化程度的人数为全国最高；15 岁及以上常住人口平均受教育年限达 11.81 年，比 2010 年提高 1.08 年，高于全国平均增幅，在全国各省（区、市）中排名第三；适龄劳动人口大学文化程度以上比例显著提升。16~59 岁人口中具有大学文化程度的人口占比达 46.4%，比 2010 年提高 20.2 个百分点，平均受教育年限为 12.6 年，

① 上海市统计局、上海市第七次全国人口普查领导小组办公室：《上海市第七次全国人口普查主要数据公报》，《解放日报》2021 年 5 月 19 日。

提高 1.4 年。”[①]

虽然上海面临人口老龄化的压力，但由于上海人口分布较合理，空间结构较优化，城乡发展较均衡，有利于吸引越来越多的各类人才，特别是海内外高学历优秀人才持续流入。总体来说，上海人口环境优良，仍然享有人才红利和人力资本助推经济社会高质量发展的优势。

三　上海市经济社会发展基础

上海是中国现代工业摇篮。早在清朝“洋务运动”时期，上海就引进国外先进设备建成了较先进的电机缫丝厂。此后，上海逐步发展成为中国最大的工业城市。到 20 世纪 30 年代中期，“上海工业资本总额已占全国工业资产总额的 40%，工人数占全国工人数的 43%，工业产值占全国工业产值的 50%。1933 年全国各种现代工厂共 2435 家，其中 1200 家在上海”[②]。1949~1978 年，上海一直是中国最大的综合性工业生产基地，经济实力在全国名列前茅，为国家创造了大量财政收入。改革开放以后，上海不断探索，创新改革，经济发展逐步进入“快车道”。根据《2021 年上海市国民经济和社会发展统计公报》，2021 年上海实现地区生产总值（GDP）43214.85 亿元。其中，第一产业增加值 99.97 亿元，同比下降 6.5%；第二产业增加值 11449.32 亿元，同比增长 9.4%；第三产业增加值 31665.56 亿元，同比增长 7.6%。[③] 全年地方一般公共预算收入 7771.80 亿元，比上年增长 10.3%。全年实现金融业增加值 7973.25 亿元，比上年增长 7.5%。全年上海关区货物进出口总额 75742.70 亿元，比上年增长 17.3%；进口 32059.73 亿元，增长 18.6%；出口 43682.96 亿元，增长 16.3%。[④] 2021 年上海人均 GDP 达 17.36 万元，跨入发达经济体门槛。

（一）工业实力雄厚，高端制造业发达

作为中国现代工业摇篮，上海工业制造业发展迅速，实力雄厚。工业总产值由 1978 年的 514.01 亿元，增长到 2020 年的 37052.59 亿元，工业总

---

① 张煜、徐蒙：《上海人口数据显示哪些新特征新趋势》，《解放日报》2021 年 5 月 19 日。

② 邹荣庚：《试论上海在中国经济发展中的战略地位》，《上海党史研究》1998 年第 S1 期。

③ 资料来源：《2021 年上海市国民经济和社会发展统计公报》。

④ 资料来源：《2021 年上海市国民经济和社会发展统计公报》。

产值指数提高近 48 倍。2021 年实现工业增加值 10738.80 亿元，工业总产值达到 42014 亿元，“这是上海工业增加值首次突破 1 万亿元，规模保持全国第一，上海工业总产值首次突破 4 万亿元”①。上海已经形成了电子信息产品制造业、汽车制造业、石油化工及精细化工制造业、精品钢材制造业、成套设备制造业和生物医药制造业六大重点工业行业。在 2021 年中国制造业 500 强中，上海有 7 家上榜，且都排名前 100，分别是上汽集团、宝武钢铁、中国船舶集团、上海医药、上海电气、复星国际、德龙钢铁。与此同时，上海高端制造业发展迅速，在医药制造业、航空航天器及设备制造业、电子及通信设备制造业、计算机及办公设备制造业、医疗仪器设备及仪器仪表制造业、信息化学品制造业和新能源方面快速发展。在“十三五”时期，上海高端装备产值增速快于全市工业增速。高端装备制造业占上海市工业总产值的比重也呈不断上升的趋势，从 2017 年的 6.88%上升至 2019 年的 7.59%。②

2021 年，新能源、高端装备、生物、新一代信息技术、新材料、新能源汽车、节能环保、数字创意等战略性新兴产业完成规模以上工业总产值 16055.82 亿元，比上年增长 14.6%，占全市规模以上工业总产值比重为 40.6%。③ 其中，工业机器人产业规模位居全国第一，集成电路产业全国领先，大飞机等民用航空航天装备综合实力不断增强，民用船舶与海洋工程装备综合技术实力居国内首位。

（二）外贸经济和金融业全球领先

上海坐拥极佳的海运地理条件，是我国外贸经济和金融中心。2020 年，上海货物进出口额为 3.48 万亿元，比上年增长 2.3%，占全国的 10.8%。其中，出口额 1.37 万亿元，与上年持平，占全国的 7.6%；进口额 2.11 万亿元，比上年增长 3.8%，占全国的 14.8%。2021 年上海市货物进出口总额 4.06 万亿元，比上年增长 16.7%。其中，进口额 2.49 万亿元，增长 18.0%；

---

① 《坐稳最大工业城市王座，上海工业增加值首破万亿意味着什么》，人民资讯网站，2022 年 1 月 20 日，https：//baijiahao.baidu.com/s？id=1722447170636654531&wfr=spider&for=pc。

② 《上海高端装备制造业的发展现状和未来展望》，人民资讯网站，2021 年 9 月 29 日，https：//baijiahao.baidu.com/s？id=1712209760984486147&wfr=spider&for=pc。

③ 资料来源：《2021 年上海市国民经济和社会发展统计公报》。

出口额1.57万亿元，增长14.6%。在2021全国贸易十强城市中排名第一。与贸易紧密相连的是金融，从历史上看，上海在20世纪二三十年代就是重要的国际金融中心和贸易中心，具有深厚基础。改革开放以来，特别是20世纪90年代以来，上海重构国际、国内金融中心地位，金融业不断发展。“在进一步发展证券市场、资金市场、外汇市场的基础上，开拓离岸金融、黄金、产权交易、衍生金融交易等市场，引进、发展多样化金融、投资、保险机构，规范金融与市场秩序。”① 目前，上海有上海证券交易所、上海期货交易所、中国金融期货交易所、上海保险交易所、中国外汇交易中心、国家黄金储备运营中心、国家外汇储备运营中心等，以及中国人民银行上海总部、中国四大银行（农行、中行、工行、建行）上海总部、各大外资银行大中华总部，还有其他数量众多的金融机构，包括商业银行、证券公司、期货公司、金融租赁公司、货币经纪公司、保险公司、基金管理公司、信托公司、票据业务中心等。2020年，上海实现金融业增加值7166.26亿元，比上年增长8.4%，占上海市地区生产总值的18.5%；上海金融市场直接融资额17.6万亿元，比2019年增长39.2%；上海金融市场成交总额2274.83万亿元，比2019年增长17.6%。2021年实现金融业增加值7973.25亿元，比2020年增长11.26%；金融市场成交总额达2511.07万亿元，比2020年增长10.4%。根据2021年10月21日发布的最新一期“新华·国际金融中心发展指数”来看，上海再度蝉联国际金融中心排名第三位，在全球形成“纽伦沪”三足鼎立态势。

（三）高等教育和科技发展全国领先

上海高等教育比较发达，从《上海年鉴2021·教育》可知，截至2020年底，上海有普通高等学校63所，独立设置成人高校14所。其中，普通本科高校40所，高职高专院校23所；部属高校10所（含教育部、交通运输部、海关总署），市属高校53所（含民办高校19所）。上海高校规模数量仅次于北京，位居全国第二。2020年，上海高等学校科技活动人员数量有70359人。R&D经费内部支出由2000年76.73亿元增加到2020年的1615.69亿元，约占2020年上海市地区生产总值的4.1%。每万人口发明专利拥有量

---

① 张仲礼、张道根：《上海在中国经济发展中的地位与作用》，《社会科学》1999年第4期。

60.2件，公民科学素质水平达标率继续保持全国第一。

2020年，上海建成了具有全球影响力的科技创新中心的基本框架体系。《中国区域科技创新评价报告2020》显示，上海在当年“综合科技创新水平指数”榜单中排名第一，连续三年位列榜首。在世界知识产权组织发布的《2020年全球创新指数》中，上海位列第九，首次进入全球科技城市集群榜单前十名。上海作为领先全国发展水平的国际化大都市，“在党和国家工作全局中具有十分重要的地位”，在全国现代化征程中必将起到“开路先锋、示范引领、突破攻坚”作用。

第二节　省域现代化的发展历程与实践

作为中国最早开始近代化和现代化的沿海城市，上海在20世纪30年代就已经是亚洲地区的国际化都市。然而由于战乱，上海现代化发展被打断。新中国成立后，上海现代化发展经历了不少曲折、走了不少弯路，但改革开放后，经过不懈的努力，上海最终取得了举世瞩目的成就。

一　在曲折中不断调整与发展

从新中国成立到1978年，从宏观来看，全国范围内计划经济体制确立，上海经济体系也进行了重大变革调整，工商业、金融业、对外贸易等收归国有，国有经济不断确立在经济上的主导地位。由于中央对上海在全国现代化建设中的功能定位，上海“由一个多功能经济中心向社会主义工业基地转变”①，产业结构不断调整，重工业产值所占比重不断提高，轻工业因宏观调控政策影响而比重下降。在全国的支持下，上海工业生产不断调整，在曲折中发展。新中国成立后，虽然外贸环境形势发生了剧烈的变化，但上海继续发挥全国贸易中心和面向全国的商品流通中心的作用。20世纪70年代，“上海工业总产值占全国的1/7，财政收入占全国的1/6，港口货物吞吐量和外贸出口商品总值占全国的1/3”②。上海工业总产值、外贸出口额、财政收入（见表4-2）、劳动生产率、人均GDP、商品调拨量、技

① 邱国盛：《20世纪北京、上海发展比较研究》，博士学位论文，四川大学，2003。

② 张仲礼、张道根：《上海在中国经济发展中的地位与作用》，《社会科学》1999年第4期。

术人才支持输出等指标均为全国第一。总体而言，经过近 30 年的发展，特别是在加速工业化不断赶超的动荡曲折的时代背景下，上海成为全国规模最大、技术最为先进的综合性工业基地，成为推动国民经济不断发展的重要依托与关键支撑。上海在“继续强化工业基地作用，支援内地建设、提供大量设备和日用工业品”① 等方面，做出了重要的历史性贡献。

表 4-2　上海市财政收支占全国比重（1950~1978 年）

单位：亿元，%

年份	财政收入			财政支出		
	全国财政收入	上海市财政收入	占比	全国财政支出	上海市财政支出	占比
1950	65.19	0.84	1.29	68.06	0.8	1.18
1955	272.03	2.08	0.76	269.29	1.88	0.70
1960	572.29	100.07	17.49	654.14	19.44	2.97
1965	473.32	61.75	13.05	466.33	7.83	1.68
1970	662.90	98.44	14.85	649.41	12.88	1.98
1975	815.61	134.17	16.45	820.88	26.53	3.23
1978	1121.12	166.85	14.88	1110.95	26.01	2.34

资料来源：熊月之主编《上海通史·当代经济》，上海人民出版社，1999。经作者汇总整理。

二　改革开放初期发展滞后

1978 年，党的十一届三中全会召开，决定把党的工作重心转移到社会主义现代化建设，实行改革开放。“由于上海国有企业比较集中，加工工业比较发达，产品经济的影响特别深，高度集中的计划管理制度也最为严密，这就使上海逐步成为传统经济体制的典型，可以说上海的经济体制是全国经济体制的一个缩影”。② 从 1978 年到 20 世纪 80 年代末，上海持续展开关于经济社会战略发展的大讨论。与此同时，上海根据全国统一部署，进行了以建立“有计划的商品经济体制”为总体目标的改革。在生产领域，选择部分企业试行“国家所有、集体经营”的方法和厂长（经理）责任制；

① 熊月之主编《上海通史·当代经济》，上海人民出版社，1999。

② 中共上海市委党史研究室编《上海改革开放风云录》，上海人民出版社，1994。

在流通领域，建设消费贸易中心，选择部分小商品放开价格；在所有制方面，发展个体经济（商业）和集体工业（商业），建立家庭联产承包责任制；在对外经济方面，积极利用外资和技术，并向国外进行技术劳务输出。1985年，上海地区生产总值达467亿元，“六五”期间年均增长9.1%；工农业总产值达892亿元，“六五”期间年均增长7.6%；居民收入407亿元，“六五”期间年均增长8.4%。[①] 然而，在“六五”时期，作为全国外贸中心的上海，外贸出口动力渐显不足。与同时期全国经济高增长相比，特别是与广东沿海地区发展相比，上海在整个20世纪80年代经济发展困难重重，主要体现为增长缓慢、效益下降，外贸出口徘徊不前。1978~1990年，上海地区生产总值年均增长率为7.45%，比同期全国平均增速低1.27个百分点（见表4-3）。整个20世纪80年代，由于工业产出经济效益逐步下滑，导致上海在这10余年间的财政收入增长率几乎为零。1980~1990年，上海外贸出口从42.7亿美元增长到53.2亿美元，10年平均增速仅为2.2%，比同时期全国外贸出口平均增速低10.9个百分点。

表4-3 上海GDP增长率与广东、全国平均水平的比较（1978~1990年）

单位：%

年份	上海	广东	全国
1978	15.8	1.1	11.7
1979	7.4	8.5	7.6
1980	8.4	16.6	7.8
1981	5.6	9.0	5.1
1982	7.2	12.0	9.2
1983	7.8	7.3	11.0
1984	11.6	15.6	15.3
1985	13.4	18.0	13.2
1986	4.4	12.7	8.6
1987	7.5	19.6	11.6
1988	10.1	15.8	11.3
1989	3.0	7.2	4.3
1990	3.5	11.6	4.1

资料来源：相关年份的《上海统计年鉴》《广东统计年鉴》《中国统计年鉴》。

① 施浩：《从统计数字看上海“六五”期间经济体制改革》，《上海金融》1986年第7期。

在整个 20 世纪 80 年代，上海“经济增长速度落后于全国平均水平，在全国的经济总量排序中逐渐后移。到 90 年代初，上海地区生产总值由全国第一降到全国第六，落后于广东、山东、江苏、辽宁、浙江”①。上海经济发展速度的放缓以及财政收支不平衡导致的财力匮乏，给 80 年代的上海现代化发展带来了严重的影响，全国经济龙头地位不保，百姓面临生活水平提高缓慢、住房紧张、交通拥挤、环境恶化几大难题。② 上海在 20 世纪 80 年代现代化建设中遇到的一些困难，既受到各种客观因素影响，也受到上海自身经济结构不平衡、改革开放幅度小、步子慢、传统工业升级困难、第三产业发展滞后、生产经营市场化转变没有实现等自身因素影响。

三　浦东开发开放开启了现代化新征程

浦东开发开放不是偶然的结果，而是有着深刻的历史和现实背景。进入 20 世纪 90 年代，我国现代化建设进入一个新的阶段。从国内发展来看，由于四个经济特区在改革开放中敢闯敢试，经济发展取得了很大的成绩，为全国改革开放和现代化建设积累了经验。全国改革开放战略布局逐步从沿海城市向沿江沿边地区推进。长江流域虽然具有很好的区位优势和经济发展基础，但没有设立经济特区，享受不到政策红利，整体发展速度落后珠江流域。从上海地方发展来看，作为长江流域的龙头城市，上海正在经历经济发展困难，无论是城市建设还是百姓生活，与南方经济特区相比有很大的差距。上海迫切需要摆脱发展困境，改变全国改革开放“后卫”地位，通过实施改革开放重大举措来继续为全国现代化探路。20 世纪 80 年代，上海各界人士对经济社会战略发展进行了大讨论和不断研究，逐步形成共识和较成熟方案，为浦东大开发奠定了理论基础、做好了思想准备。

1986 年 10 月，国务院批复原则同意了《上海市城市总体规划方案》。1988 年 10 月，党中央领导同志听取了上海市委、市政府关于开发浦东的汇报。1990 年初，上海正式向党中央、国务院上报《关于开发浦东的请示》。

---

① 张仲礼、张道根：《上海在中国经济发展中的地位与作用》，《社会科学》1999 年第 4 期。

② 陈祥生、唐珏岚：《20 世纪 80 年代上海改革开放滞后的影响及其原因》，《宁波党校学报》2008 年第 1 期。

1990年春天，邓小平视察上海，向有关部门转达要帮助推动浦东开发的倡议。此后，国务院有关部门对浦东开发进行专题调研论证。[①] 1990年4月18日，党中央、国务院向国内外正式宣布开发开放浦东的重大战略决策。1992年初，邓小平视察南方并发表重要谈话，他再次到上海视察时鼓励上海在改革开放中“思想更解放一点，胆子更大一点，步子更快一点”。1992年10月，党的十四大召开，提出“以上海浦东开发开放为龙头，进一步开放长江沿岸城市，尽快把上海建成国际经济、金融、贸易中心之一，带动长江三角洲和整个长江流域地区经济的新飞跃”。[②] 1996年初，国务院提出“把上海建成国际航运中心”的战略决策。至此，“在整个长江三角洲和长江流域成为中国对外开放和现代化建设的主战场的新格局中，上海从全国改革开放的‘后卫’开始走向前沿”[③]。

从1990年开始，国务院给予浦东新区各类优惠政策10余项，扩大了项目审批、资金筹措、进出口权限等。比如，允许外国企业在浦东新区开办百货商店、超市等第三产业企业；允许外资在上海开办银行、财务、保险等金融机构；对外资企业给予免征关税、免减所得税优惠；在保税区内给予外资种种特殊政策，允许利润汇出、鼓励再投资等。上海依靠中央支持，根据浦东新区发展规划，重点推进基础设施、金融贸易和高新技术产业化三大战略。在基础设施方面，上海进行了主干道路网、航空港、深水港以及信息港建设。在金融贸易方面，1990年上海证券交易所成立并正式运营，上海融资中心、上海产权交易所、上海金属交易所、上海外汇交易所等相继建成并集聚发展。在高新技术产业化建设方面，相继建成外高桥保税区、陆家嘴金融贸易区、张江高科技园和金桥出口加工区。这些政策举措吸引了大量跨国公司入驻浦东。

浦东的开发开放，带动上海改革开放和经济建设进入一个新发展阶段。上海加快了市场经济发展的步伐，“在社会主义市场经济体制建设中发挥了

---

① 张文清：《开发开放浦东是邓小平亲手树立起来的一面对外开放的旗帜》，《上海党史研究》1998年第S1期。

② 《加快改革开放和现代化建设步伐，夺取有中国特色社会主义事业的更大胜利——江在中国共产党第十四次全国代表大会上的报告》，载《十四大以来重要文献选编》（上），人民出版社，1996。

③ 周振华等：《城市嬗变及展望·中心城市的上海（1979—2009）》，格致出版社，2010。

率先作用，金融、房地产、生产资料等各种市场如雨后春笋般发展起来”①。上海经济社会发展进入快速发展期。1992~1997年，上海GDP平均增速为14%，与同期全国经济增速相比，高出近3个百分点②；1998~2000年，上海GDP平均增速超过10%。根据2001《上海统计年鉴》的数据，2000年上海GDP为4540亿元，人均GDP为34547元；完成外贸出口总额253.5亿美元，比上年增长35%，为改革开放以来的最好水平；直接利用外资合同金额63.9亿美元，比上年增长55.7%，为历年之最；上海证券交易所证券成交总额达49901亿元，比上年增长38.64%，股票市价总值达26931亿元，比上年增长84.71亿元。产业结构战略性调整目标按计划完成，二、三产业发展取得重大进展，在沪企业数量已达1.5万家，20世纪80年代遗留的“住房紧张、交通拥挤、环境恶化”等历史难题初步解决。到2000年底，浦东开发开放进入了形态开发和功能开发并举的新阶段，外向型、多功能、现代化的新城区初步形成。上海产业结构调整日趋合理，科技和管理机制改革为城市发展注入活力，经济、社会与环境协调发展，人民生活进一步改善，城市功能越加多元、集聚辐射功能不断增强。浦东开发开放的实践表明，浦东发展的经验“只要不断地加以总结，进一步明确优势，抓住机遇，开发开放浦东这一宏伟事业一定能健康地推向前进；邓小平亲手树立起来的这面对外开放的旗帜一定能高高飘扬”③。

四　21世纪前十年现代化建设大发展

进入21世纪，上海现代化建设进入新的历史阶段，有着良好的国内外发展环境。从国际环境来看，我国进入21世纪前20年重要战略机遇期。世界范围内合作与发展是主流，世界多极化和经济全球化为我国发展创造了有利条件。特别是2001年我国成功加入世界贸易组织（WTO），有助于我国积极主动参与经济全球化发展、拓展发展空间，充分利用国际市场来加快我国的现代化建设。对于上海来说，“加入世贸组织将有利于促进上海经济发展、推进现代化国际大都市建设、加快建立工业新高地，在融入经济

① 熊月之主编《上海通史·当代经济》，上海人民出版社，1999。

② 熊月之主编《上海通史·当代经济》，上海人民出版社，1999。

③ 张文清：《开发开放浦东是邓小平亲手树立起来的一面对外开放的旗帜》，《上海党史研究》1998年第S1期。

全球化的进程中，不断增强上海的国际竞争力”[①]。同时，加入 WTO 也客观要求上海加快转变政府职能、加快进行社会主义市场经济体制改革。从国内发展环境来看，2002 年党的十六大胜利召开，提出要全面建设小康社会，加快推进社会主义现代化建设。科学发展观从 2003 年 7 月开始逐步成为推进全面建设小康社会的指导思想。上海全面深入贯彻落实科学发展观，必须进行发展战略模式创新，要“强化制度创新，加速推进经济增长方式的战略转变；全面贯彻好‘五个统筹’思想，加快推进城市发展模式的战略转变；加快建设现代市场经济大系统，全面实现经济体制的战略转变”[②]。2001 年，国务院批复同意了《上海城市总体规划》，明确上海建设国际经济、金融、贸易、航运中心。与 1992 年党中央对上海“一个龙头，三个中心，一个带动”战略发展要求相比，此次战略要求定位更加高远广阔。2005 年 6 月，国务院正式批准浦东新区在全国率先开展综合配套改革试点，这是党中央、国务院对新一轮改革开放的重大战略部署，为上海加快发展提供了强大动力和重要机遇。2009 年 4 月，《国务院关于推进上海加快发展现代服务业和先进制造业建设国际金融中心和国际航运中心的意见》发布，从国家战略和全局的高度，进一步明确加快建设上海国际金融中心和国际航运中心。[③]

2000～2010 年，上海以加入 WTO 为契机，深入贯彻科学发展观，以“科教兴市”为战略牵引，以举办 2010 年上海世博会和浦东新区进行综合配套改革试点为重要抓手，先后制定了国民经济和社会发展“十五”计划和“十一五”计划，努力推进“四个中心建设”。逐步完善社会主义市场经济体制和运行机制改革，加快国有经济战略性调整，鼓励外资和社会资本参与国企改革与重组。着力发展空间布局和产业结构调整，建设现代服务业集聚区、推进工业向园区集中，大力发展信息、金融、商贸、汽车、成套设备制造、房地产业等支柱产业，加快信息基础设施和信息产业建设，发展集成电路等高新技术产业，以信息化来改造推动产业结构优化与升级。推进完成洋山深水港区一、二期工程建设和航空枢纽港建设，依托深水港、

① 上海市发展计划委员会：《“入世”对上海的影响及应对措施》，《观察与思考》2001 年第 9 期。

② 《树立和落实科学发展观扎实推进上海各项工作》，《解放日报》2004 年 7 月 8 日。

③ 资料来源：《上海市国民经济和社会发展第十二个五年规划纲要》。

航空港、铁路及公路网络，发展国际中转物流业，拓展航运服务产业链。大力发展总部经济，完善开放环境，加快转变外贸增长方式，扩大自主品牌、高附加值产品和服务贸易出口。加快金融机构、金融市场、金融服务和金融监管体系建设，完善资本、货币、外汇、期货、黄金和产权市场建设。[①] 积极推进社会事业健康发展，促进人的全面发展。浦东新区推进"改革开放先行先试区、自主创新示范引领区、现代服务业核心集聚区"建设，积极进行政府职能转变、经济发展方式转变和城乡二元结构改革三个方面的创新改革。聚焦陆家嘴金融贸易区，推进金融创新举措。聚焦张江高科技园，加快推进科技体制创新，推动高新技术产业发展。[②]

2010 年，上海市 GDP 达 17165.98 亿元，与 2000 年相比增长 278.1%；人均 GDP 约为 79400 元，比 2000 年增长 129.83%。"四个中心"框架基本形成，跨境贸易人民币结算、股指期货、"三港""三区"联动发展取得重要进展，金融市场直接融资额占国内融资总额比重为 25%左右，上海港国际标准集装箱吞吐量位居世界前列，港口货物吞吐量继续保持世界第一，上海关区进出口总额、服务贸易进出口总额占全国比重均超过 25%。[③]

浦东新区综合配套改革试点深入推进，大浦东统筹发展格局初步形成。[④] 总部经济发展良好，2010 年全年实际利用外资 111.21 亿美元，比 2000 年增长 251.93%。社会事业健康发展，人民生活水平不断提升。成功举办中国 2010 年上海世博会，向世界展示新中国改革开放 30 多年的辉煌成就。经过 30 多年的改革开放，特别是在 21 世纪第一个 10 年的不懈努力和创新发展，上海发展成为"开放型、现代化、多功能的国际化大都市，在经济实力、产业能级、城市建设与管理和社会事业等方面取得突破性发展，为上海构建全球城市创造了良好的发展条件"[⑤]。

---

① 资料来源：《上海市国民经济和社会发展第十二个五年规划纲要》。

② 资料来源：《上海市国民经济和社会发展第十个五年计划》《上海市国民经济和社会发展第十一五年计划》。

③ 资料来源：《上海市国民经济和社会发展第十二个五年规划纲要》。

④ 资料来源：《上海市国民经济和社会发展第十二个五年规划纲要》。

⑤ 上海市发展研究中心：《进一步深化改革开放，加快全球城市的构建——上海改革开放的基本经验、面临环境与总体思路》，《科学发展》2009 年第 6 期。

五　新时代以来现代化建设引领示范

21 世纪第一个 10 年是我国发展最为迅速的 10 年，虽然历经汶川大地震和受到 2008 年美国金融危机等影响，但我国经济总量由世界第六上升到世界第二，综合国力迈上新台阶。这是我国经济持续发展、民主不断健全、文化日益繁荣、社会保持稳定的时期，是着力保障和改善民生、人民得到实惠更多的时期①，也为下一个阶段全面建成小康社会打下了坚实的基础。2017 年，党的十九大召开，报告提出到 2020 年决胜全面建成小康社会，并开启全面建设社会主义现代化国家新征程的战略目标，指出中国特色社会主义进入新时代，社会主要矛盾已经转化为人民日益增长的美好生活需要和不平衡不充分的发展之间的矛盾，需通过贯彻新发展理念来建设现代化经济体系。上海既要全面贯彻落实中央战略部署，全面建成小康社会，同时也要肩负当好全国改革开放排头兵、创新发展先行者的重要使命，承担起到 2020 年基本建成“国际经济、金融、贸易、航运中心和社会主义现代化国际大都市的国家战略重任”。② 2013 年 9 月，中国（上海）自由贸易试验区正式成立，自贸港坐落于浦东新区，面积为 28.78 平方公里，覆盖外高桥保税区、外高桥保税物流园区、洋山保税港区和浦东机场综合保税区 4 个海关特殊监管区域③，对中国（上海）自由贸易试验区（简称“上海自贸试验区”）可复制改革试点经验在全国范围内的推广工作进行了全面部署。这是继浦东开发开放、浦东新区进行综合配套改革试点后，上海第三次承担国家改革发展战略任务，探索中国对外开放的新路径和新模式。2010 年 5 月，国务院正式批准实施长三角区域规划。2018 年 11 月，习近平总书记出席首届中国国际进口博览会并在致辞中宣布，支持长三角一体化发展上升为国家战略。2019 年 12 月 1 日，《长江三角洲区域一体化发展规划纲要》发布，要求长三角地区要准确把握“全国发展强劲活跃增长极”“全国高质

---

① 《坚定不移沿着中国特色社会主义道路前进，为全面建成小康社会而奋斗——在中国共产党第十八次全国代表大会上的报告》，《人民日报》2012 年 11 月 9 日。

② 戴跃华：《从“九五”以来历次五年规划透视上海城市发展脉络》，《科学发展》2020 年第 1 期。

③ 2014 年 12 月中国（上海）自由贸易试验区区域，面积扩展到 120.72 平方公里，涵盖陆家嘴金融片区（含世博地区）、金桥开发区片区和张江高科技片区。

量发展样板区、率先基本实现现代化引领区、区域一体化发展示范区”“新时代改革开放新高地”定位。[①] 上海作为长三角地区龙头城市，在浦东开发开放时，就承担着带动长三角地区和长江流域发展的历史重任。此次长三角一体化上升为国家发展战略，对上海来说，既是使命担当也是发展机遇。

2011~2020 年，上海先后编制了国民经济和社会发展“十二五”“十三五”规划来推动全面建成小康社会。在这一时期，上海深入实施科教兴市和人才强市战略，全面贯彻落实创新、协调、绿色、开放、共享的新理念，通过创新驱动、经济转型升级来提升发展质效和水平。一是建设新型产业体系。按照高端、智能、绿色、服务等要求，促进产业融合发展。推进现代服务业发展，加快实现农业现代化，优化提升传统先进制造业、重点发展新一代信息技术、高端装备制造、生物、新能源、新材料等主导产业。[②] 二是全面推进基本建成“四个中心”和社会主义现代化国际大都市目标。瞄准建设具有全球影响力的科技创新中心目标，集中力量建设张江综合性国家科学中心；以自贸试验区金融改革创新为突破口，加快推进国际金融中心建设；深化贸易升级转型，提升航运中心的综合服务功能。三是深化改革开放。加快政府职能转变，促进贸易投资便利化，营造国际化、市场化、法治化营商环境。实施营业税改征增值税、国资国企改革、教育综合改革、司法体制改革试点等。四是全面参与实施“一带一路”和长三角地区一体化发展等国家战略。拓展区域合作领域，深化合作内容，带动长三角地区共同建设有国际竞争力的城市群。中国（上海）自由贸易试验区继续先行先试，提升开放水平。推出负面清单管理，在服务业制造业领域推出两批 54 项扩大开放措施，在金融领域探索实行“白名单”制度，在全国率先实行注册资本认缴制度，大大激发了发展活力，提升了上海营商环境的国际化、便利化、法治化水平。[③]

根据《上海市国民经济和社会发展第十四个五年规划和二〇三五年远景目标纲要》相关资料，到 2020 年，上海 GDP 已从 2010 年时不到 1.72 万

---

① 资料来源：《长江三角洲区域一体化发展规划纲要》。

② 资料来源：《上海市国民经济和社会发展第十二个五年规划纲要》。

③ 李泓冰等：《中国（上海）自由贸易试验区——制度创新不断释放生产力（奋斗百年路、启航新征程）》，国际在线网站，2021 年 4 月 18 日，http://big5.cri.cn/gate/big5/news.cri.cn/20210418/a571ee15-9189-f9a5-60e3-93eaa3795904.html。

亿元增长到3.87万亿元，经济总量规模跻身全球城市前列，人均GDP则超过2.3万美元。国际经济、金融、贸易、航运中心基本建成，具有全球影响力的科技创新中心基本框架也已形成。上海自贸试验区改革开放不断深化，相关经验和举措开始在全国范围推广复制，临港新片区设立，上海自贸试验区面积扩大。科创板在上海证交所设立，在全国范围实施股票发行注册制试点。长三角一体化取得阶段性进展，形成生态绿色一体化发展示范区。截至2020年底，上海已高水平全面建成小康社会，城市综合实力迈上了一个新台阶，为建成具有世界影响力的现代化国际大都市打下坚实基础。2020年11月，习近平出席浦东开发开放30周年庆祝大会，发表了重要讲话，充分肯定浦东改革开放以来取得的成绩，勉励浦东未来继续勇于挑最重的担子、啃最硬的骨头，努力成为更高水平改革开放的开路先锋、全面建设社会主义现代化国家的排头兵，更好地向世界展示中国理念、中国精神、中国道路。[①] 2021年7月，《中共中央国务院关于支持浦东新区高水平改革开放打造社会主义现代化建设引领区的意见》发布，标志着浦东新区立足新发展阶段，肩负起新使命，踏上了更高水平改革开放的新征程。[②] 在新时代新征程中，浦东开发开放再出发，打造社会主义现代化建设引领区的大幕已缓缓拉开，上海现代化建设必将进入一个崭新的历史阶段。

第三节　省域现代化的经验启示

上海凭借良好的自然地理环境、突出的区位优势、雄厚的工业实力、发达的外贸和金融业以及全国领先的科教资源等，在以经济社会发展为主要表征的现代化发展水平上长期位居全国各省（区、市）前列，国际经济、金融、贸易、航运和科技创新“五大中心”建设取得了显著成就。回顾上海现代化实践，一方面，我们可以看到，上海现代化发展与我国的改革开放历程总体保持同步，在现代化发展中一直承担着重要的国家战略，肩负着在全国范围的现代化发展中先行先试的重大历史使命；另一方面，在努

① 《习近平谈治国理政》（第四卷），外文出版社，2022。

② 何立峰：《支持浦东新区勇当更高水平改革开放开路先锋打造社会主义现代化建设引领区》，《中国产经》2021年第8期。

力服务服从国家战略的同时，上海敢闯敢干、勇于创新，不断发挥主动性和创造性。无论是浦东大开发，还是自贸区建设，不断彰显上海城市精神，并逐渐从中国改革开放伟大事业的托底“后卫”转变为引领“前锋”。特别是近年来，叠加上海自贸试验区和浦东新区打造社会主义现代化建设引领区的战略机遇，上海在全面开启社会主义现代化建设新征程中，肩负着继续当好“排头兵”和“先行者”的重大使命。上海现代化的实践与做法给全国其他地区的现代化建设提供了有益的经验借鉴。

一 始终立足国家战略推动现代化发展

从理论的角度分析，国家战略是政府决策行为的重要表现形式，是我国治国理政的重要经验。它是对一段时期内国家（或地区）发展具有全局性、决定性意义的重大问题做出的整体性、宏观性、长远性、前瞻性、实践性的规划布局和系统性政策安排。通过实施国家战略，发挥集中优势和战略引导力量，可以对一国或地区的经济和社会发展起到非常重要的引领作用。国内外学者因研究需求和研究视角不同，对国家战略的定义也不尽相同。我国更强调国家战略或发展战略对现代化进程的推动作用。比如，《当代科学学辞典》将发展战略定义为使落后生产力转变为较为发达的生产力而采取的方针政策；《新词语大词典》更是直接将其定义为推动现代化进程的宏观规划。我国一向高度重视国家战略对现代化发展的引领作用，善于立足国内外环境和国内矛盾的变化，借助国家战略来创新性突破现有的体制机制障碍。[①] 根据尹虹潘的研究成果[②]，我国现有的发展战略可以分为五大类：一是综合性发展战略，主要包括国家级新区和城市群发展示范区等；二是开放发展战略，主要包括经济特区、各类开放城市、自由贸易试验区等；三是改革发展战略，主要包括计划单列市/副省级市、国家综合配套改革试验区等；四是创新发展战略，主要包括国家自主创新示范区等；五是可持续发展战略，包括国家生态文明试验区等。

从上海现代化的具体实践来看，上海长期以来就特别注重发挥国家战略的引导作用，持续推动上海社会主义现代化发展取得更大成就。1990 年，

---

① 郭莉、王树华主编《新形势下江苏电网转型发展》，江苏人民出版社，2020。

② 尹虹潘：《国家级战略平台布局视野的中国区域发展战略演变》，《改革》2018 年第 8 期。

党中央做出浦东开发开放的战略决策，上海和浦东充分认识自身历史使命，立足国家战略要求，确定了“开发浦东，振兴上海，服务全国，面向世界”的开发宗旨，充分展示出上海的全球视野与全局胸怀。1992 年，党的十四大报告提出要“尽快把上海建成国际经济、金融、贸易中心之一”；1994 年，考虑到国际航运中心建设的重要性，中央又加上“国际航运中心”的目标定位；党的十八大以后，创新在我国发展中的作用日益凸显，科技创新中心也被列入上海城市发展目标。从上海城市发展定位的不断演化，可以清晰地看到上海自觉利用国家战略强化对现代化发展的动态引导作用。2013 年 8 月中国（上海）自由贸易试验区挂牌以来，一大批制度创新试点在全国复制推广，上海自贸试验区“以开放促改革、以改革促发展”出台的系列创新举措，让改革开放试验田的作用得到充分发挥，为我国高质量发展和现代化建设积累了丰富的经验。2018 年 11 月，长江三角洲区域一体化发展正式上升为国家战略。上海在扩大对外开放的同时积极扩大对内开放，充分发挥上海对长三角都市圈的辐射带动作用，让长三角成为我国经济发展最活跃、开放程度最高、创新能力最强的区域。2021 年 7 月，《中共中央国务院关于支持浦东新区高水平改革开放打造社会主义现代化建设引领区的意见》正式发布，赋予了上海特别是浦东新区新的历史使命。

二 始终坚持开发开放引领现代化发展

从理论的角度分析，开发开放可以通过整合内外部资源推动现代化发展。其中，开发主要立足于自身内部提升本地现代化发展水平；开放则更多的是从集聚外部资源的角度加速本地现代化发展进程。具体而言，开发开放至少可以通过以下三个方面推动现代化发展①。第一，开发开放通过优化整合外部资金，加快推进现代化进程。以引进外资为例，一方面，外资的流入增加了本区域资本投入规模，进而为本区域发展提供资金支持；另一方面，外资的引入往往伴随着设备、技术和中间投入品的引进，有助于从整体上提升本区域现代化发展水平。第二，开发开放，特别是开放，通过技术引进可以大大缩短本区域技术进步进程，节约研发投入成本。一方

① 周天勇、张弥：《现代化的动力：对外开放推动的经济发展》，《财经问题研究》2009 年第 5 期。

面，通过技术引进带来的技术外溢效应推动农业、工业和服务业等相关产业技术水平的提升，从而有助于构建更具竞争力的现代产业体系；另一方面，在技术引进的同时，通过对引进技术的消化吸收再创新，有助于推动区域创新能力的显著提升。第三，开发开放通过借鉴先进管理制度和管理经验提升微观主体的现代化管理水平。通过加强对内对外开放，可以帮助本地市场主体借鉴国内外先进的管理制度和经营理念，从而有助于推动本地企业形成更为合理、更加科学的经营管理体制，进而从微观层面提升本地现代化水平。①

从上海现代化的具体实践来看，最为典型的莫过于党中央于20世纪90年代做出的浦东开发开放的重大战略决策。1990年4月，国务院正式宣布开发开放浦东，在浦东实行经济技术开发区和某些经济特区的政策。在开发开放的谋划阶段，浦东新区就坚持高标准要求、高起点规划、高质量开发建设，充分借鉴国际大城市发展经验，采用了多心组团式格局推进布局，依此勾勒出国际大都市发展轮廓。注重以全球视野谋划对外开放大战略，积极参与全球产业链布局和产业分工体系。② 浦东开发开放30多年以来，浦东新区实现了经济社会的大发展，创造了举世瞩目的“浦东奇迹”。浦东以全国1/8000的面积创造了全国1/80的国内生产总值、1/15的货物进出口总额；改革开放走在全国前列，诞生了第一个金融贸易区、第一个保税区、第一个自由贸易试验区及临港新片区、第一家外商独资贸易公司等一系列“全国第一”。③ 浦东开发开放的成就，为彰显中国特色社会主义的制度优势提供了生动写照，为开展社会主义现代化建设实践提供了鲜活样本。

三　始终强化创新驱动现代化发展

从理论的角度分析，现代化发展过程的实质就是在主动和被动创新驱动下的现代化发展过程。在这里，创新不仅包含技术创新，也包含理念创新、思维创新、制度创新等各种层面的创新。按照美国经济学家Douglass C. North的路径依赖理论，各地发展存在一种惯性作用下的自我强化机制，

① 王树华、顾丽敏：《区域现代化的动力因素与作用机制》，《现代经济探讨》2018年第6期。

② 李峰：《浦东开发开放三十年回顾、总结与展望》，《科学发展》2020年第3期。

③ 《浦东开发开放30周年丨与纳税人一起见证浦东30年沧桑巨变》，央广网，2020年11月17日，https：//baijiahao. baidu. com/s? id=1683594414295070931&wfr=spider&for=pc。

从而导致各地产生现代化发展的路径差异。但创新可以通过以下两种方式突破现有路径的惯性依赖，进而推动现代化持续发展。第一，创新通过变革现有体制机制，为现代化发展营造更为有利的发展环境，不断催生新技术、新观念、新思维，进而驱动现代化向纵深发展。第二，创新可以通过主动构建有利于激励现代化各相关主体的主动性、创造性的制度性安排，激发现代化发展的内生动力，并将现代化发展的各种要素重新整合成新的经济社会发展形态，从而驱动现代化事业在新一轮发展中不断突破。[①]

从上海现代化的具体实践来看，创新贯穿于上海社会主义现代化建设的全过程。党中央一直对上海创新寄予厚望。2019 年 11 月，习近平总书记在上海考察期间，要求上海“强化科技创新策源功能”，做到科学规律的第一发现者、技术发明的第一创造者、创新产业的第一开拓者、创新理念的第一实践者“四个第一”。为了践行总书记嘱托，上海市聚焦增强创新策源能力，围绕集成电路、航空航天、生物医药、人工智能等重点领域加强基础研究和关键核心技术研发，着力加大研发投入和政策扶持。截至 2021 年，上海全社会研发经费投入 1700 亿元，相当于全市 GDP 的 4.1%左右。这是自 2018 年上海全社会研发经费投入占 GDP 的比重首次超过 4%以来连续第四年维持在 4%以上，与纽约、东京、苏黎世等全球重要科创城市的研发强度不相上下。[②] 连续多年持续不断加大研发投入，为上海进一步提升创新策源能力奠定了坚实基础。为了解决科研成果转化率低的世界难题，上海通过强化研发与转化功能型平台建设，建立并完善以企业为主体、市场为导向、产学研深度融合的技术创新体系。目前，上海科技成果转化的创新红利正逐步释放，逐步形成现代服务业为主体、战略性新兴产业为引领、先进制造业为支撑的现代产业体系。2021 年，上海市第三产业增加值占 GDP 比重为 73.3%，达到发达经济体水平；战略性新兴产业增加值占 GDP 比重为 20.4%。

四　始终遵循市场机制规范现代化发展

从理论的角度分析，市场决定资源配置是市场经济必须遵循的一般规

① 王树华、顾丽敏：《区域现代化的动力因素与作用机制》，《现代经济探讨》2018 年第 6 期。

② 《上海研发经费投入强度连续四年超 4%，国际顶尖科学论文产量约占全国 30%》，《新民晚报》2022 年 1 月 28 日。

律。1992年10月，党的十四大提出“要使市场在社会主义国家宏观调控下对资源配置起基础性作用”。2013年11月，党的十八届三中全会首次提出“使市场在资源配置中起决定性作用”。党中央把市场在资源配置中的作用从“基础性”提升到“决定性”，市场优化资源配置的功能作用日益凸显，体现了党中央对市场作用认识的不断深化。对于社会主义现代化建设而言，建立完善的现代化市场机制是充分发挥市场决定性作用的应有之义。第一，要尊重市场规律及其作用机制，让市场价格机制、供求机制、竞争机制在市场规律作用下充分发挥引导资源配置的有效作用。第二，要正确处理政府和市场的关系，加快推动全国统一大市场建设，不断完善统一开放、竞争有序的统一市场体系，推动政府从市场参与者、经营者的传统角色中解脱出来，将主要精力转向提供公共服务、保障民生等方面，推动有效市场、有为政府更好结合。第三，在市场机制作用下，持续推进现代化各领域全面深化改革，包括土地市场、劳动力市场、资本市场等领域的改革。① 市场在资源配置中的决定性作用的确立和不断完善，为现代化规范发展提供了依据。

从上海现代化的具体实践来看，上海市场化改革起步早、起点高，市场建设更注重规范性。按照社会主义市场经济体制的要求，上海始终遵循市场机制推动现代化发展，在商品市场、要素市场、资本市场等领域已逐步建立起门类齐全、结构合理、层次分明的市场体系，形成并不断完善与社会主义现代化国际大都市相匹配的市场功能。在商品市场方面，经过多年的改革与发展，上海已形成多元化市场主体、多样化流通方式、多层次多业态市场竞争的发展格局，综合性市场和专业性市场、有形市场与无形市场、城市市场与郊区市场共同发展的新局面，现代商品市场体系逐步建立并不断完善。在要素市场方面，上海要素市场改革总体走在全国前列。技术市场起步早，自1993年12月上海技术交易所开业以来，技术市场交易规模大幅上扬，为科技成果转化发挥了积极作用。产权市场加快建设。1993年12月批准成立上海城乡产权交易所，1999年12月上海技术产权交易所开业，2003年12月两个交易所合并组建上海联合产权交易所，成为全国产权交易的主导力量。土地市场不断成熟完善。伴随着我国城镇土地使用制

---

① 卢现祥：《市场：从“基础性”提升到“决定性”》，《湖北日报》2013年12月2日。

度改革，上海土地交易市场化程度不断提高。凭借浦东开发开放的历史机遇，浦东新区率先建立土地市场运行机制，以市场化开发模式推动高效率、高质量的开发建设。人才市场呈多层次、多形式立体发展格局。自1994年试点建立国家级区域性人才市场以来，上海逐步探索出一条人力资源市场化运作道路，推动人力资源服务健康、规范、有序发展。在金融市场方面，上海金融市场体系经历了不断完善的发展过程。自1990年12月全国第一家证券交易所（上海证券交易所）成立以来，上海国际金融中心的地位逐步确立并不断巩固，上海对全国乃至全球金融资源的集聚效应进一步凸显，金融资源配置的市场化格局逐步完善，为上海社会主义现代化建设提供了坚实的金融支撑。

本章参考文献

[1] 邹荣庚：《试论上海在中国经济发展中的战略地位》，《上海党史研究》，1998年第S1期。

[2] 张仲礼、张道根：《上海在中国经济发展中的地位与作用》，《社会科学》1999年第4期。

[3] 邱国盛：《20世纪北京、上海发展比较研究》，博士学位论文，四川大学，2003。

[4] 熊月之主编《上海通史·当代经济》，上海人民出版社，1999。

[5] 中共上海市委党史研究室编《上海改革开放风云录》，上海人民出版社，1994。

[6] 陈祥生、唐珏岚：《20世纪80年代上海改革开放滞后的影响及其原因》，《宁波党校学报》2008年第1期。

[7] 《加快改革开放和现代化建设步伐，夺取有中国特色社会主义事业的更大胜利——在中国共产党第十四次全国代表大会上的报告》，载《十四大以来重要文献选编》（上），人民出版社，1996。

[8] 周振华等：《城市嬗变及展望·中心城市的上海（1979～2009）》，格致出版社，2010。

[9] 张文清：《开发开放浦东是邓小平亲手树立起来的一面对外开放的旗帜》，《上海党史研究》1998年第S1期。

[10] 上海市发展计划委员会：《“入世”对上海的影响及应对措施》，《观察与思考》2001年第9期。

[11] 上海市发展研究中心：《进一步深化改革开放，加快全球城市的构建——上海改革开放的基本经验、面临环境与总体思路》，《科学发展》2009年第6期。

[12] 《坚定不移沿着中国特色社会主义道路前进，为全面建成小康社会而奋斗——在中国共产党第十八次全国代表大会上的报告》，《人民日报》2012年11月9日。

［13］《习近平谈治国理政》（第四卷），外文出版社，2022。

［14］何立峰：《支持浦东新区勇当更高水平改革开放开路先锋打造社会主义现代化建设引领区》，《中国产经》2021 第 8 期

［15］郭莉、王树华主编《新形势下江苏电网转型发展》，江苏人民出版社，2020。

［16］尹虹潘：《国家级战略平台布局视野的中国区域发展战略演变》，《改革》2018 年第 8 期。

［17］周天勇、张弥：《现代化的动力：对外开放推动的经济发展》，《财经问题研究》2009 年第 5 期。

［18］李峰：《浦东开发开放三十年回顾、总结与展望》，《科学发展》2020 年第 3 期。

［19］王树华、顾丽敏：《区域现代化的动力因素与作用机制》，《现代经济探讨》2018 年第 6 期。

［20］《上海研发经费投入强度连续四年超 4% 国际顶尖科学论文产量约占全国 30%》，《新民晚报》2022 年 1 月 28 日。

［21］卢现祥：《市场：从“基础性”提升到“决定性”》，《湖北日报》2013 年 12 月 2 日。

［22］施浩：《从统计数字看上海“六五”期间经济体制改革》，《上海金融》1986 年第 7 期。

［23］《树立和落实科学发展观扎实推进上海各项工作》，《解放日报》2004 年 7 月 8 日。

［24］戴跃华：《从“九五”以来历次五年规划透视上海城市发展脉络》，《科学发展》2020 年第 1 期。

第五章　江苏省现代化实践探索

作为我国东部沿海发达省份和长三角地区重要省份，江苏一直肩负着党中央赋予的“为全国发展探路”的使命与责任。江苏省苏州市更是小康构想地和勾画现代化的目标地。2020 年 10 月，习近平总书记在江苏视察时提出了“争当表率、争做示范、走在前列”的殷切期望。在新的起点上肩负新使命，江苏需要以发展的探索性、创新性、引领性实践为全面开启社会主义现代化建设新征程做出更大贡献，在高质量发展中谱写“强富美高”新江苏现代化建设新篇章。

第一节　省域现代化的发展基础与特征

一　江苏省区位特征与优势

江苏省位于我国大陆东部和沿海中部地区，地跨长江中下游和淮河流域的南北区域，同时濒临黄海，是典型的沿海省份。在辖江临海、扼淮控湖的区位优势下，江苏省自古以来经济社会发展水平就比较高，教育和文化氛围浓厚，拥有吴文化、金陵文化、淮扬文化、中原文化等，多元文化特征比较突出。在地理区位上，江苏分别与上海市、浙江省、安徽省、山东省接壤。江苏省际陆地边界线 3383 公里，总面积为 10.72 万平方公里，占全国总面积的 1.12%，在全国各省（区、市）中人均国土面积居于末位。江苏现设 13 个设区市，95 个县级行政区。

（一）自然资源环境

江苏地形和地势较为平坦，河流湖泊众多，平原面积和水面面积所占比重较大，这是江苏的突出地理优势。在气候特征上，江苏省内淮河、苏北灌溉总渠一线以南地区属于亚热带湿润季风气候，以北地区属于暖温带湿润、半湿润季风气候。江苏省土地、农业、水、海洋、矿产、森林、湿地等自然资源比较丰富。在土地资源上，江苏省土地资源自然属性好，以平原为主，平原面积占比 86.9%，适合耕作业发展。土地利用充分，土地开发利用率较高。沿海滩涂面积超过 5000 平方公里，约占全国滩涂总面积的 1/4。在农业资源上，江苏省自古就被称为“鱼米之乡”，是我国粳稻生产大省和优质弱筋小麦生产的优势区域。在水资源上，江苏过境水量较多，为 9492 亿立方米，其中长江径流占 96%；本地水资源相对较少，多年平均本地水资源量 322 亿立方米。在海洋资源上，江苏省管辖海域为黄海南部及东海北端海域，管辖海域面积约为 34766.15 平方公里，共有 26 个海岛，包括平岛、平岛东礁、达山岛、车牛山岛、秦山岛、兴隆沙等，近海有海州湾渔场、吕四渔场、长江口渔场和大沙渔场四大渔场。在矿产资源上，据统计，江苏省境内已发现各类矿产资源 133 种，其中包括黏土类矿产、建材类矿产、化工原料矿产、冶金辅助原料矿产、特种用途矿产和有色金属矿产，是江苏矿产资源的优势。[①] 在森林资源上，江苏省拥有森林面积 156 万公顷，活立木的总蓄积量超过 9609 万立方米，累计建成国家森林城市 8 个、全国绿化模范市 7 个、全国绿化模范县（市、区）39 个，林木覆盖率 24%。在湿地资源上，江苏省湿地面积 282.2 万公顷，湿地总面积居全国第 6 位，自然湿地保护率 58.9%。[②]

（二）区位条件

江苏地处经济社会发展水平位居全国前列的长江三角洲地区，具有紧邻上海的地理优势，区位发展条件突出。

江苏具有位于长三角都市圈核心区的区位优势。在中共中央、国务院 2019 年 12 月印发的《长江三角洲区域一体化发展规划纲要》中明确指出，长三角地区是“我国经济发展最活跃、开放程度最高、创新能力最强的区域之一，在国家现代化建设大局和全方位开放格局中具有举足轻重的战略地位”。江苏地处长三角地区的核心，具有紧邻上海的区位优势，可以就近

---

① 资料来源：2021 年《江苏统计年鉴》。

② 资料来源：中共江苏省委新闻网。

接受上海的辐射和带动。

江苏具有通江达海的区位优势。江苏是国内为数不多的既沿海又沿江的省份。在沿江区域，江苏省13个设区市中就有8个设区市位于长江沿线区域，汇聚了苏南地区的南京、苏州、无锡、常州、镇江5市和苏中地区的南通、泰州、扬州3市。2020年，沿江8市经济总量占全省经济总量的51.4%，户籍人口占全省比重为36.5%。在沿海区域，江苏有南通、连云港、盐城3市位于沿海区域。其中，南通滨江临海，是江苏唯一既临海又靠江的城市，与上海一江之隔，被誉为“北上海”，具有“靠江靠海靠上海”的独特区位优势。连云港是全国首批14个沿海开放城市之一，地理位置优越，是新亚欧大陆桥的“东方桥头堡”。作为“一带一路”的强支点和国家级自贸试验区的重要组成区域，连云港面临多重国家战略和政策支持。盐城拥有全省最长海岸线和最广腹地，与韩国、日本隔海相望，处于江苏沿海中部位置，具有承接南北、贯通中西的独特区位优势。上海在盐城有“上海农场”“海丰农场”等飞地，进一步密切了盐城与上海的经济联系。

二　江苏省人口环境

江苏是经济大省，也是人口大省。充足的人力资源为江苏经济社会发展提供了要素支撑。综合来看，江苏人口发展环境具有总量大、结构优、受教育程度高等特点。

（一）人口规模持续扩大

受益于改革开放的影响和经济发展水平的快速提升，江苏对外来人口的吸引力逐渐加大，带来了人口规模持续扩大，特别是常住人口规模呈现快速增长势头。据统计，1978～2020年，江苏常住人口数量从5834.33万人增长至8477.26万人，增幅为45.3%；相应地，江苏省人口密度从569人/平方公里增加到791人/平方公里，总户数从1423.11万户增加到3193.26万户。根据2020年第七次全国人口普查数据，江苏省常住人口位于广东、山东、河南之后，居全国第四位，占全国人口总数的比重为6.0%（见表5-1）。

表 5-1　江苏常住人口增长情况（1978~2020 年）

年份	常住人口（万人）	人口密度（人/平方公里）	总户数（万户）	平均每户人口（人）	城镇人口比重（%）
1978	5834.33	569	1423.11	4.10	13.7
1980	5938.19	579	1471.76	4.03	15.2
1985	6213.48	606	1633.62	3.80	17.7
1990	6766.90	660	1806.78	3.75	21.6
1995	7066.02	689	2066.09	3.42	27.3
2000	7327.24	714	2220.38	3.30	41.5
2005	7588.24	740	2463.60	3.08	50.5
2010	7869.34	767	2564.59	3.07	60.6
2015	8315.11	776	2815.59	2.95	67.5
2016	8381.47	782	2883.79	2.91	68.9
2017	8423.50	786	2945.70	2.86	70.2
2018	8446.19	788	3013.29	2.80	71.2
2019	8469.09	790	3094.93	2.74	72.5
2020	8477.26	791	3193.26	2.65	73.4

资料来源：相关年份《江苏统计年鉴》。

（二）人口结构进一步优化

从人口的地区分布结构来看，在三大区域中，苏南地区人口占全省常住人口的比重逐年提升，苏中和苏北地区常住人口比重有不同程度的下降。表 5-2 显示，2000~2020 年，苏南地区常住人口比重从 33.71%上升为 44.85%，20 年间上升了 11.14 个百分点；苏中和苏北地区比重分别从 23.12%和 43.17%下降为 19.82%和 35.32%。分城市来看，苏州、南京、无锡三市常住人口比重上升最多，占全省常住人口总数的比重分别从 2000 年的 9.30%、8.39%和 6.96%，上升为 2020 年的 15.04%、10.99%和 8.80%；盐城、淮安、徐州三市常住人口比重降幅最大，其占全省常住人口总数的比重分别从 2000 年的 10.88%、6.90%和 12.20%下降为 2020 年的 7.92%、

5.38%和10.72%。这表明，苏南地区现代化水平相对较高，对人才等要素资源的吸引力较大，属于现代化发展的先行区域。

表5-2 江苏常住人口结构变化情况（2000~2020年）

地区	2000		2010		2020	
	数量（万人）	比重（%）	数量（万人）	比重（%）	数量（万人）	比重（%）
南京市	612.62	8.39	800.47	10.18	931.97	10.99
无锡市	508.66	6.96	637.26	8.10	746.40	8.80
徐州市	891.40	12.20	858.05	10.91	908.39	10.72
常州市	377.63	5.17	459.20	5.84	527.96	6.23
苏州市	679.22	9.30	1046.60	13.31	1274.96	15.04
南通市	751.29	10.29	728.28	9.26	772.80	9.12
连云港市	456.99	6.26	439.39	5.59	460.10	5.43
淮安市	503.82	6.90	479.99	6.10	455.92	5.38
盐城市	794.65	10.88	726.02	9.23	671.06	7.92
扬州市	458.85	6.28	445.98	5.67	456.10	5.38
镇江市	284.49	3.89	311.34	3.96	321.10	3.79
泰州市	478.58	6.55	461.86	5.87	451.68	5.33
宿迁市	506.16	6.93	471.56	5.99	498.82	5.88
苏南	2462.62	33.71	3254.87	41.38	3802.39	44.85
苏中	1688.72	23.12	1636.12	20.80	1680.58	19.82
苏北	3153.02	43.17	2975.01	37.82	2994.29	35.32

资料来源：相关年份《江苏统计年鉴》。

从人口的城乡分布结构来看，随着经济发展水平的逐步提升，江苏城镇化率也得到相应提高，体现为城镇人口占总人口的比重上升。统计数据显示，1978年，江苏城镇人口800.77万人，占全省总人口的比重为13.7%；乡村人口5033.55万人，占全省总人口的比重为86.3%。2020年，全省城镇人口数量提高到6225.86万人，占全省总人口的比重为73.4%；相应地，乡村人口数量下降到 2251.40 万人，占全省总人口的比重为 26.6%。根据《2021 年江苏省国民经济和社会发展统计公报》，2021 年江苏省常住人口城镇化率进一步提高到 73.94%。

从人口的年龄结构来看，在全省常住人口中，15~64 岁人口占比在前六次人口普查中总体上呈稳步上升趋势，但 2020 年第七次人口普查开始呈现较大幅度下降；65 岁及以上人口比重自第二次全国人口普查开始呈稳步上升态势（见表 5-3）。根据 2020 年 11 月 1 日第七次全国人口普查数据，在江苏省常住人口中，0~14 岁人口占比 15.21%，15~59 岁人口占比 62.95%，60 岁及以上人口占比 21.84%（其中，65 岁及以上人口占比 16.20%）。与 2010 年江苏省第六次全国人口普查数据比较，0~14 岁人口占全部人口的比重上升了 2.20 个百分点，15~59 岁人口占全部人口的比重下降了 8.05 个百分点，60 岁及以上人口占全部人口的比重上升了 5.85 个百分点（其中，65 岁及以上人口的比重上升了 5.31 个百分点）。[①] 这表明，江苏省人口老龄化情况相对比较严重，是江苏在推进现代化发展过程中必须面临的现实问题。

表 5-3 江苏历次人口普查数据中的人口年龄结构

单位：%

	1953	1964	1982	1990	2000	2010	2020
0~14 岁	37.56	39.82	28.98	23.75	19.63	13.01	15.21
15~64 岁	57.95	56.48	65.48	69.46	71.52	76.10	68.59
65 岁及以上	4.49	3.71	5.55	6.79	8.84	10.89	16.20

资料来源：2021 年《江苏统计年鉴》。

从人口的受教育结构来看，表 5-4 显示，江苏省常住人口受教育程度呈现逐年提高的态势。其中，每 10 万人拥有大专及以上文化程度的人口数从 1964 年第二次全国人口普查的 386 人提高到 2020 年第七次全国人口普查的 18663 人，每 10 万人口中拥有高中和中专文化程度的人口数从 1964 年的 1470 人提高到 2020 年的 16191 人。人口受教育程度显著提高，为江苏现代

① 数据来源：《江苏省第七次全国人口普查主要数据情况》，江苏省人民政府网站（http://www.jiangsu.gov.cn/art/2021/5/18/art_34151_9817815.html? gqnahi=affiy2）。

化发展提供了良好的人才支撑。

表 5-4 江苏历次人口普查数据中的人口受教育情况

单位：人

	1953	1964	1982	1990	2000	2010	2020
大专及以上	—	386	639	1474	3919	10820	18663
高中和中专	—	1470	6981	8670	13079	16150	16191
初中	—	5236	20049	26426	36365	38676	33308
小学	—	26588	32613	34791	32882	24196	22742

注：本表数据为“每 10 万人拥有的各种受教育程度人口数”。

资料来源：2021 年《江苏统计年鉴》。

三 经济社会发展基础

江苏现代化发展具有良好的经济社会基础。在经济发展上，体现为经济总量的扩大与经济结构的优化，在社会发展上体现为科教文体卫各项事业的均衡发展，为推动省域现代化奠定了坚实基础。

（一）经济发展基础

1. 经济总量持续增长

20 世纪 90 年代以来，江苏开放型经济发展模式取得了显著成就，区域经济规模快速扩张，全省 GDP 从 1990 年的 1416.5 亿元跃升至 2020 年的 102718.98 亿元，仅次于广东省，稳居全国第二位。按可比价计算，江苏省地区生产总值年均增幅达 11%以上。在区域经济总量快速增长的同时，苏南地区与苏中、苏北地区之间一度拉开很大的差距。1995 年，苏南地区 GDP 占全省 GDP 的比重上升至 62.6%的较高水平，而同期苏中、苏北地区占全省 GDP 的比重分别只有 17.6%和 19.8%。党的十四大明确提出要“按照因地制宜、合理分工、各展所长、优势互补、共同发展的原则，促进地区经济合理布局和健康发展”。按照党的十四大要求，江苏把推进区域协调发展的重心放在加快苏北振兴和苏中崛起。特别是党的十八大以来，苏南、苏中、苏北三个地区在经济总量上的发展差距逐步缩小。据统计，2012~2020 年，苏南地区 GDP 占全省 GDP 的比重从 59.87%下降为 56.76%；相应地，苏中地区 GDP 占全省 GDP 的比重从 18.28%上升为 20.45%，苏北地区 GDP 占全省 GDP 的比重从 21.85%上升为 22.79%（见表 5-5）。

表 5-5　江苏地区生产总值增长情况（1990~2020 年）

单位：亿元，%

年份	全省	苏南		苏中		苏北	
		总量	占比	总量	占比	总量	占比
1990	1416.5	—	—	—	—	—	—
1995	5155.25	—	—	—	—	—	—
2000	8553.69	4814.84	57.29	1613.81	19.20	1975.92	23.51
2005	18121.33	11417.34	62.58	3216.36	17.63	3610.76	19.79
2010	41383.87	25185.39	60.18	7743.88	18.50	8920.37	21.32
2012	54058.22	33381.66	59.87	10193.55	18.28	12182.94	21.85
2015	71255.93	41518.7	57.72	13853.14	19.26	16564.3	23.03
2016	77350.85	44795.83	57.23	15319.36	19.57	18160.2	23.20
2017	85869.76	50175.2	57.03	17544.1	19.94	20268.77	23.04
2018	93207.55	53956.76	57.20	19000.8	20.14	21365.98	22.65
2019	98656.82	56646.45	56.66	20366.84	20.37	22963.34	22.97
2020	102718.98	59384.29	56.76	21397.41	20.45	23837.96	22.79

注：苏南、苏中、苏北三大区域 GDP 占比数据根据各区域 GDP 与三大区域 GDP 之和的比值进行计算。

资料来源：2021 年《江苏统计年鉴》。

2. 区域发展差距进一步缩小

人均 GDP 是衡量一国或地区经济发展水平的重要指标。从江苏三大区域的发展情况来看，党的十八大以来，江苏省以人均 GDP 衡量的各区域之间的经济发展差距也在逐步缩小。据统计，2012 年，苏中和苏北地区人均 GDP 分别为 62208 元和 40914 元，仅为苏南地区人均 GDP 的 61.4%和 40.4%；2020 年，苏中和苏北地区人均 GDP 分别增加到 127357 元和 79568 元，上升为苏南地区人均 GDP 的 81.4%和 50.9%。这表明，苏中、苏北地区的追赶步伐正在逐步加快，江苏省区域发展差距正在逐步缩小。

3. 产业结构更趋优化

新中国成立以来，江苏省三次产业结构不断趋于优化，先后实现了从

"一三二"到"二一三""二三一"，再到"三二一"的历史性转变。1952年，江苏省三次产业结构比例为 52.7：17.6：29.7；1975 年，第二产业占 GDP 比重（43.2%）首次超过第一产业（36.7%）；1978 年，江苏省三次产业结构比例为 27.6：52.6：19.8；2015 年，第三产业比重首次超过第二产业，实现了从"二三一"向"三二一"的产业结构转变，当年三次产业结构比例为 5.5：46.8：47.6；2018 年，江苏省第三产业占 GDP 比重（50.4%）首次超过 50%，表明江苏省服务经济在经济发展中占据重要支柱地位（见图 5-1）。截至 2021 年，江苏省三次产业结构比例为 4.1：44.5：51.4。分区域来看，苏南、苏中、苏北三大区域三次产业结构自党的十八大以来先后转变为"三二一"的产业结构。据统计，苏南地区第三产业增加值占比在 2014 年升至 49.4%，首次超过第二产业，在省内率先实现了"三二一"的产业结构转型。随后，苏北和苏中地区分别于 2016 年和 2018 年实现了第三产业对第二产业的赶超。截至 2020 年，苏南地区三次产业结构为 1.6：44.7：53：7，苏中地区三次产业结构为 5.0：48.6：46.4，苏北地区三次产业结构为 10.3：41.6：48.0。这表明，江苏省产业结构总体上处于较优水平。

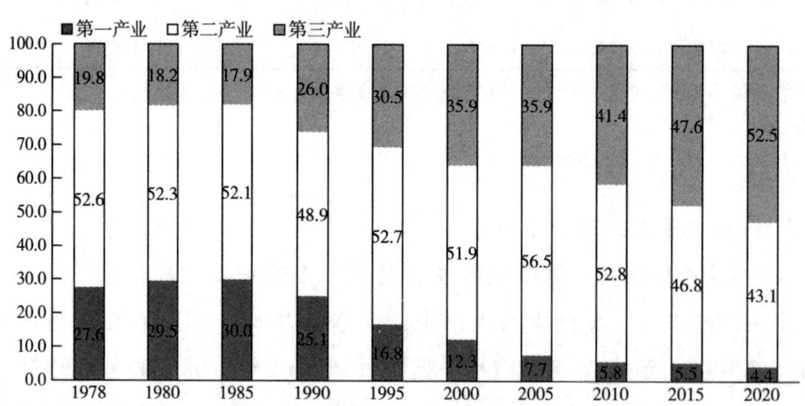

图 5-1　江苏省三次产业结构变化情况

资料来源：相关年份《江苏统计年鉴》。

4. *产业发展层次不断提高*

改革开放以后特别是党的十八大以来，江苏省内各区域通过着力发展战略性新兴产业，加快转型升级步伐，产业发展层次得到不断提高，为经济发展注入了新的发展动能。分地区来看，根据各地最新发布的国民经济和社会发展统计公报，2021 年南京市高新技术产业产值占全市规模以上工业总产值比重达 55.1%，规模以上高技术制造业增加值占规模以上工业增加值比重为 27.7%；苏州市制造业新兴产业产值占规模以上工业总产值的比重达 54.0%；无锡市高新技术产业产值占规模以上工业总产值比重达 49.19%；泰州市高新技术产业产值占规模以上工业产值比重为 47.0%，战略性新兴产业产值占规模以上工业产值比重为 40.9%；徐州市重点发展的工程机械与智能装备、集成电路与 ICT、节能环保、生物医药与大健康、新材料、新能源产业六大战略性新兴产业产值占全部规模以上工业产值比重为 57.3%，高新技术产业产值占规模以上工业总产值比重达 47.1%；盐城市规模以上高新技术产业产值占全市规模以上工业产值的比重为 41.5%；连云港市规模以上工业战略性新兴产业产值占全部规模以上工业产值比重为 41.9%。①

（二）社会发展基础

1. 科技教育事业均衡发展，实现规模扩大、质量领先

在经济社会发展中，教育具有基础性、先导性作用。长期以来，江苏始终把教育事业放在优先位置，教育规模得到不断扩大，教育质量显著提升，长期位居全国各省（区、市）前列。截至 2021 年，全省共有 168 所普通高等学校。在本专科以上教育阶段，2021 年全省普通高等教育本专科和研究生招生数分别为 65.2 万人和 9.5 万人，在校生人数分别为 211.1 万人和 27.2 万人，毕业生人数分别为 52.4 万人和 6.3 万人。在高中及以下教育阶段，全省普通高中教育、普通初中教育、小学教育阶段招生人数分别为 44.9 万人、90.4 万人和 97.2 万人，在校生人数分别为 125.2 万人、263.9 万人和 585.7 万人，毕业生人数分别为 34.6 万人、79.1 万人和 91.4 万人。②

在科技创新方面，江苏区域创新能力长期位居全国前列。根据中国科技发展战略研究小组和中国科学院大学中国创新创业管理研究中心于 2021

---

① 王树华、关枢、宋颖弘：《江苏“南强北弱、江强海弱”区域发展形态的现实困境与突破路径》，《城市观察》2021 年第 5 期。

② 资料来源：《2021 年江苏省国民经济和社会发展统计公报》。

年12月联合发布的《中国区域创新能力评价报告2021》，江苏区域创新能力仅次于广东和北京，位居全国第三。区域创新能力的领先缘于长期以来江苏持续加大研发投入和拥有丰富的科技创新资源。据统计，2021年江苏R&D经费支出占GDP的比重为2.95%，拥有研究与试验发展人员92.4万人，拥有国家和省级重点实验室186个、经国家认定的技术创新中心2家、省级以上科技公共服务平台260个、工程技术研究中心4464个、院士工作站144个。

2. 医疗卫生事业快速发展，健康江苏建设深入推进

医疗卫生事业发展具有公益属性，是人民身心健康的重要保障。贯彻中央部署，江苏省委省政府高度重视人民健康，把医疗卫生事业发展摆在经济社会发展全局重要位置，江苏省医疗卫生事业实现快速发展。截至2021年底，全省共有各类卫生机构36446个，其中医院2029家、疾病预防控制中心115家、妇幼卫生保健机构118家。各类卫生机构共拥有病床54.8万张（其中医院拥有病床42.9万张），共有各类卫生技术人员68.8万人（其中执业医师、执业助理医师27.2万人，注册护士30.8万人，疾病预防控制中心卫生技术人员0.9万人，妇幼卫生保健机构卫生技术人员1.8万人）。[①] 医疗卫生体制改革持续深化，江苏等11个省份于2021年7月被列为综合医改试点省份，在全国率先开展公立医院综合改革试点示范。此外，江苏省分级诊疗体系加快建立，实现了各级各类公立医疗机构医联体建设全覆盖。

3. 社会保障体系建设更加健全，确保应保尽保

建立健全城乡统筹的社会保障体系，是社会主义现代化建设的必然要求。经过多年努力，江苏逐步建成全覆盖、可持续、多层次的社会保障体系，确保养老失业、工伤等社会保险应保尽保。2021年，江苏省参加城乡基本养老、失业、工伤保险参保的人数分别为5964.0万人、1967.0万人和2340.7万人，领取失业保险金的人数为29.2万人，参加城乡居民基本医疗保险的人数为4817.8万人，参加职工基本医疗保险的人数为3246.0万人，城乡基本医疗保险参保率达98.5%。全面实现基本医保市级统筹，困难群众基本生活得到更好保障。

---

① 资料来源：《2021年江苏省国民经济和社会发展统计公报》。

第二节 省域现代化的发展历程与实践

新中国成立以来，江苏经济总量实现大幅提升。1952 年，全省生产总值只有 48.4 亿元，到 2020 年已迈上 10 万亿元新台阶，按可比价格计算，增长了 357.2 倍，年均增幅为 9.03%。以改革开放为节点，全省经济增长速度明显加快，1952～1978 年全省地区生产总值年均增长速度为 5.2%，1978～2020 年地区生产总值年均增长速度提升为 11.5%。江苏经济总量占全国的份额从 1952 年的 7.1%提高到 2020 年的 10.1%。改革开放以来，江苏现代化发展迈入“快车道”，通过全面小康社会建设、苏南现代化示范区建设、社会主义现代化建设试点等务实举措，江苏以自身的实践为全国现代化建设积累了经验、做出了示范。

从小康社会建设情况来看，改革开放以来，江苏小康建设可以划分为以下三个阶段[①]。

第一阶段从温饱型社会到小康社会。这一阶段从 20 世纪 80 年代到 20 世纪末。从改革开放初期至 20 世纪 90 年代初，江苏紧紧抓住家庭联产承包责任制改革的机遇，通过推动乡镇企业异军突起，率先实现了“由农到工”的历史性转变。1984 年，江苏省乡镇企业总产值 259.2 亿元，占全省工业总产值的 34.8%，实现了“三分天下有其一”，占全国乡镇企业总产值近 1/6。1994 年，江苏乡镇企业总产值占全省工业总产值的 66.72%，实现了“三分天下有其二”。[②]“堰桥模式”“苏南模式”成为这个阶段的典型代表。进入 20 世纪 90 年代，江苏紧紧抓住浦东开发开放的重大机遇，积极发展外向型经济，实现了“由内到外”的重大转变，外资外贸等为代表的开放型经济对江苏经济增长的拉动作用显著提升。从外贸的情况看，1990 年全省进出口贸易总额为 38.97 亿美元，2000 年大幅增长至 456 亿美元。其中，出口贸易额占全国出口贸易额的比重为 13.5%，进口贸易额占全国进口贸易额的比重为 13.2%。从利用外资的情况看，1978～1999

① 《江苏的全面小康之路是这样走出来的!》，《新华日报》2019 年 10 月 10 日。

② 《有一种精神叫“四千四万”，来“中国共产党在江苏历史展”网上展馆寻找背后的故事》，中国江苏网，2021 年 9 月 8 日，http：//jsnews. jschina. com. cn/shms/202109/t20210908_2850413. shtml。

年，全省实际利用外资累计428亿美元。其中1978~1989年只有12.45亿美元，而1990~1999年高达415.6亿美元①，后者是前者的33.38倍。经过这一阶段的发展，江苏经济社会发展实力显著增强，人民生活达到小康水平，顺利实现了邓小平提出的"三步走"战略中的第二步发展目标。

第二阶段从小康社会到全面小康社会。这一阶段从21世纪初到2011年。为了引领"两个率先"目标的实现，2003年江苏省委省政府在全国率先制定出台了省级全面建设小康社会指标。该指标体系包含4大类18项25个指标，对全省及苏南、苏中、苏北分别提出了序时进度要求。2010年，江苏以省为单位达到了省定全面小康指标，苏南、苏中以县为单位全部实现省定全面小康指标，江苏在2011年11月召开的第十二次党代会上制定出台《江苏基本实现现代化指标体系（试行）》。该指标体系包含经济发展、人民生活、社会发展、生态环境4大类30项指标。

第三阶段全面建成小康社会的决定性阶段到高水平全面建成小康社会决胜期。这一阶段从2012年到2020年。2012年11月，党的十八大正式提出了全面建成小康社会的发展目标。江苏小康社会建设站上了新的发展起点，2013年江苏对2011年版的现代化指标体系进行了修订，制定出台了《江苏全面建成小康社会指标体系（2013年修订试行）》。2016年11月，江苏省第十三次党代会提出"高水平全面建成小康社会""努力建设经济强、百姓富、环境美、社会文明程度高的新江苏"的发展目标。2020年10月，党的十九届五中全会明确提出我国"决胜全面建成小康社会取得决定性成就"。

下面将重点阐述江苏省全面建设小康社会和全面建成小康社会、苏南现代化示范区建设以及社会主义现代化建设试点等方面的内容。

一　全面建设小康社会和全面建成小康社会

1987年，邓小平提出了分三步走实现现代化的战略设想，这一战略目标被写入党的十三大报告中。按照"三步走"的战略安排，第一步从1981

---

① 《大型网络系列发布·江苏改革开放进行时——经济发展高质量专题现场实录》，江苏省人民政府网站，2018年8月17日，http://www.jiangsu.gov.cn/art/2018/8/17/art_64748_7788103.html。

年到 1990 年，国民生产总值翻一番，解决人民的温饱问题；第二步从 1991 年到 20 世纪末，国民生产总值再翻一番，人民生活达到小康水平；第三步从 20 世纪末到 21 世纪中叶，人均国民生产总值达到中等发达国家水平，人民生活比较富裕，基本实现现代化。[①] 21 世纪初，我国已经顺利完成了前两步目标。2002 年 12 月，党的十六大明确提出了全面建设小康社会的奋斗目标，"我们要在本世纪头二十年，集中力量，全面建设惠及十几亿人口的更高水平的小康社会，使经济更加发展、民主更加健全、科教更加进步、文化更加繁荣、社会更加和谐、人民生活更加殷实"。[②]

（一）全面建设小康社会及其指标体系

党的十六大在提出全面建设小康社会奋斗目标的同时，明确指出"有条件的地方可以发展得更快一些，在全面建设小康社会的基础上，率先基本实现现代化"。[③] 作为沿海经济发达省份，江苏有条件、有责任在全国率先全面建成小康社会。为此，2003 年 7 月，中共江苏省委十届五次全会明确了"率先全面建成小康社会、率先基本实现现代化"的基本目标，即到 2010 年左右，全省总体上全面建成更高水平的小康社会，到 2020 年左右全省总体上基本实现现代化。

1. 江苏全面建设小康主要指标的具体内容

考虑到党中央对全面小康目标并没有提出一个可供量化的标准，作为沿海发达省份，率先制定全面小康社会指标就成为迫切需要研究并加以解决的重要问题。于是从 2003 年 3 月开始，江苏省委省政府专门成立工作小组对相关指标进行研究。在指标的研究过程中，参考了 20 世纪 90 年代中期国家统计局、国家计委和农业部共同制定的《全国人民小康生活水平的基本标准》《全国农村小康生活水平的基本标准》《全国城镇小康生活水平的基本标准》等"小康标准"，研究了中等收入国家经济社会发展的有关指标。在广泛征求意见的基础上，于 2003 年 7 月制定出台了《江苏省全面建设小康社会主要指标》，并经省委十届五次全会讨论通过。这一指标体系包

① 何爱国：《改革开放以来小康社会理论的形成与发展》，《安徽史学》2008 年第 5 期。
② 何爱国：《改革开放以来小康社会理论的形成与发展》，《安徽史学》2008 年第 5 期。
③ 钱加群、钟辉：《学习〈纲要〉系列理论文章》，《学习导报》2003 年第 7 期。

含经济发展、生活水平、社会发展、生态环境 4 大类 18 项 25 个指标。其中，经济发展类共包含“人均地区生产总值”“二、三产业增加值占 GDP 比重”“城市化水平”“城镇登记失业率”4 项指标；生活水平类共包含“居民收入”“居民住房”“居民出行”“居民信息化普及程度”“居民文教娱乐服务支出占家庭消费支出比重”“恩格尔系数”6 项指标；社会发展类共包含“R&D 经费支出占 GDP 比重”“高中阶段教育毛入学率”“卫生服务体系健全率”“社会保障”“人民群众对社会治安的满意率”“城乡村（居）民依法自治”6 项指标；生态环境类共包含“绿化水平”“环境质量综合指数”2 项指标。① 同时，根据省内各地区不同的发展基础，江苏省委省政府按照分类指导的原则，对实现“两个率先”的进程提出了不同的时序要求。苏南地区在 2007 年前总体上全面建成小康社会，苏中地区在 2012 年前总体上全面建成小康社会，苏北地区在 2017 年前总体上全面建成小康社会。2011 年召开的江苏省第十二次党代会进一步提出，到 2015 年全省要以县为单位达到省定全面小康指标。

2. 江苏全面建设小康社会成效

从全省层面来看，根据江苏省全面建设小康社会进程统计监测报告，截至 2010 年底，江苏省 25 个指标已有 24 个实现了目标值，剩余的 1 个指标（居民文教娱乐服务支出占家庭消费支出比重）也达到了序时进度。由此表明，江苏省已在 2010 年以省为单位总体上达到省定全面小康指标。

从市县层面来看，按照《江苏省全面建设小康社会主要指标》测算，2005 年，苏州和无锡两个省辖市率先达到省级小康标准，昆山、张家港、常熟、吴江、太仓和江阴六地基本完成全面小康的 4 大类 18 项 25 个指标，成为全省首批全面小康达标的县级市。随后，常州市（2006 年）、南京市（2007 年）、镇江市（2008 年）、南通市（2009 年）、扬州市和泰州市（2010 年）、徐州市（2011 年）、盐城市（2012 年）先后达标。截至 2012 年底，江苏省共有 10 个省辖市达标，占 13 个省辖市的比重为 77%；已达标的县（市、区）则为 49 个，占纳入监测的 62 个县级地区的比重为 79%②（见表 5-6）。

① 刘志彪主编《中国特色社会主义道路江苏实践》，人民出版社，2013。

② 刘志彪主编《中国特色社会主义道路江苏实践》，人民出版社，2013。

表 5-6　江苏省全面建设小康达标情况（按照省定标准 2003 版监测）

	达标市	达标县（区）
2005 年	2 个（苏州市、无锡市）	6 个（昆山、张家港、常熟、吴江、太仓、江阴）
2006 年	1 个（常州市）	3 个（宜兴、武进、扬中）
2007 年	1 个（南京市）	5 个（江宁、金坛、溧阳、海门、丹阳）
2008 年	1 个（镇江市）	8 个（高淳、启东、通州、句容、靖江、浦口、邗江、丹徒）
2009 年	1 个（南通市）	8 个（溧水、海安、如东、江都、仪征、泰兴、姜堰、六合）
2010 年	2 个（扬州市、泰州市）	6 个（如皋、东台、大丰、高邮、兴化、铜山）
2011 年	1 个（徐州市）	4 个（沛县、建湖、宝应、盐都）
2012 年	1 个（盐城市）	8 个（邳州、新沂、东海、赣榆、洪泽、金湖、盱眙、阜宁、射阳）

资料来源：江苏省历年全面建设小康社会进程统计监测报告。

（二）全面建成小康社会及其指标体系

2012 年 11 月召开的党的十八大明确提出了全面建成小康社会的目标要求。根据党的十八大提出的新要求和江苏省发展新形势，江苏省委省政府于 2013 年 6 月对 2003 年制定的全面小康指标体系进行了修订，形成了《江苏全面建成小康社会指标体系（2013 年修订试行）》。在 2013 年版的指标体系中，将原来的 4 大类 18 项 25 个指标扩展到 5 大类 22 项 36 个指标。指标的修订情况可以概括为以下三个方面。

第一，新增一部分指标。新增的指标主要包括“现代农业发展水平”“文化产业增加值占 GDP 比重”“单位 GDP 能耗”“城乡居民收入达标人口比例”等。

第二，进一步提高部分指标的目标值。目标值提高的指标主要包括“R&D 经费支出占 GDP 比重”“居民收入水平”等。

第三，替换一部分指标。替换后的指标主要包括“信息化发展水平”“城镇家庭住房成套比例”“农村家庭住房成套比例”“现代教育发展水平”等。从 2013 年起，江苏省将用新标准监测全省以及苏中、苏北已达标地区全面建成小康社会总体情况。

二　苏南现代化示范区建设

苏南地区地处长三角核心区，包括南京、无锡、常州、苏州、镇江五市，是江苏省经济最发达的区域，也是我国现代化程度最高的区域之一。改革开放以来，苏南地区先后经历了20世纪80年代乡镇企业的异军突起和90年代初期外向型经济的快速发展，逐步发展成为我国综合实力雄厚、发展质量好、对外开放程度高、体制机制活力强的地区之一。[①] 苏南全面小康社会建设走在全国前列，为率先基本实现现代化奠定了坚实基础。为此，2013年4月，国家发改委正式印发了《苏南现代化建设示范区规划》，规划明确提出了苏南现代化示范区的发展目标："到2020年，在全面建成小康社会的基础上，基本实现区域现代化，成为全国现代化建设示范区。"

（一）苏南现代化建设示范区发展基础

1. 经济总量

21世纪以来，苏南地区经济持续稳定增长，综合实力不断增强。据统计，2001~2013年，苏南地区GDP年均增长速度为13.4%（按同比价格计算），高于同期江苏省GDP年均增速0.9个百分点。2013年，苏南五市的地区生产总值达36385.87亿元，占江苏省GDP的比重为61.5%；公共财政预算收入3536.65亿元，占全省的53.84%。苏南五市的人均GDP为110051元，其中南京98011元、无锡124640元、常州92995元、苏州123209元、镇江92633元，均高于全省平均水平（见表5-7）。

2. 经济增长动力

从经济增长的动力来看，苏南地区内需和外需对经济增长的拉动力都很强。从内需的情况来看，2013年苏南地区社会消费品零售总额12433.71亿元，占全省的比重为60.2%；固定资产投资额为19492.71亿元，占全省的比重为54.2%。从外需的情况来看，2013年苏南地区进出口总额4746.41亿美元，其中出口额2757.17亿美元，占全省的比重分别为86.17%、83.84%；

① 王庆五主编《多重国家战略与江苏经济发展：新常态下江苏经济发展的新机遇、新动力、新优势研究》，江苏人民出版社，2015。

表 5-7 苏南地区主要指标情况（2013 年）

	苏南	南京	无锡	常州	苏州	镇江
GDP（亿元）	36385.87	8011.78	8070.18	4360.93	13015.70	2927.28
人均 GDP（元）	110051	98011	124640	92995	123209	92633
公共财政预算收入（亿元）	3536.65	831.31	710.91	408.88	1331.03	254.52
三次产业结构	2.3∶50.3∶47.4	2.6∶43.1∶54.4	1.8∶52.1∶46.0	3.2∶51.6∶45.2	1.6∶52.6∶45.7	4.4∶52.9∶42.7
城镇居民人均可支配收入（元）	39224	38531	38999	36611	42748	32977
农村居民人均纯收入（元）	19107	16531	20587	18643	21578	16258
R&D 经费占 GDP 比重（%）	2.67	2.95	2.70	2.57	2.57	2.43
社会消费品零售总额（亿元）	12433.71	3531.73	2759.98	1607.63	3662.24	872.13
固定资产投资额（亿元）	19492.71	5093.78	3973.52	2850.12	5822.14	1753.15
进出口总额（亿美元）	4746.41	557.57	703.71	292.15	3093.48	99.50
外贸依存度（%）	80.8	43.1	54.0	41.5	147.2	21.1

资料来源：2014 年《江苏统计年鉴》。

外贸依存度为80.8%，比全省平均水平高23.1个百分点；实际外商直接投资达到222.77亿美元，占全省的比重为66.98%。

3. 产业结构

在经济总量不断扩大的同时，苏南地区的三次产业结构也逐步趋于优化。第一产业产值比重呈下降态势，第一产业产值占比从2000年的5.6%下降为2013年的2.3%。第二产业产值比重呈先上升后下降的态势。第三产业比重则呈先下降后上升的态势。三次产业产值结构比例从2000年的5.6∶54.6∶39.8调整为2013年的2.3∶50.3∶47.4。从三次产业的就业构成来看，呈现第一产业就业比重逐步下降，第二、第三产业就业比重总体保持稳步上升的态势。三次产业的就业人员构成从2000年的25.11∶43.48∶31.41调整为2013年的7.33∶51.61∶41.06。

4. 科技创新

苏南地区科教资源丰富，科技创新能力强。2013年，苏南地区R&D经费支出占GDP比重为2.67%，其中，南京为2.95%、无锡为2.70%、常州为2.57%、苏州为2.57%、镇江为2.43%①。与全省平均水平相比，除镇江与全省2.43%的平均水平大体相当外，其余四市均高于全省平均水平。

（二）《苏南现代化建设示范区规划》主要内容

1. 经济现代化建设

根据《苏南现代化建设示范区规划》要求，经济现代化建设的主要任务是“推动经济增长主要由要素投入向创新驱动转变，促进产业集聚集约发展，形成以现代服务业为主体、战略性新兴产业和先进制造业为支撑、现代农业为基础的现代产业体系，率先实现经济现代化”。具体内容包括优化产业结构，促进产业集聚集约发展，提升自主创新能力。通过经济现代化建设，苏南地区有望实现从学习模仿型的“苏南制造”向自主创新型的“苏南创造”转变，以及从“生产型经济”向“消费型经济”转变。

2. 城乡现代化建设

根据《苏南现代化建设示范区规划》要求，城乡现代化建设的主要任务是“坚持城镇化和新农村建设双轮驱动，充分发挥城乡规划的统筹协调

---

① 黄健：《苏南现代化示范区建设进程研究》，《统计科学与实践》2014年第5期。

作用，按照国际化方向发展现代城市，根据地域特色打造现代乡村，形成体制接轨、发展互动、服务共享的城乡发展一体化格局，促进城乡共同繁荣”。具体内容包括提升城市国际化水平，建设江南特色乡村，推进城乡发展一体化。通过城乡现代化建设，苏南地区有望率先实现城乡一体化发展，建成国际化水平较高的城市群，增强乡村地区产业发展、公共服务、人口集聚功能。

3. 社会现代化建设

根据《苏南现代化建设示范区规划》要求，社会现代化建设的主要任务是“坚持以人为本，建立保基本、多层次、高水平的公共服务体系，建成平安、公平、富足的和谐社会，形成多方参与、高效有序的社会管理体制，构筑繁荣、创新、先进的文化发展格局”。具体内容包括完善公共服务体系，扩大中等收入群体，提升社会服务管理水平，彰显苏南文化风采，建设诚信苏南。通过社会现代化建设，苏南地区有望建立完善的基本公共服务体系，实现基本公共服务常住人口全覆盖，有望建立居民收入与经济发展同步增长机制，有望形成现代文明与传统文化交相辉映、城市文化与农村文化和谐共生的发展格局。

4. 生态文明建设

根据《苏南现代化建设示范区规划》要求，生态文明建设的主要任务是“坚持节约优先、保护优先、自然恢复为主的方针，走经济繁荣发达、生态环境良好、人与自然和谐相处的发展道路，推进资源节约型和环境友好型社会建设，提高生态文明水平”。具体内容包括加快绿色低碳发展，全面提升环境质量，构建生态安全体系，完善生态环境保护制度。通过生态文明建设，苏南地区有望形成绿色、低碳、循环的生产生活方式，有望成为天蓝、地绿、水净的美好家园。

5. 政治文明建设

根据《苏南现代化建设示范区规划》要求，政治文明建设的主要任务是“全面落实依法治国基本方略，发展社会主义民主政治，促进政治文明与物质文明、精神文明协调发展，建设社会主义法治区域”。具体内容包括推进法治化建设，扩大民主参与。通过政治文明建设，苏南地区政府的依法行政水平可以得到进一步提升，有助于推动居民参与民主决策的机制进一步健全和完善；有助于推动苏南地区司法独立和司法公正向更高水平发展；有助于在全社会形成积极向上的人文精神；有助于苏南地区人的全面发展水平得到进一步提高。①

此外，《苏南现代化建设示范区规划》还制定了《苏南地区现代化建设指标体系（试行）》。该指标体系包含5大类30项指标，涵盖经济现代化、城乡现代化、社会现代化、生态文明、政治文明等领域，使得现代化苏南的发展愿景可观可感。

三　社会主义现代化建设试点

在江苏省苏南地区选择六个县（市、区）进行社会主义现代化建设试点，是江苏省委省政府对“开展社会主义现代化建设实践探索”做出的具体部署，也是江苏省委省政府贯彻落实中央对江苏“为全国发展探路”要求的一项重要举措。2019年2月，江苏省委办公厅、省政府办公厅印发了《关于在苏南部分县（市、区）开展社会主义现代化建设试点工作的实施方案》（苏办〔2019〕63号），选取南京江宁区及江北新区、苏州昆山市及苏州工业园区、无锡江阴市、常州溧阳市先行开展社会主义现代化建设试点探索。试点工作开展以来，省市各级政府部门紧扣“六个现代化”目标任务，勇挑重担、奋勇争先，努力克服中美贸易摩擦、新冠肺炎疫情等不利因素影响，通过加强组织领导，建立健全工作体系，明确责任领导和工作规则，省委省政府主要领导多次召开现代化试点工作部署会和专题推进会，六个试点地区高效率编制试点方案，高质量推进试点工作，试点工作做到组织到位、支持到位、保障到位，形成了强大的推进现代化试点的合力，总体完成了试点工作预期目标。②

对照试点实施方案的任务要求，六个试点地区的成效可以概括为以下五个方面。

（一）社会主义现代化主要内涵得到进一步拓展

现代化是一个囊括了经济、政治、文化、社会、生态等多个方面的有

① 刘志彪、章寿荣：《苏南现代化建设示范区的五大愿景》，《群众》2013年第6期。

② 江苏省发展改革委、江苏省社会科学院：《苏南部分县（市、区）开展社会主义现代化建设试点工作总结评估报告》，2020年11月。

机统一整体。江苏省现代化试点实施方案把现代化试点的重点任务创新性地划分为经济发展现代化、民主法治现代化、社会发展现代化、文化发展现代化、生态发展现代化、人的现代化六个方面的现代化。这是对党的十九大关于我国社会主义现代化建设“两个阶段”战略部署的细化落实，进一步丰富了中国特色社会主义现代化建设的目标内涵，使社会主义现代化建设内涵进一步具体化、形象化。

昆山市围绕“六个现代化”重点任务，推进“现代化产业体系”“现代化开放体系”“现代化文化发展体系”“现代化城乡体系”“现代化绿色安全发展体系”“现代化社会发展体系”“现代化政府服务体系”七大现代化体系建设。南京市江宁区将现代化建设试点任务在“六个现代化”基础上增加“城市建设管理现代化”。

（二）社会主义现代化评价指标得到进一步完善

现代化指标体系不仅要监测现代化发展进程、评价试点地区的现代化建设实践探索成果，还要通过监测评价，引导和促进各地各部门积极投身社会主义现代化试点工作。为此，六个试点地区结合本地发展特色和阶段性特征，以国内外既有的评价体系为参考，与高质量发展指标体系相衔接，探索性地设置了现代化试点评价指标体系，对于引领各地试点工作的顺利开展起到了很好的引领带动作用。①

南京江北新区作为全省唯一的国家级新区，自成立以来，聚焦加快构建现代产业体系，加快集聚各类创新资源、关键要素，经济社会发展取得重大成就。从现代化评价指标体系来看，江北新区聚焦自身功能定位和发展路径目标，着力在科技创新、经济发展、新主城建设、生态文明、品质生活、开放合作、文化建设、深化改革等方面形成突破。在具体指标选择上，江北新区注重在体量规模、创新能力、风貌形象、体制机制、干部素质、营商环境等各个方面求突破、促提升，体现了在参与长三角地区创新和产业分工、扩大对外开放、输出优质公共服务等方面发挥更大作用，成为江苏省和南京市构建现代经济体系的先锋典范和实现全方位在国家级新区中“争上游”的要求。

---

① 章寿荣：《努力在率先实现社会主义现代化上走在前列》，《群众》2020 年第 23 期。

（三）高质量发展动力得到进一步增强

试点工作开展以来，各试点地区从自身实际出发在探索高质量发展动力上取得了开拓性成果。

第一，增强科技创新对区域发展的驱动力。当前，区域竞争的决定性因素已经从劳动力、土地、资金等传统生产要素向科技创新能力转变。现代化建设试点实施以来，各试点地区突出创新驱动，在创新人才集聚、创新要素供给、创新载体建设等方面加大支持力度，取得了较好成效。南京江北新区围绕 IPV6 互联网基础设施，加快建设下一代互联网工程中心南京创新中心，推动全球网络互联互通。南京市江宁区以智能互联产业为主导发展方向，打造都市时尚科技园区，秣陵 9 车间文化创意产业园成功蝶变为省级双创示范基地。苏州工业园区积极融入全球创新网络、配置全球创新资源，坚持在全球范围汇聚配置创新资源，大力推进离岸创新创业基地（中心）建设，金鸡湖创新中心、休斯顿生物医药创新中心投入运营。截至 2020 年底，苏州工业园区共设立中外合作创新中心 21 个，拥有国家高新技术企业 1837 家，13 家企业上榜中国潜在独角兽企业榜单；苏州工业园区各类人才的总人数连续多年在全国各开发区中居首位，172 名人才入选国家级重点人才工程计划①；多项科技创新指标位列全省乃至全国前列，苏州工业园区 R&D 经费支出占 GDP 的比重为 4.5%，万人有效发明专利拥有量为 175 件，均远高于全国和全省平均水平。

第二，增强现代产业体系对区域发展的引领力。现代化产业体系建设是构建现代化经济体系的核心要素和关键环节，对于推动区域经济高质量发展具有重要促进作用。现代化建设试点实施以来，各试点地区通过强化现代产业体系建设，在提升产业发展水平和增强经济发展质量等方面起到了积极作用。昆山市抓住疫情带来的全球产业链重构机遇，绘制重点产业“供应链整合联络图”，创新产业链招商模式，推动友达光电新项目签约落地，总投资达 8 亿美元，将新建一条拥有先进技术的液晶面板生产线，对补齐光电产业链具有重要意义；迈胜质子医疗项目落地开工，将有力支撑高

---

① 王敏杰、刘坤：《产城融合文化赋能推动城市高质量发展——苏州工业园区建设苏州城市新中心的路径研究》，《东吴学术》2021 年第 6 期。

端医疗装备产业发展；恒力新材料项目成功落户，将拓展提升基础部件材料制造水平。苏州工业园区始终把做大做强产业作为立区之本，重点培育纳米技术应用产业、生物医药产业和人工智能产业三大新兴产业，这三大产业在2020年的总产值达2494亿元，同比增幅高达22.9%，远高于同期工业产值增幅。江阴市围绕“南征北战、东西互搏”总路径，深入实施创新驱动战略和产业强市战略，绘就霞客湾科学城规划建设蓝图，全力推动锡澄协同发展区核心区建设，加快构建由3个千亿级支柱产业链、4个战略性新兴产业集群、5个未来产业组成的“345”现代产业体系[①]。

（四）现代化发展路径得到进一步拓宽

各试点地区结合各自发展实际，初步探索出一条适合自己的现代化路径，大致有以下三类。

第一，以生态引领现代化发展。溧阳市通过突出绿色发展导向，大力发展先进制造业、高端休闲业、现代健康产业和新型智慧产业“四大经济”，全市以“四大经济”为核心的生态经济占比接近50%，实现了生态保护、产业发展与居民增收的有机统一。在产业空间布局方面，溧阳探索从传统的城市空间规划走向以人为核心的“三生”融合空间布局实践，通过生产、生活、生态三类空间的科学界定和共生共荣，实现人与自然的和谐共生。

第二，以文化引领现代化发展。苏州昆山市、南京江宁区、常州溧阳市作为全省新时代文明实践中心建设的试点地区，建立了市、区镇、村和社区三级实践体系，在提升基层思想文化工作和精神文明建设水平、推动文化建设现代化方面做出了示范、树立了样本。

第三，以城乡融合引领现代化发展。南京市江宁区在促进城乡要素自由流动、城乡公共资源配置、构建乡村产业体系、提高农民生活水平等方面进行了一系列现代化建设实践探索，有力地促进了城乡融合发展，进而带动了农业农村发展的现代化。通过深化农村土地制度改革，建立健全城

① “345”现代产业体系是指，高端纺织服装、石化新材料、金属新材料3个千亿级支柱产业链，集成电路、高端装备、新能源、生物医药4个战略性新兴产业集群，5G通信、智能制造、节能环保、现代物流、健康文旅5个未来产业。

乡要素配置体制机制，激活农村“沉睡的资本”；围绕农业产业兴旺，积极发展现代化农业，推进农业供给侧结构性改革，促进城乡产业协同发展。

（五）体制机制改革得到进一步深化

试点实施方案以来，试点地区在通过体制机制改革建立共建共治共享的社会治理格局等方面取得了显著进展。江阴市通过紧抓国家集成改革试点县的良好机遇，着力治理破解影响长远发展的体制机制障碍，推动“1+5”县域治理总架构[①]不断巩固提升，“1+4”镇域治理模式[②]在全省镇街复制，总结提炼出两批集成改革试点经验在无锡全市推广。

第三节　省域现代化的经验启示

江苏区位条件突出，自然条件优越，经济实力强。作为东部沿海发达省份，为全国发展探路是党中央对江苏的一贯要求。新时期，江苏肩负着“争当表率、争做示范、走在前列”的光荣使命，在全面小康和现代化示范区建设等方面开展了有益探索，积累了丰富的经验。江苏现代化的实践与做法给全国其他地区的现代化建设提供了有益的经验借鉴。

一　注重发挥现代化指标的引领作用

从理论的角度分析，现代化指标体系不仅具有引导现代化发展进程的重要功能，而且具有稳定经济和社会发展的强大功能，此外还具有诱导和激励各级政府调整发展结构、转变发展方式的强大功能。通过制定科学合理的现代化指标体系，并利用指标体系去引导各级政府为发展而竞争，是推动现代化发展的一条重要路径[③]。

---

① “1+5”县域治理总架构中，“1”是指以党建统领为保障，“5”是指以政务服务、基层治理、社会救助、生活服务、公共安全“五个体系”为支撑。

② “1+4”镇域治理模式中，“1”是指加强党的全面领导，“4”是指便民服务一窗口、综合执法一队伍、镇村治理一网格、指挥调度一中心。

③ 刘志彪、程俊杰：《以指标体系诱导发展：率先基本实现现代化的可行路径》，《南京社会科学》2012 年第 10 期。

从江苏省现代化的具体实践来看，早在全面建设小康社会时期，江苏省就特别注重用指标体系引导小康社会建设。2003 年，为了引导全省朝着“两个率先”目标的奋进，江苏省委省政府制定出台了《江苏省全面建设小康社会主要指标》。为了全面反映江苏省和省内各市县全面小康建设达标情况，省统计局及相关部门每年对各项指标达标情况进行监测，定期发布江苏省、13 个省辖市及纳入监测的 62 个县级行政区域全面建设小康社会进程统计监测报告，有效推动了“两个率先”建设进程，很好地发挥了指标体系的导向、激励和监测作用。2012 年，党的十八大提出要全面建成小康社会。2013 年，根据党中央的最新要求，为了促进“两个率先”建设成果实现更高质量、更高水平和更高满意度，江苏省又与时俱进地对指标体系进行了修订，通过深入研究论证，广泛征求各地各部门和权威专家意见，出台了《江苏全面建成小康社会指标体系（2013 年修订试行）》。2019 年 7 月，在高水平全面建成小康社会进入关键阶段之际，江苏省委省政府印发了《关于决胜高水平全面建成小康社会补短板强弱项的若干措施》及 5 个专项行动方案，明确目标任务，聚焦关键领域和薄弱环节，提出了 6 个方面 20 项措施。

在现代化指标体系方面，考虑到江苏已在 2010 年以省为单位整体达到了 2003 年版的省定小康标准。江苏随后开始着手谋划和研究基本实现现代化的路径。2011 年初，江苏省政府工作报告明确提出“苏南等有条件的地区要率先基本实现现代化”。经过调研论证，江苏省制定出台了《江苏基本实现现代化指标体系（试行）》，并在 2011 年 11 月召开的江苏省第十二次党代会上讨论通过。2013 年，为了贯彻落实党的十八大精神和习近平总书记对江苏工作的最新指示要求，经国务院同意，国家发改委正式印发了《苏南现代化建设示范区规划》。为了推动该规划各项任务落地见效，在该规划中还附有《苏南地区现代化建设指标体系（试行）》。小康社会建设与基本现代化统一于现代化建设的大局，江苏省通过充分发挥指标体系的“标尺”和“指挥棒”作用，突出强化指标体系的“监测”和“评估”职能，有力地推动了江苏如期实现各阶段的现代化发展目标与任务。

二　注重夯实实体经济的发展基础

实体兴，国家强。实体经济是一国经济的立身之本，财富创造的根本源泉。实体经济是相对于虚拟经济而言的，是指“由生产服务部门提供的物质产品、精神产品的生产、流通、消费等经济活动，其基本功能是提供人类生存发展资料、改善人类生活水平和增强人类综合素质”。[①] 实体经济有助于推动新发展理念的贯彻落实。在创新发展方面，实体经济为科技创新提供了载体支撑，有利于基础研究和原创性成果的顺利推进；在协调发展方面，通过提高要素使用效率，推动产业差距、区域差距、收入差距的缩小，可以实现经济的协调发展，进而高质量发展实体经济；在绿色发展方面，通过实体经济的绿色低碳转型，有助于推动经济社会全面绿色转型；在开放发展方面，实体经济发展可以为外贸外资发展提供产业支撑；在共享发展方面，通过公共基础设施建设，推动商贸流通、文化娱乐等产业发展，有助于城乡居民共享基本公共服务，提高居民文化素质，实现人的全面发展。[②]

从江苏省的具体实践来看，以制造业为主体的实体经济是江苏发展的特色和强项。长期以来，无论是20世纪80年代推动乡镇企业异军突起，还是20世纪90年代推动开放型经济发展，抑或是当前江苏正在全力推进的创新型经济发展，江苏都始终抓住了经济建设这一中心，全力发展以制造业为主的实体经济。在20世纪80年代，乡镇企业得到了快速发展，制造业是乡镇企业的支柱产业领域。乡镇企业的发展取得了瞩目的成绩，在苏锡常地区表现尤为突出，因此这一发展模式被理论界概括为“苏南模式”。

20世纪90年代，江苏充分发挥紧邻上海的区位优势，紧抓浦东开发开放机遇，以引进外资，对外贸易为主要特征的开放型经济在江苏取得了极大成功。工业等实体经济部门在开放型经济中发挥了重要作用。据统计，1999年制造业利用外资占全省外商实际直接投资的比重为83.1%，工业制成品出口占全省出口总额的比重为95.9%；进入21世纪以后，随着外商投资领域的多元化，制造业利用外资的比重才逐步下降。截至2020年，制造业实际利用外资占全省外商实际直接投资的比重为36.7%，服务业实际利用外资占全省外商实际直接投资的比重为57.8%。

进入21世纪以后，特别是党的十八大以来，江苏更加注重新发展理念

① 黄群慧：《论新时期中国实体经济的发展》，《中国工业经济》2017年第9期。

② 毛艳华：《筑牢实体经济根基，构建现代产业体系》，《广州日报》2022年4月19日。

的引领，着力推动高水平全面小康建设，谱写“强富美高”新江苏现代化建设新篇章，按照党中央关于实体经济发展要求，进一步深化“放管服”改革，推动营商环境优化，充分激发“大众创业，万众创新”发展活力，把实体经济做实做优做强，为江苏现代化发展做出了重要贡献。

三　注重强化创新驱动

创新是引领发展的第一动力。长期以来，党中央高度重视创新对经济发展的驱动作用。党的十八大更是做出了实施创新驱动发展战略的决策部署。按照党中央的决策部署，江苏把创新摆在经济社会发展全局的核心位置，通过加大创新投入，构筑创新型经济结构，提高创新成果转化效果等，加快推动“江苏制造”向“江苏智造”“江苏创造”改变，持续推动创新型经济发展。2021 年 3 月，在江苏“十四五”规划纲要中，在“十三五”规划“一中心一基地”基础上，进一步提出“一中心一基地一枢纽”，即具有全球影响力的产业科技创新中心、具有国际竞争力的先进制造业基地、具有世界聚合力的双向开放枢纽。这表明江苏对创新驱动发展的重视是一以贯之的。

在创新投入方面，党的十八大以来，江苏 R&D 经费支出从 2012 年的 1288.02 亿元提高到 2020 年的 3005.93 亿元，年均增幅为 11.2%，R&D 经费支出占地区生产总值的比重从 2012 年的 2.3%提高到 2020 年的 2.9%，超过经合组织平均水平，接近美国、德国、日本等发达经济体水平。企业的投入力度也在加强，全省规模以上工业研究与发展经费内部支出从 2012 年的 1080.31 亿元增加到 2020 年的 2381.69 亿元，增长了 1.2 倍。2020 年，企业研发投入占全部投入的比重为 79.2%，这表明企业的主体作用日益凸显。

在创新产出方面，党的十八大以来，江苏专利申请受理量和授权量分别从 2012 年的 472656 件和 269944 件提高到 2020 年的 751654 件和 499167 件。其中，发明专利申请受理量和授权量分别从 2012 年的 110091 件和 16242 件提高到 2020 年的 188757 件和 45975 件。

在创新型结构方面，党的十八大以来，江苏省高新技术产业占规模以上工业总产值比重从 2012 年的 37.5%提高到 2020 年的 46.5%，年均提高 1.1 个百分点。截至 2021 年，全省工业战略性新兴产业、高新技术产业产值占规模以上工业产值的比重分别为 39.8%和 47.5%。

通过强化创新驱动现代化发展，江苏区域创新能力得到显著提高。根据有关部门发布的《中国区域创新能力评价报告 2021》，江苏区域创新能力排名第三，是全国创新能力领先的地区，为现代化发展注入了活力。

四　注重深化改革扩大开放

改革开放是决定当代中国前途命运的关键一招。用好改革开放这个“关键一招”，充分释放改革开放的发展红利，有助于最大限度激发现代化发展的潜力。

在深化改革方面，“为全国发展探路”是党中央对江苏的一贯要求。改革开放以来，江苏把解放思想贯穿经济社会发展的全过程，在解放思想中深化改革破除传统体制机制束缚，推动经济社会不断迈上新台阶。在农村改革领域，泗洪县上塘公社垫湖大队是江苏农村改革的起源地，被誉为江苏“第一包”，拉开了江苏省农村改革的大幕。1981 年 3 月 4 日，《人民日报》刊发的《春到上塘》长篇通讯得到江苏省委主要负责人的重视，联产承包责任制快速在全省推广开来。截至 1983 年，全省 98%的生产队都实行联产承包责任制。江苏对完善联产承包责任制的最大贡献在于探索了经济发达地区、农业高产地区也可以包产到户。1987 年 5 月，国务院把江苏的无锡、吴县、常熟三县（市）确定为“江苏省社会主义农业现代化试验区”，决定在这些地方开展农业适度规模经营试点，并逐步扩大到整个苏南地区，在全国产生了较大影响。在乡镇企业发展领域，1983 年无锡县堰桥乡创造了乡镇企业（社队企业）“一包三改”的经验，堰桥成为中国乡镇企业的“小岗村”，在全国掀起“一包三改”的风潮。1986 年，宿迁县耿车乡创造了乡、村、联户、户“四轮”齐转发展乡镇企业的“耿车模式”，为欠发达农业地区发展乡镇企业提供了样板示范。此外，还有从村办小五金厂起步的江阴华西村，在 1988 年发展成为全省第一个“亿元村”。在开发区建设领域，1984 年昆山从自费建设开发区起步，到 1992 年昆山经济技术开发区被国务院批准为全国首家县级经济开发区，如今昆山开发区综合实力连续多年位居全国开发区前四，成为全球资本、技术、人才的集聚高地。1994 年，中新两国政府间合作的重要项目苏州工业园区开工建设，连续多年在国家级经济技术开发区考评中综合排名第一，被誉为“中国改革开放的重要窗口”和“国际合作的成功范例”。[①] 江苏敢为人先、勇于探索、大胆实践，从脱贫致富奔小康到“两个率先”，再到高水平全面建成小康社会，以及开启基本现代化建设探索，在经济社会各领域推出了一系列改革举措，全面深化改革在江苏大地硕果累累，为江苏现代化发展注入了新活力。

在扩大开放方面，改革开放以来，江苏积极响应、主动作为，从 1984 年南通、连云港被列为全国首批沿海港口城市后，江苏开放步伐越走越快。自昆山尝试创办全省第一个开发区为起点，通过规划建设经济技术开发区、高新技术产业开发区、保税区、自贸区等对外开放载体，为开放型经济的蓬勃发展搭建了平台。加入 WTO 后，江苏深度参与全球产业分工，进一步扩大对外开放领域。江苏出口产品从初级加工产品、纺织鞋帽等劳动密集型产品为主逐步向电子、成套设备、精细化工等资本和技术密集型产品为主转变。[②] 2019 年，中国（江苏）自由贸易试验区挂牌成立，致力于“开放型经济发展先行区、实体经济创新发展和产业转型升级示范区”的战略定位，江苏开放型经济发展面临新的发展机遇。

通过持续深化市场化改革、高水平扩大开放，多种所有制经济共同发展，江苏省开放型经济持续走在全国前列，经济社会发展活力显著增强，在现代化各领域取得了显著成效。

本章参考文献

［1］王树华、关枢、宋颖弘：《江苏“南强北弱、江强海弱”区域发展形态的现实困境与突破路径》，《城市观察》2021 年第 5 期。

［2］《江苏的全面小康之路是这样走出来的!》，《新华日报》2019 年 10 月 10 日。

［3］刘志彪主编《中国特色社会主义道路江苏实践》，人民出版社，2013。

［4］何爱国：《改革开放以来小康社会理论的形成与发展》，《安徽史学》2008 年第 5 期。

［5］《从数字看地区》，《领导决策信息》2013 年第 25 期。

［6］钱加群、钟辉：《学习〈纲要〉系列理论文章》，《学习导报》2003 年第 7 期。

---

① 苏宣：《巨笔写华章：跨越 70 年的江苏发展奇迹》，《群众》2019 年第 18 期。

② 许丽飞、高斌：《砥砺奋进七十年扬帆起航新时代——新中国成立 70 周年江苏经济社会发展成就》，《统计科学与实践》2019 年第 9 期。

[7] 黄健：《苏南现代化示范区建设进程研究》，《统计科学与实践》2014 年第 5 期。

[8] 刘志彪、章寿荣：《苏南现代化建设示范区的五大愿景》，《群众》2013 年第 6 期。

[9] 章寿荣：《努力在率先实现社会主义现代化上走在前列》，《群众》2020 年第 23 期。

[10] 王敏杰、刘坤：《产城融合文化赋能推动城市高质量发展——苏州工业园区建设苏州城市新中心的路径研究》，《东吴学术》2021 年第 6 期。

[11] 王庆五主编《多重国家战略与江苏经济发展：新常态下江苏经济发展的新机遇、新动力、新优势研究》，江苏人民出版社，2015。

[12] 江苏省发展改革委、江苏省社会科学院：《苏南部分县（市、区）开展社会主义现代化建设试点工作总结评估报告》，2020 年 11 月。

[13] 刘志彪、程俊杰：《以指标体系诱导发展：率先基本实现现代化的可行路径》，《南京社会科学》2012 年第 10 期。

[14] 黄群慧：《论新时期中国实体经济的发展》，《中国工业经济》2017 年第 9 期。

[15] 毛艳华：《筑牢实体经济根基，构建现代产业体系》，《广州日报》2022 年 4 月 19 日。

[16] 苏宣：《巨笔写华章：跨越 70 年的江苏发展奇迹》，《群众》2019 年第 18 期。

[17] 许丽飞、高斌：《砥砺奋进七十年扬帆起航新时代——新中国成立 70 周年江苏经济社会发展成就》，《统计科学与实践》2019 年第 9 期。

第六章　浙江省现代化实践探索

作为中国经济实力最强、活力最强、增长最快的省份之一，浙江省坚持按照先行探索现代化的要求，践行“八八战略”，着力打造“重要窗口”，率先探寻构建新发展格局，率先建设立足浙江、面向全国、融入世界的现代化经济体系，率先推进全省人民实现共同富裕，率先推动省域治理现代化，实现更高质量、更高效率、更具公平性、更具可持续性、更为安全的发展，全面提高人民群众的获得感、幸福感、安全感，努力以浙江省域的现代化先行为全国现代化建设探索发展道路。

第一节　省域现代化的发展基础与特征

从1994年起，浙江省就位居全国（不含港澳台地区，下同）地区生产总值排名第四，并且在进出口贸易总额、居民储蓄存款余额、社会消费品零售总额、专利申请量、税收总额、货物运输周转量等诸多经济指标，特别是人均指标方面位居全国前列。近年来，在区域数字经济发展水平和数字经济竞争力等方面更是名列前茅，新基建发展获得巨大成就，加之长江经济带和长三角一体化示范区的建设，更为浙江更好地实现省域现代化目标提供了有力的政策支撑。

一　浙江省区位特征与优势

环境、资源不仅直接影响人民群众选择聚居点，影响省域对人力资源的吸引力，而且直接影响企业的区位选择，是省域经济发展的基础性条件。浙江地处中国东南沿海、长江三角洲的南翼，与上海、江苏、安徽共同组成的长江三角洲城市群是全球六大世界级城市群之一。浙江全省东西方向和南北方向的直线距离均为约450公里，地形自西南向东北方向呈阶梯状倾斜，西南地区以山地为主，中部则以丘陵居多，东北部是地势低平的冲积平原。全省大致可被分为浙北平原、浙西丘陵、浙东丘陵、中部金衢盆地、浙南山地、东南部沿海平原及滨海岛屿六个地貌区，省域内山河湖海无所不有。陆域面积约 10.55 万平方公里，占中国陆地总面积的 1.1%，是中国面积较小的省份之一。区位、资源和生态环境等条件使得浙江省经济发展具备独到的特点。

（一）区位优势突出

浙江的区位优势十分突出。在我国最重要的发展轴沿海发展轴上，浙江位于海岸线滨海居中位置，拥有宁波港等深水港，这一位置既有利于对外交往，又有利于向内延展、发挥辐射带动作用。浙江紧邻上海这一中国乃至东亚地区经济中心城市，商品、资本、科技、信息、人才等要素流动及产业扩散等方面可以说是“近水楼台先得月”。加之北、南两侧邻省江苏和福建都是全国经济增长领先的省份，邻省之间可充分发挥集聚协同效应，互相支持，共谋发展，可以说具备经济发展“高原”的地位。

便捷的交通基础设施，尤其是完备的高速公路网络和高速铁路网络，又进一步缩短了浙江各市间及浙江与长三角其他省市间的时间距离，强化了区位优势。浙江已经实现了县县通高速，2020 年高速公路里程达 5096 公里，占公路里程的 4.14%，按陆地面积计算高速公路密度达 0.05 公里/平方公里，所有公路均为等级公路；2021 年高铁里程达 1754 公里，各设区市间基本建成 1~2 小时高铁交通圈，杭州与上海间可以实现 1 小时内高铁直达，更利于形成发展合力；形成了海陆空立体交通网络，共有 7 个民用机场，民用航空通航点 442 个，2020 年民用航空客、货运量分别达 2523 万人、59 万吨。①

（二）海洋经济特色鲜明

浙江的山地和丘陵面积占 74.63%，平原面积约占 20.32%，河流和湖泊约占 5.05%，耕地面积仅 208.17 万公顷，如果就矿产资源和耕地资源来看，浙江是资源短缺省份。但是，在海洋资源及相关的港口、渔业资源方

---

① 数据来源：2021 年《中国统计年鉴》和 2021 年《浙江统计年鉴》。

面，浙江具备突出的比较优势，港口众多、腹地辽阔，这些优势在现代化阶段发挥的作用尤其显著。

浙江的海域面积达26万平方公里，相当于两个半浙江的陆域面积；海岸线长达6696公里，为全国最长，可建设万吨级以上泊位的深水岸线长达506公里，占全国的30.7%，大多集中于宁波-舟山港域，是我国建设世界级深水港湾群的最佳选址。全省拥有面积500平方米以上的海岛2878个，大约占全国的四成，居全国第一；舟山渔场是世界四大渔场之一，可捕捞量位居全国第一。此外，浙江还有接近400万亩滩涂资源，约占全国滩涂总量的13%，这些滩涂资源能够与浙江沿海城市及产业园区密切相连，形成良好的组合开发条件。海岸和海岛的风能、潮汐能、洋流能、温差能等可开发的海洋能源居全国首位，浙江有条件成为海洋清洁能源大省。东海海域的石油资源主要分布在浙江海域，浙江发展海洋经济潜力巨大。

根据浙江省交通运输厅的统计数据，2021年浙江全省港口货物吞吐量为192833.76万吨，同比增长3.98%，其中对外贸易货物吞吐量59432.79万吨，同比增长5.23%。在全省沿海港口中，宁波-舟山港的货物吞吐量占比接近50%，特别是2021年，宁波-舟山港累计完成各类货物吞吐量122405万吨，成为全球唯一年货物吞吐量超过12亿吨的“超级大港”，连续13年位居全球港口第一，领先于上海、广州、青岛等国内其他大港。

（三）生态环境状况好

现代化意味着发展思路的生态化转型，生态环境对区域经济社会可持续发展的基础支撑作用尤其明显。浙江气候条件优良，山清水秀，历史上就享有“千岩竞秀、万壑争流”的美誉，是我国经济基础较好、商业开发较早的富庶地区。在现代化的初期阶段，工业化带来的污染曾给生态环境造成一定的负面影响，但是随着现代化的深入推进，生态环境的重要性越发受到重视，自20世纪90年代以来，浙江各级政府花大力气、增加投入、消除和控制污染，再加上环境再生能力较强，浙江的生态环境明显好转。2021年《浙江省生态环境状况公报》显示，浙江全省森林面积608.12万公顷，森林覆盖率高达61.17%，继续位居全国前列。浙江全年完成水土流失治理428.96平方公里，开展100个废弃矿山生态修复。从各县域情况来看，生态环境状况等级达到优的县（市、区）有59个，面积占全省总面积的

84.0%。浙江因生态环境好、气候条件优而宜居宜游宜业，省域发展旅游业在全国具有突出的比较优势。

二　浙江省的经济发展基础

浙江坚持富民优先、稳中求进、科学发展、全面发展，践行“八八战略”，在“更高水平”全面小康社会建设时期取得巨大发展成就：经济基础雄厚且发展质量高，市场经济和市场主体活跃，居民收入水平较高且“三大差距”不断缩小，浙江早在 2013 年全面小康实现度就已经达到 96.8%，[①] 为开启基本实现现代化新征程积累了雄厚基础。

（一）经济保持高质量发展态势

浙江的经济基础雄厚，无论总量、人均量，还是发展质量均处于较高水平。2021 年，浙江省 GDP 达 73516 亿元，占全国 GDP 总量的 6.43%，仅低于广东、江苏、山东，2011~2021 年，地区生产总值年均增速达 8.72%，经济保持持续快速增长。2021 年，人均 GDP 达 113032 元，是全国平均水平的 1.4 倍，比世界银行确定的高收入经济体标准线高出 0.48 万美元。[②] 浙江三次产业结构更加合理，由 2011 年的 4.90∶51.23∶43.88 调整为 2021 年的 3.3∶40.8∶55.9，产业发展协调度较高，第三产业中生产性服务业的健康发展为第二产业的升级提供了有力支撑。

雄厚的经济基础不仅是经济现代化的前提，而且为吸纳就业、提高工资收入、增加科研投入、发展社会事业等提供了有力支撑。2013~2020 年，浙江省城镇登记失业率均低于 3.0%，受新冠肺炎疫情及国际经济形势冲击，2020 年城镇登记失业率和城镇调查失业率有所回升，分别为 2.79% 和 4.3%，但仍远远低于年度调控目标，2020 年、2021 年浙江省城镇新增就业人数分别达 111.81 万人、122.4 万人，在“保就业”方面取得显著成绩，为富民增收提供了保障（见图 6-1）。[③]

浙江实体经济持续蓬勃发展，市场主体活力强，是全国创业创新最活

---

① 《浙江如何实现全面建成小康社会》，《求是》2015 年第 9 期。

② 数据来源：《中华人民共和国 2021 年国民经济和社会发展统计公报》《2021 年浙江省国民经济和社会发展统计公报》。

③ 数据来源：《浙江统计年鉴》《2021 年度浙江省人力资源和社会保障事业发展统计公报》。

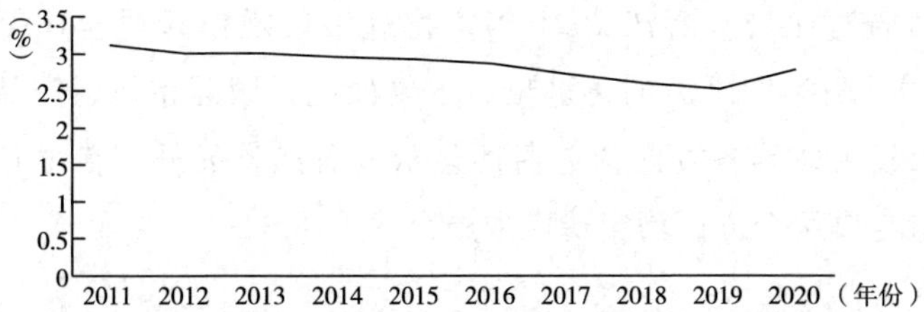

图 6-1 浙江省城镇登记失业率（2011~2020 年）

跃的省份之一。截至 2021 年末，全省规模以上工业企业自 2011 年上调统计口径后首次突破 5 万家，稳居全国前三位；全省在册市场主体有 868.5 万户，其中小微企业和个体工商户发育成熟，是富民强省的关键基本盘，平均每百人拥有市场主体超过 13 个。

（二）市场扩大的比较优势突出

作为共同富裕示范区，浙江发展均衡性较好，居民富裕程度高。2021 年，居民人均可支配收入 57541 元，仅次于上海市和北京市，比江苏高 10043 元、比广东高 12548 元，在全国各省（自治区）中位居第一，是全国平均水平的 1.64 倍。浙江的人均 GDP 低于江苏，但居民人均可支配收入高于江苏，经济发展表现出鲜明的“藏富于民”特征。居民生活富裕，因而消费能力较强，内需市场规模较大。2021 年，居民人均生活消费支出达 36668 元，比江苏高 5217 元、比广东高 5079 元，同样位居全国各省（自治区）第一。[①] 2020 年，食品烟酒、衣着、教育文化娱乐、医疗保健支出占比分别为 28.51%、5.44%、9.23%、6.25%，支出结构较为合理，有助于产业结构的不断升级。

浙江拥有便利的对外开放条件，外需市场同样较大，内需与外需相互促进。2021 年，浙江的外贸成绩实现“十四五”开局之年的“开门红”，全省进出口总值达 4.14 万亿元，同比增长 22.4%。其中，出口总值达 3.01 万亿元，增长了 19.7%；进口总值达 1.13 万亿元，增长了 30.3%。进出口、

---

① 数据来源：《2021 年浙江省国民经济和社会发展统计公报》《2021 年江苏省国民经济和社会发展统计公报》《2021 年广东省国民经济和社会发展统计公报》。

出口、进口规模分别为2016年的1.86倍、1.70倍、2.51倍，规模均创历史新高。横向对比看，浙江2021年货物进出口规模跃居全国第三，是在2015年位居全国第四之后的再进位。不仅如此，国际市场、产品结构、贸易方式与市场主体等各方面的数据都显示，浙江省的外贸稳增长态势进一步企稳，量与质两个方面均实现稳步提升发展。

（三）均衡协调水平较高

浙江是居民收入、区域发展、城乡发展差距最小的省份之一。在居民收入差距方面，不仅居民收入普遍提高，而且积极推动“扩中提低”改革，居民收入结构持续优化，中等收入群体规模持续扩大，共同富裕建设取得突破。2021年，全省居民人均可支配收入中位数达51746元，是2011年的1.90倍，是全国平均水平的1.73倍；家庭年可支配收入在10万~50万元的群体占比达72.4%。[①] 居民收入水平较高、收入差距较小，不仅有利于释放居民消费潜力，而且有利于在现代化建设过程中提升居民的获得感和社会和谐程度。

在城乡差距方面，浙江城乡发展协调度较高。在改革开放后40多年的发展过程中，二、三产业迅速发展有效增强了城镇吸纳农业人口的能力，2021年浙江城镇化率达72.7%，已进入城镇化高级阶段，城乡生活质量进一步趋近。2021年，浙江城乡居民人均可支配收入比为1.94∶1，不仅远低于全国（2.50∶1），而且低于经济同样较发达的江苏（2.16∶1）、广东（2.46∶1）两省；农村居民人均可支配收入达35247元，是全国平均水平的1.86倍，是江苏的1.32倍，是城乡收入差距最小的省份之一。公路、信息网络等现代化基础设施及医疗保险、养老保险、最低生活保障等民生保障已经实现了向农村的全覆盖和一体化发展，教育资源在城乡间的配置也更加优质均衡，作为居民“隐性财富”的民生服务在城乡间的差距逐渐缩小。

在区域差距方面，浙东南与浙西北的差距依然存在。2011~2020年，浙东北6市与浙西南5市GDP的倍差不仅没有缩小，反而由2.06倍扩大到

---

① 江骏霞：《浙江省第十四次党代会以来经济社会发展成就之共同富裕篇》，《统计科学与实践》2022年第5期。

2.24 倍；但也要注意到，人均生产总值最高的杭州市与最低的丽水市的倍差已经由 2011 年的 3.31 倍缩小到 2020 年的 2.21 倍，区域发展的人均值差距正在迅速缩小，进一步体现了共同富裕的特征。

三　公共服务优质共享步伐加快

浙江经济社会发展的协调度较高。雄厚的经济基础为浙江完善社会保障体系、进行民生建设提供了支撑，浙江社会事业发展较好、社会文明程度较高、政府治理水平较高、治理能力较强，这反过来为浙江经济发展织密了“安全网”，创设了和谐稳定的发展环境，成为促进现代化平稳持续推进的优势。

（一）社会保障体系日渐完善

浙江满足居民基本生存需求的“兜底型”社会保障体系基本实现了全覆盖，正逐步建立满足居民发展需求的更高水平的社会保障体系。2021 年，基本养老保险、基本医疗保险、失业保险参保人数分别达 4423 万人、5655 万人、1793.5 万人，较 2020 年分别增加 67.93 万人、98.47 万人、106.67 万人；并且保障标准随 GDP 增长逐年提升，在社会保障方面实现了城乡接轨，城乡居民基础养老金最低标准、城乡低保分别提高至 180 元/月、941 元/月。

（二）人力资源的比较优势突出

人力资源是经济发展重要的要素投入，是构成经济社会活动的基本前提。在现代社会，人口素养的提高是促进经济发展的决定性因素之一，人力资源成为地区间最重要的比较优势之一。浙江在人力资源上的特点主要体现在三个方面，即人口自然增长率比较低，人口净流入数量高，人口综合素质比较高。

2021 年数据显示，在全国 31 个省（区、市）中，共有 15 个省（区、市）的常住人口实现增长，其中位列前五的是浙江、广东、湖北、江苏、福建，浙江以 72 万人的增量位列第一。按照自然增长率测算，2021 年浙江自然增长的人口仅有约 6.5 万人，可以推算浙江全年人口净流入数量达 65.5 万。在全国各省（区、市）的新增人口排名中，浙江的人口增量位居全国第一，甚至显著超过了经济总量第一大省广东（60 万人），也超过长三角的经济强省江苏（28.1 万人）和直辖市上海（1.07 万人）。这表明浙江对外来人口的吸引力较强。一般而言，人口净流入与省域的产业发展状况密切相关，浙江的杭州、宁波等城市创新动力强，在经济发展、产业转型方面做得比较好，所以有能力吸引更多外地人口进入，已经形成了人力资源的“蓄水池”。

浙江的人口综合素质同样较高。2020 年，浙江受过高等教育的总人口数超过 1000 万人，达 1097 万人，绝对数量排在全国第六，占全省总人口的比重为 17%，位居全国第十，人均受教育程度高于全国平均水平，居民文化素质已经达到世界中上水平。但是，人均受教育程度低于北京、上海、天津、江苏、陕西、辽宁、陕西、内蒙古、宁夏等地。这与浙江过往的产业结构和高校数量有一定关系，浙江的高等院校相比北京、上海、天津、江苏等省市仍然较少。但是，浙江人力资源的综合素质较高，在市场经济的浪潮中，富有冒险精神、能吃苦的浙江人在实践中边干边学，“来自课堂外的学习”助增了浙江居民综合素养的提高。

（三）社会治理效能不断提升

浙江服务型政府建设成效显著。在全国率先推广“互联网+政务服务”，先后推进“四张清单一张网”“最多跑一次”等改革，并且将信息化融入“网格化管理、组团式服务”建设全程，借助信息化优势为创新社会治理、提升政府服务效能提供支持，社会治理智慧化水平不断提升，极大方便了居民、优化了营商环境。浙江作为“枫桥经验”的发源地，充分发挥调解机制的正面作用，实现了矛盾化解的前移，2020 年浙江万人拥有调解员 25.11 人，调解民事纠纷 450844 件，有效化解了居民间的矛盾、避免了矛盾升级。群众安全感满意率从 2016 年的 96.43% 上升到了 2021 年的 97.25%，连续 18 年位居全国前列，是公认最有安全感的省份之一，为现代化创设了和谐稳定的社会环境。

第二节 省域现代化的发展历程与实践

浙江省始终坚决贯彻国家社会主义现代化建设的宏观战略，敢为人先、不断奋斗，先行探寻实现现代化的有效路径。改革开放以来，在全面建成小康社会的过程中，成功实现了从资源小省转型为经济大省的历史性跨越。在建设社会主义现代化的新的历史时期，浙江继续在结构调整、转型升级等方面持续发力，数字化赋能走在全国前列，创新创业能力进一步增强，进一步全面深化改革，再创体制机制的新优势。

一　浙江省域现代化的发展历程

浙江是中国革命红船的起航地。百余年来，在中国共产党的坚强领导下，浙江全省人民践行初心使命，率先落实推进改革开放，摆脱贫困，实现小康。进入 21 世纪，特别是自 2003 年以来，浙江省践行“八八战略”，积极扎实落实习近平同志对浙江提出的“干在实处永无止境，走在前列要谋新篇，勇立潮头方显担当”新要求，着力打造新时代全面体现中国特色社会主义优越性的关键窗口，经济社会发展成就卓越。浙江省实现了由一穷二白到经济大省，由绝对贫困到全面小康，由百废待兴到创新创业的历史性变化。

（一）1949~1978 年：曲折探索起步时期

近代以来，因政治制度腐朽落后、帝国主义掠夺侵占和连年战火毁坏，浙江经济基础遭到严重毁坏。1948 年出版的《浙江经济年鉴》记载了当时的经济惨状，“本省农业几呈支离破碎，徒具残余之躯壳”，浙江森林“已无战前积蓄之半矣”，浙江省的工业“备受摧残，战后频受社会不景气之影响，与外货之大量输入，以致生产萎缩，支持非易，若不急图挽救，前途堪忧”。在 1949 年新中国成立的时候，浙江的经济基础非常薄弱，地区生产总值仅为 15 亿元，人均地区生产总值仅为 72 元，国民经济各行业固定资产总值仅 3 亿元，农业总产值只有 13.92 亿元，工业总产值仅 4.05 亿元，且以小型手工作坊为主，企业规模偏小、生产工艺落后。人民生活极为贫困，1949 年浙江省城镇居民人均可支配收入和农村居民人均纯收入分别为 116 元和 47 元，城乡居民人均消费金额只有 62 元。

1949 年新中国成立后，浙江和其他省市一样，一同进入了国民经济恢复和社会主义建设的新时期。1950~1957 年，新中国政权在政治上逐渐巩固的同时，工作重心开始转到对生产资料私有制进行社会主义改造和开展社会主义工业化建设上面来。在这个阶段，浙江在政治、经济、社会、文化等各方面都获得了一系列成就，初步建成了社会主义经济基础，为全面开展社会主义建设打下了良好基础，推动了工农业和整个国民经济的起步发展。1957 年，随着“一五”计划的顺利完成，全省地区生产总值达 37.3 亿元，比 1949 年增长了 1.49 倍，年平均增长 12.06%，人均地区生产总值增加到 151 元。人民生活也随之逐步改善。

但其后受“大跃进”运动及严重的自然灾害影响，1958~1962 年，浙江地区生产总值年均下降 0.5%，粮食年产量从 765 万吨降到 713 万吨，布、丝、食用植物油等民生工业品的产量也出现较大幅度的下降。1961 年，浙江贯彻国民经济“调整、巩固、充实、提高”的八字方针，采取控制压缩基建规模，调整农业、轻工业、重工业间的比例，努力恢复发展农业生产和消费品工业等一系列振兴措施，国民经济得以恢复和发展，教育、科学、文化等方面都获得了比较突出的进步。1962~1966 年，浙江地区生产总值累计增长了 45.2%，人均地区生产总值增长到 195 元，城乡居民消费水平年平均增长 4.8%。浙江经济重新走上了稳步发展的道路。但是，1966~1976 年“文化大革命”使浙江经济恢复发展的良好形势受到破坏，全省地区生产总值年均增长仅 3.8%，其中 1967 年、1968 年、1974 年和 1975 年这 4 个年份出现负增长；基础设施、文教卫生、劳动就业、民生福利和人民生活等方面增加大量历史欠账，国民经济比例再次严重失衡。1976 年 10 月，粉碎“四人帮”标志着“文化大革命”结束，社会秩序开始恢复，浙江的工农业生产以较快的速度恢复，教育、科学、文化、卫生等工作逐步恢复正常，再次走上健康发展的轨道。

新中国成立后到改革开放之前，浙江的发展道路迂回曲折，但依然取得了显著成绩，尤其是在实现早期工业化和消除贫困等方面获得了较大成绩。1978 年，全省地区生产总值为 123.7 亿元，与 1949 年相比增长了 7.25 倍，年均增速达 7.55%，人均地区生产总值为 332 元，年均增速为 5.41%。三次产业结构调整优化为 38.1∶43.3∶18.7，第二产业的比重大幅增加。但与全国相比，特别是与部分北方省市相比，浙江的经济社会发展速度相对较慢。

（二）1978~1992 年：改革先行时期

1978 年 12 月，党的十一届三中全会提出了把工作重点转移到以经济建设为中心的轨道上来的伟大战略决策，自此揭开了国家经济体制改革的序幕。浙江由此开启了经济体制改革和社会主义市场经济体系建设，改革的重点在于“搞活”，释放企业、居民发展的主动性。

农村改革率先取得突破。20 世纪 70 年代末，浙江农民已经开始自发探索以“联产计酬”为特征的生产责任制，1979 年正式开始家庭联产承包责任制改革，至 1983 年联产承包责任制全面实行，97. 5%的生产队实现了包产到户。[①] 改革极大释放了农村生产力，1984 年农林牧副渔业总产值达 147. 49 亿元，1978~1984 年年均增速达 14. 43%；1992 年农林牧副渔业总产值达 396. 93 亿元，1978~1992 年年均增速达 13. 71%，持续快速增长，主要农产品产量累创历史纪录。随着农业生产效率提升，农村产生大量富余劳动力，推动农村工业化起步，1985 年后乡镇企业崛起，成为农村经济发展的重要支柱。1991 年乡村工业占工业总产值的比例达 48. 3%，1993 年乡镇企业从业人员达 667. 1 万人，浙江开始了以工业化、城镇化为特征的第一次现代化进程。

农村经济体制改革带动了城市经济体制改革。尤其是 1984 年中共十二届三中全会后，经济体制改革全面实施。自 1980 年起，浙江先后推进了“以税代利”简政放权、“减税让利”企业自负盈亏、按劳分配等企业内部经营机制改革[②]，逐步赋予企业生产经营自主权，鼓励发展个体经济、民营经济，企业活力逐步得到释放，企业和职工生产的积极性被调动起来，为了获得更好的经济效益，企业主动进行技术改造，生产效率逐步提升，工业化进程加速推进，丝绸、服装、纺织、食品、电器、电子、机械等成为本时期的支柱产业。1987 年，三次产业比调整为 26. 3∶46. 4∶27. 4，第三产业比重首次超过第一产业，形成“二三一”产业结构；1992 年，三次产业比为 19. 1：47. 5：33. 4，一产比重首次低于 20%。[③]

生产力发展产生更多的贸易需求，浙江适时推进商业体制改革，市场化程度不断提高。商业体制改革从放开部分农副产品价格、发展商品市场畅通流通渠道开始，并且进一步带动了生产资料市场、劳务市场、资金市

① 文军、金延锋：《浙江改革开放备忘录》，《今日浙江》1998 年第 Z2 期。

② 文军、金延锋：《浙江改革开放备忘录》，《今日浙江》1998 年第 Z2 期。

③ 郭占恒：《浙江 70 年发展的历史变革（之一）》，《浙江经济》2019 年第 14 期。

场的发展。“义乌小商品市场”“温州十大专业市场”“绍兴轻纺市场”等崛起，1985 年杭州被确定为全国建设生产资料市场试点城市之一，[①] 探索了“产销联营”“展销会”“工贸联合”等扩大市场的方式。1991 年，浙江市场数量和成交金额均位列全国第一。国内市场扩大的同时，开放经济也开始起步，1984 年宁波、温州被国务院列为首批沿海开放城市；1988 年后，经国务院批准浙江经济开放区扩大到 37 个市县[②]。

经过改革先行期的发展，浙江经济逐步恢复，经济效益不断提升，1992 年地区生产总值是 1978 年的 11.12 倍，年均增长 18.78%，是全国经济增长最快的地区之一。与经济发展同步推进的是科教文卫的复兴，浙江进行了教育体制改革，1985 年省会杭州提出“科教兴市”战略，1985 年通过《浙江省实行九年制义务教育条例》，1992 年开始实施“科教兴省”战略，1995 年九年制义务教育基本普及，社会秩序逐步恢复，社会事业和人口素质明显提升。

（三）1992~2012 年：全面小康建设时期

1992 年，邓小平发表“南方谈话”，同年 10 月党的十四大明确了社会主义市场经济体制改革目标，2002 年党的十六大提出全面建设小康社会新目标。浙江抓住机遇，深入解放思想，加快改革开放步伐，工业化、市场化、城镇化、信息化水平迅速提升。2011 年浙江全面小康社会实现度达 96.9%，2012 年浙江省第十三次党代会宣布，基本实现全面建设小康社会目标。

在经济发展上，强调速度和质量同步提升，坚持“创业富民”“创新强省”“转变方式”“可持续发展”，科技进步、产业升级、乡镇企业、改革开放成为经济“又快又好”发展的重要动力。一是转变发展方式，促进产业结构调整。2009 年出台了《关于开展转变经济发展方式综合配套改革试点的意见》，通过产权制度、经营机制改革推进现代企业制度建立，三次产业结构由 1992 年的 19.1∶47.5∶33.4 调整为 2012 年的 4.7∶49.6∶45.8，医药化工、食品饮料、机械制造、电子信息、纺织服装成为新的支柱产业，

---

① 《杭州》课题组：《杭州》，当代中国出版社，2008。

② 《浙江省国民经济和社会发展十年规划和第八个五年计划纲要（1991—2000 年）》。

国有企业通过改革发展质效飞速提升。二是重视科技进步。“八五”规划要求“把科技进步和智力开发放在突出位置”，“十五”规划提出“迎接知识经济挑战”，2009 年被科技部等六部委确定为国家技术创新工程首个试点省份[①]，2012 年 R&D 经费支出达 722.59 亿元，是 1992 年的 208.84 倍，占 GDP 比重由 1992 年的 0.25%上升到 2.10%。三是推动乡镇企业发展，鼓励创业。1992 年出台《关于全力推进乡镇企业大发展大提高的通知》，2009 年成立省创业风险投资引导基金。四是推进块状经济和产业集群发展，在市场规律作用下生产要素开始向优势企业流动，企业的发展逐渐打破行政界限和行业界限，国家级经济技术开发区迅速发展，形成了规模效应。五是现代化市场发育成熟，现代化流通业态迅速发展，专业市场、技术市场、人才市场、信息市场、金融市场、电子商务及跨境电商等均获得迅速发展。[②] 2012 年，社会消费品零售总额达 13588.34 亿元，是 1992 年的 27.51 倍。六是全方位开放格局初步形成，积极迎接全球化挑战，进口出口相结合，尤其是加大了对可以促进技术进步的外商企业的吸引力度。GDP、人均 GDP 分别由 1992 年的 1375.7 亿元、3209 元，增长到 2012 年的 34382.39 亿元、61097 元，年均增速分别为 17.46%、15.87%；2012 年，进出口总额、实际利用外资分别达 3124 亿美元、162.23 亿美元，分别是 1992 年的 62.49 倍和 39.60 倍。

发展的协调性增强，坚持精神文明和物质文明两手抓，经济发展和社会发展同步推进，社会保障制度不断完善，服务型政府建设成效显著。“八五”规划提出“物质文明和精神文明一起抓”，“十五”规划提出“社会信息化”建设、“建设文化大省”，“十一五”规划提出建设“平安浙江”“依法治省”，“十二五”规划提出“社会和谐”“建设生态文明”“保障改善民生”。“八五”期末，浙江 97%的地区普及了九年制义务教育；2002~2012 年，浙江城乡居民人均可支配收入分别实际增长了 1.6 倍、1.4 倍，年均增长率分别为 4.8%、3.4%，[③] 每万人拥有大学生数由 82.31 人增加到 173.56

---

① 《面朝大海、改革不息——浙江改革开放（2009—2013 年）大事记》，《今日浙江》2013 年第 20 期。

② 文军、金延锋：《浙江改革开放备忘录》，《今日浙江》1998 年第 Z2 期。

③ 《数说百年奋斗路、礼赞世纪辉煌史——中国共产党成立 100 周年浙江经济社会发展总报告》，《浙江经济》2021 年第 7 期。

人，增长了 1.11 倍，年均增长率达 7.75%。

（四）2012 年至今：高质量现代化发展时期

全面建成小康社会后，浙江继续以“八八战略”为引领，以实现高质量发展、创新发展、以人为中心的发展、全面协调发展、可持续发展为目标，政府力量和市场力量上下联动，进行顶层设计、超前布局、系统谋划，率先开启了社会主义现代化建设的新征程，综合实力连续居全国前列，国际竞争力不断增强。

通过提升自主创新能力，促进产业升级，实现高质量发展。创新是现代化的标志特征和核心动力，浙江于 2013 年通过了《关于全面实施创新驱动发展战略加快建设创新型省份的决定》，积极适应知识经济、数字经济发展要求，通过加大科研技改投入、发展科技型企业、赋予科研人员自主性、保护知识产权、促进产学研结合、培育创新生态、建设省域创新平台载体、立足全球汇聚创新人才和创新要素等措施，形成了创新发展的新优势，成功实现了产业链、价值链升级，已经成为高新技术产业和数字经济发展大省，产业的竞争力强、关联度大，形成了产业集群新优势。2020 年，R&D 经费支出 1858.59 亿元，是 2012 年的 2.57 倍，占 GDP 比重为 2.88%，比 2012 年提高了 0.78 个百分点。全省 GDP 达 64613.34 亿元，人均 GDP 达 100620 元，2012～2020 年全省 GDP 和人均 GDP 年均增速分别为 8.21% 和 6.43%。

伴随着经济社会的不断进步，人民群众对美好生活有更高、更多的期盼，期待能获得更好的教育和医疗服务，期待拥有更稳定的劳动机会和更高的劳动报酬。浙江坚持发展为人民，民生福祉不断改善。2020 年，浙江城镇、农村居民人均可支配收入分别为 62699 元、31930 元，分别连续 20 年、36 年位居全国各省（区）第一。[①] 全省人均预期寿命从新中国成立之初的约 35 岁提高到 79.47 岁，仅次于北京和上海，可与中高收入国家水平相媲美。2021 年，中共中央、国务院印发《关于支持浙江高质量发展建设共同富裕示范区的意见》，既是对浙江共同富裕成绩的肯定，也是对浙江提

① 林学军：《浙江作为共同富裕示范区的主要特征、路径与启示》，光明网，2021 年 7 月 29 日，https：//theory.gmw.cn/2021-07/29/content_35038294.htm。

出的新要求。

浙江坚持协调发展，“文化大省”“美丽浙江”“法治浙江”“平安浙江”建设均取得突破。截至 2020 年，浙江每万人口大学生数达 194.96 人、比 2012 年增加了 21.4 人；每千人拥有医生数 3.37 人；累计建成国家生态文明建设示范区 35 个，优化产业结构和能源结构，打造生态型产业体系，构建绿色、低碳、循环的经济发展模式，推行绿色低碳的生产方式；以体制机制创新为发展赋能，在全国率先开展“最多跑一次”“四张清单一张网”等改革，治理水平和治理能力不断提升。

二 浙江省现代化的辉煌成就

浙江省创造了一个个从无到有、有中生奇的发展奇迹，经济发展和社会进步进入良性轨迹，领先全国实现了地区繁荣和群众富裕，以很高的水准建成小康社会并率先开启社会主义现代化建设的新征程，取得了辉煌成就。

（一）经济实力领先全国，发展质量保持优势

经济发展在省域现代化中起着基础支撑作用，浙江省经济规模持续翻倍增长，经济发展的速度和质量优势均较为突出。浙江省的地区生产总值（GDP）从 1949 年仅为 15 亿元，到 1978 年增长到 124 亿元，到 1991 年超过 1000 亿元，到 2004 年超过 10000 亿元，2021 年浙江 GDP 超过 7 万亿元，在全国的排名由 1952 年的第 11 名，提升至 1997 年的第 4 名，并保持至今，经济保持了持续快速增长（见图 6-2）。浙江省 1949 年人均地区生产总值仅为 72 元，到 1978 年人均地区生产总值增长到 332 元，2021 年则大幅提高到了 11.3 万元，在全国的排名从 1978 年的第 16 名提高至第 5 名，是新中国成立以来经济规模和人均经济总量增速最快的省级行政区域之一（见图 6-3）。

（二）产业结构逐渐优化，数字经济贡献突出

浙江主动适应并且引领信息化和知识经济发展需求，在我国的数字经济发展中发挥了领头羊作用。新中国成立之初，浙江省产业水平较低，与其他省份一样属于落后的农业社会，农业产值占比接近 70%，到 1978 年改

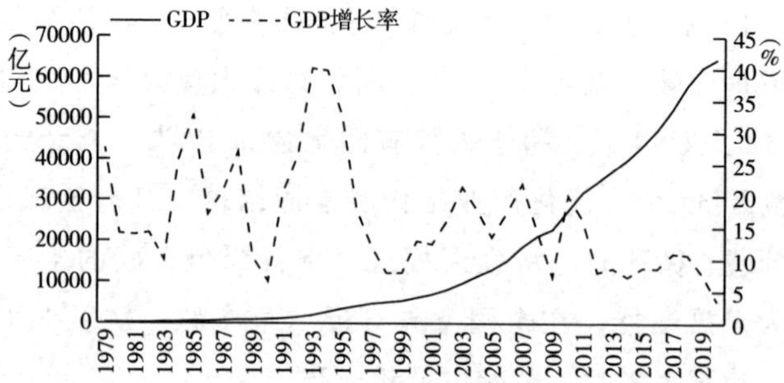

图 6-2　浙江省历年 GDP 及增长率（1979~2020 年）

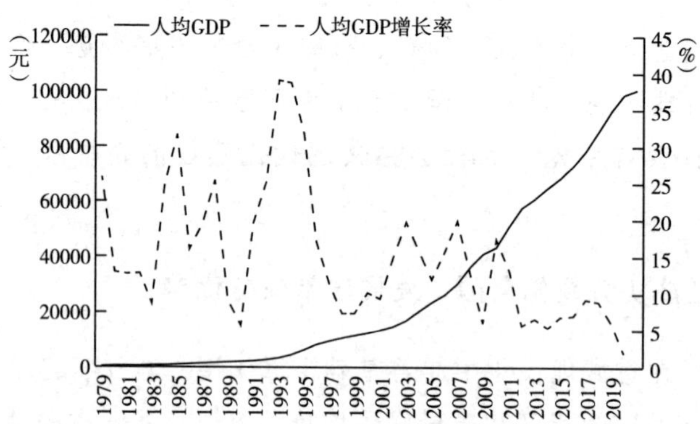

图 6-3　浙江省历年人均 GDP 及增长率（1979~2020 年）

革开放之初发展变化为农业占比约 38%，工业占比约 43%；到 2021 年农业占比进一步下降为 3%，工业占比约 42.4%，第三产业占比约 54.6%，第二产业和第三产业成为经济繁荣的两大支柱（见图 6-4）。与此同时，经济发展的模式也逐步向现代化转型。一方面，积极培育上市公司、专精特新企业、独角兽企业和瞪羚企业，推动民营经济高质量发展；另一方面，加快招引头部企业、企业总部和产业链支配环节，当前已经初步形成实体经济、科技创新、现代金融、人力资源协同发展的格局，自主可控、安全可靠的现代产业体系初步建成。信息化和数字化是浙江经济发展的鲜明特征，浙江实施数字经济“一号工程”，促进新兴产业蓬勃发展。根据中国信息通信研究院的数据，2020 年数字产业增加值突破 3 万亿元，在地区生产总值中的占比高达 46.8%，位列各省（区、市）第 4 位。

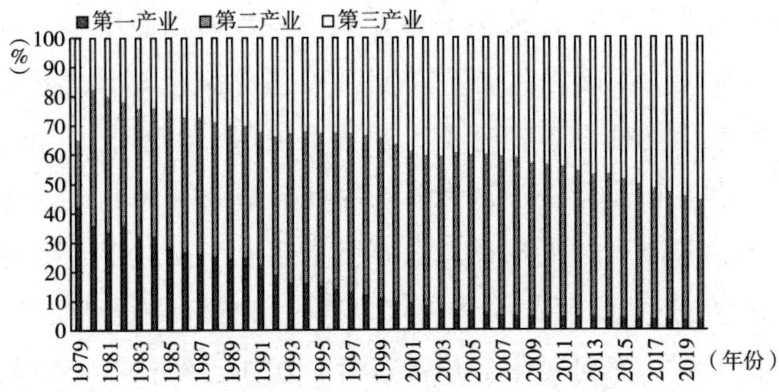

图 6-4　浙江省三次产业结构（1979~2020 年）

（三）市场化程度日益提高，民营经济活力四射

浙江省自古以来就有创业的传统，是全国“大众创业，万众创新”土壤最为厚实的省份之一。民营经济发展取得了辉煌的成就。2021 年，全省民营经济增加值约为 4.92 亿元，占地区生产总值的约三分之二。2021 年末，在各级各地市场监管局办理了工商登记的市场主体有 868 万户，同比大幅增长了 65.2 万户，其中新设立的民营企业数量约 53 万户，同比增长了 11.4%，约占新设主体数量的 94%。民营经济对经济社会发展的贡献度保持较高水平，税收贡献约占浙江税收贡献的近四分之三。全省人均拥有 0.13 家市场主体，2021 年浙江有 96 家民营企业位居全国民营企业 500 强，数量连续 23 年居全国第一。[①]。浙江的个体私营经济保持蓬勃生机，其增加值的增长率约为 15.4%，高于地区生产总值的增长率近 2 个百分点，在地区生产总值中的比重约为 64%，是浙江经济发展的特色名片。

（四）通信和数字化基础设施建设领先全国

浙江的数字化基础设施建设位居全国前列，不断推动新型通信网络基础设施建设，在广大城乡均接入了现代化的通信网络。2021 年末，光缆线路覆盖浙江全省，约 371 万公里，位居全国前三，全省互联网在家庭和工商

① 《数说百年奋斗路、礼赞世纪辉煌史——中国共产党成立 100 周年浙江经济社会发展总报告》，《浙江经济》2021 年第 7 期。

业领域的应用逐渐增加，整体普及率已经超过84%。截至2022年一季度末，浙江省大力投资建设下一代通信基础设施，大数据存储中心、云平台等计算、网络和存储能力不断优化提升，其中5G基站数量累计建成约12万个。快速稳定的数字化基础设施提升极大改善了民用、工商业等领域的通信效率，助力经济发展和社会进步，为浙江的社会繁荣和民生改善发挥了基础性的重要作用。浙江拥有全球最大的中小企业电子商务平台和网络零售平台。① 正是由于信息化水平高，知识可以通过信息网络技术实现瞬时传播，传播速度要快于以往任何要素的传播速度，浙江已经初步形成信息化和知识化的良性互动。

第三节 省域现代化的经验启示

浙江省在推进现代化的过程中，实施了“八八战略”等一系列重要战略，这些战略强调把浙江的区位、产业、城乡协调、生态、山海资源、环境、人文、体制机制等优势转化为现实的发展优势，并在此基础上再造新优势，推动发展迈向新台阶。② 在这些战略的推动下，浙江省的现代化以其区位条件、生态资源、人文性格、经济发展基础等优势为依托，探索了适合自身的实施路径，具有鲜明的省域特色，尤其是在高质量发展、创新发展、共同富裕、市场经济建设、数字化发展、人的现代化、生态现代化等方面取得了大量可以推广借鉴的经验。

一 以民为本建设共同富裕的现代化

以富民促强省是浙江的发展特征和现代化探索的重要经验，浙江的现代化建设始终以居民利益为核心，以满足人民需要为出发点。作为我国的共同富裕示范区，浙江在共同富裕上获得优异成绩，居民人均收入已经达到中等发达国家水平，经济和民生发展的协同度较高，为全国实现共同富裕先行探路。共同富裕有效扩大了浙江的内需市场，使浙江的经济发展成

① 《数说百年奋斗路、礼赞世纪辉煌史——中国共产党成立100周年浙江经济社会发展总报告》，《浙江经济》2021年第7期。

② 夏宝龙：《“八八战略”：为浙江现代化建设导航》，《求是》2013年第5期。

功实现了由出口、投资驱动，向消费、投资、出口三驾马车协同驱动的转变，经济发展的韧性更强。

第一，浙江的经济长期保持增长，经济发展质量不断提升，为共同富裕夯实了基础。浙江是中国经济最为活跃的省份之一，产业发展基础好且高新技术产业发展迅速，有效增加了从业人员工资收入；现代化服务业发展水平高，因而就业容量较大、失业率长期保持较低水平。民富又提高了居民的消费能力，有效扩大了内需市场，反过来为经济的持续发展提供了有力支撑，由此浙江的生产、投资、消费等经济发展的主要环节更加平衡通畅，实现了发展的良性循环。

第二，中等收入群体不断扩大，收入分配格局不断优化。浙江强调"藏富于民"，以民为本构建了多元化的所有制形式和分配制度，在浙江"高质量发展建设共同富裕示范区"中发挥了关键作用。浙江一直鼓励创业、创新，富有企业家精神，是我国民营经济最发达的省份之一，尤其是在市场化程度高的领域民营经济占比较高，[①] 形成了民营经济与国有企业相得益彰的发展格局，经济形式的多元化催生了分配方式的多元化，使得浙江居民的收入来源渠道更加多元，形成了更为合理的收入分配格局。

第三，充分发挥社会保障和政府公共服务的隐性财富作用。浙江的社会保障体系健全，政府的民生投入尤其是在教育、卫生、社保就业、住房保障领域的投入支出较高，保基础、保公平的社会保障体系已经实现了全覆盖。而且，浙江仍在不断提高社会保障水平，发展高质量、高水平的民生保障供给。尤其是在第二次现代化阶段，高层次、发展型、个性化的民生需求增多，产生了精准识别需求、供需精准对接的需求，浙江先进的大数据为精准识别居民需求提供了便利。正是强大的社会保障托底，使居民没有后顾之忧，更加激发了居民干事创业的热情，这已经成为人民生活的"隐性财富"。

第四，通过提高城乡区域协调发展水平实现共同富裕。在节点建设层面，促进中心城市、大中城市、小城镇和中心镇村的全面发展；在面域协作层面，推进"山海协作"和"大湾区""大都市区"建设；在通道建设

---

① 张莞洺：《区域现代化的理论与发展路径研究——基于浙江省的实证分析》，《浙江学刊》2012 年第 5 期。

层面，通过“大通道”建设畅通区域流动，由此形成点线面联动的区域一体化发展格局。2021 年，浙江城市居民人均可支配收入 57541 元，仅次于上海、北京两大直辖市，居全国第三位；农村人均可支配收入 35247 元，仅次于上海，居全国第二位；浙江早在 1997 年就已经成为全国第一个消灭贫困县的省份。

二 创新创业是现代化的核心动力

在现代化的实践中，浙江涌现出一大批勇于创新、精明果敢、善于把握机会的知名创业者，这些创业者是浙江经济腾飞极为重要的因素。这些创业者的出现得益于浙江鼓励创新创业的人文精神和政策环境。

第一，与创业创新和现代化相适应的人文精神是浙江现代化的重要土壤。浙江的耕地面积少，有“七山一水二分田”之称，传统农业文明时代，耕地面积少带来了较大的生存压力，为满足生存需要，浙江形成了特有的“行商文化”传统——重视发展商品经济、倾向于“走出去”、积极进取、敢于闯荡，这一文化传统对现代化需求表现出更强的适应性。进入现代化建设阶段，浙江的传统文化精神与现代化价值观相适应，表现出更能把握潮流、更适应市场经济价值观、积极追求自我价值的实现、开放进取、互帮互助、崇尚创新的特征，使其敢闯敢试，抓住了对外开放和市场经济体制改革的先机及数字经济等新兴产业腾飞的节点。[①]

第二，把创新作为发展的第一动力，突出创新强省的发展导向。浙江的创新能力，不仅表现为科技创新，还表现为运营方式、管理方式、制度机制等方面的创新能力，是全过程、全领域的创新。浙江的市场化、工业化动力首先来源于居民的发展需求，现代化过程中也始终坚持企业的创新主体地位，实现了创业、创新的高效联动。浙江现代化发展中最典型的“温州模式”，核心特征就是充分尊重和激发人民的首创精神，尊重人作为现代化主体的地位，将经济发展与体制机制改革有机结合起来，并且通过培育各类生产要素市场使居民创业创新更容易获得技术支持。[②] 以客户需求

① 李景源、张晓明主编《浙江经验与中国发展：科学发展观与和谐社会建设在浙江》（文化卷），社会科学文献出版社，2007。

② 史晋川：《浙江的现代化进程与发展模式》，《浙江社会科学》1999 年第 3 期。

为导向，是浙江创新的又一大特征，优先启动发展急需、市场前景好、对扩大内需作用大、对经济社会发展有重大影响的创新。浙江同样注意充分发挥产业园区在建设创新平台、促进创新协同中的作用，依托产业园区设立产业核心技术研发和攻关联盟，形成整体技术优势。浙江高校和科研院所对企业的服务意识和服务能力强，产学研结合紧密、合作形式多元化。

第三，新阶段，信息化、数字化、智能化对创新和现代化的深入推进发挥着更重要作用。浙江是我国数字化发展水平最高的省份之一，数字化不仅为浙江培育了电子商务、互联网产业、大数据产业、智能制造业、物联网产业等新的经济增长点，而且可以有效促进创新研发联盟和产业集群的发展，使创新由注重单项技术研发向注重整体技术优势的集成创新飞跃，形成区域一体化的创新研发网络，有效提升了创新效能。数字化同样促进了三次产业企业间的协作，增强了产业链黏性和韧性，通过合作促进了产业链各环节的数据共享，制造业和服务业企业可以更便捷地根据需求数据及时调整供给，形成连接客户、企业及上下游和配套企业的实时协同供应链，有效提高了生产效率和供需协调度。

第四，“改革+”，塑造鼓励包容创新的制度环境，形成体制机制创新优势。浙江的改革首先来源于居民的改革发展需求，率先进行改革形成了鲜明的比较优势，成功激发了浙江的经济发展活力，由此开启了以农村工业化及市场贸易和专业市场发展为特征的现代化进程。随后，政府主动深入推进改革创新，以政府管理创新为突破口，适应经济社会现代化发展的需求，在全国率先开展“四张清单一张网”“最多跑一次”“掌上办事”“掌上办公”“掌上治理”等改革，着力提升治理能力和服务能力，在改革和发展间形成了良性循环。

第五，“开放+”，通过深度推进对外开放提升自身的创新创业和发展能力，加快建设国内国际双循环战略枢纽。浙江在开放过程中坚持引资、引技、引智并举，进入21世纪更加重视加速集聚层次更高、质量更优、效益更好的要素资源和投资项目。浙江省第十四次党代会以来，浙江全力对接、落实国家“一带一路”、长江经济带和长江三角洲一体化发展规划等重大战略，竭力推动“大湾区”“大花园”“大通道”“大都市区”建设，在市场采购、跨境电子商务等领域创新对外贸易新模式，不断提升对外开放层次，不断深化对外开放内涵。

三 发达的市场经济和民营经济是现代化的重要特色

浙江经济开发历史悠久，市场发育成熟、非公有制经济实力强是浙江经济发展的鲜明特点。现代经济发展需要优化配置资源，浙江是市场经济在全国发育较早的省份，在市场竞争中已获得先发优势，而且民间资本的投资意识强、发展的主动性强，自20世纪70年代末就开始自发推动自下而上的改革，使得浙江的产业发展过程以个体经济、私营经济、股份合作经济为代表的民营经济崛起为特点，经济活动的效率和实力一直在全国处于较高水平。

第一，浙江的现代化表现出强市场特征。经济活动只有在要素流动和循环中才能存在，市场化的本质是流动性、公平性、开放性，是理性思维和规则约束下追求效率最大化的过程。浙江历来有重商传统，改革开放初期，浙江人自发举办商品交易市场，并进一步促进了生产要素市场的发育。20世纪90年代，个体私营经济和专业市场迅速发展、相互促进，“双轮驱动”推动浙江经济发展，通过市场调节有效提升了生产要素的流动效率，也使得资源趋向合理优化配置，极大地推动了区域经济的发展。继而在全国率先推动改革，率先建立了市场经济体制，产生了“温州模式”等区域经济现代化的模式，走出了一条由“市场大省”通往“经济大省”的发展道路。在市场化实践中，浙江坚持出外经商（或创办外地市场）与在本地创办市场并重，省内的市场和外地市场的成交金额均远远超过国内其他地区。

第二，民营经济发达，各种所有制企业协调发展，多元经济成分构成合理是浙江富民强省的基础。浙江民营经济发展起步早，20世纪70年代末，温州、台州等地就开始出现个体私营企业。[①] 民间资本的投资意识强、民间投资比重大是浙江省的一大突出特色。根据相关资料，早在1999年，浙江民间投资规模就已达1214亿元，占浙江全社会总投资额的比重达62.0%，此后浙江历年的民间投资规模占比都居全国前列。2020年浙江共有96家企业入选中国民营企业500强，连续22年位居中国第一，民营经济增加值占GDP的比重在60%以上。民营经济的特点是专业、分散、灵活，

① 郭占恒：《浙江改革开放以来发展的路径演进和深刻变革》，《统计科学与实践》2019年第5期。

民营经济的发展更加符合我国家庭观念强的社会特征，在现代化初期有效调动了居民的创业积极性、激发了社会资本活力，使量大面广的中小微企业迅速崛起，不仅有效解决了就业问题，而且可以多渠道增加居民收入，不仅有效促进了经济现代化，而且促进了社会现代化和人的现代化。随着现代化的深入推进，现代化经营方式与现代化知识体系相叠加，使得民营经济成长出更多小而美、小而精的企业和独角兽企业、瞪羚企业。民营经济决策迅速、善于把握市场机遇的优势进一步发挥，使浙江在技术和经济大变局中更好地把握发展机遇。

第三，"小微企业看浙江"，小微企业集聚发展的优势不断发挥。浙江省的商品市场比较发达，这为浙江发展区域特色产业提供了发展空间。通过商品市场的发展，采取"以贸带工、以销促产"的方式实现商品市场发达的优势与产业特色发展的优势有机结合、互相促进，推动浙江量大面广的民营经济更具发展活力。浙江特色产业的发展路径各不相同，有的产业是以传统优势为依托推陈出新；有的产业则是没有任何发展基础，但凭借产品小而美、小而专，以及对市场信息反应快的优势实现发展。经历长期的发展历程，浙江企业普遍具有了"轻、小、特"的特征，即以轻工业为主、小微企业多、特色产业蓬勃发展。小微企业机制灵活，能快速适应现代社会消费需求多元化、个性化的特点，更易于搞专业化分工协作，有利于提高企业的核心竞争力。近年来，浙江的小企业已经普遍向"小而专""小而精""小而特"的方向发展，进一步加强了专业细分、分工协作，产生了许多单项冠军，许多产品已形成全国乃至全球最大的生产基地，并且形成了"小企业、大集聚""小摊户、大网络"的经济发展格局，区块经济发达，经济发展的规模效益和集聚效益凸显。①

第四，深入推进产业转型升级和产业集聚。同步推进国有企业改革和小微企业成长，发展混合所有制经济，通过开展"凤凰行动""雏鹰行动""标准化+""互联网+""机器人+"等措施，推动经济质量实现新的飞跃。一方面，产业结构更加合理。2019 年，浙江第二产业占地区生产总值的比重约为 42.61%。改革开放初期，浙江工业的特点首先表现为以轻型工业为

---

① 张莞洺：《区域现代化的理论与发展路径研究——基于浙江省的实证分析》，《浙江学刊》2012 年第 5 期。

主，企业规模偏小，与市场联系密切。但随着改革开放的深入推进，浙江的工业结构逐渐重型化。2020 年规模以上工业企业总产值中，轻工业产值占 39.6%，重工业占比达 60.4%，而且装备制造、汽车制造、电器制造以及精细化工业等大型重工业占比迅速提高。另一方面，在发达的民营经济和市场经济基础上，形成了紧密连接的产业分工体系和产业集聚地。经济向知识化转型，科技创新型中小微企业、“专精特新”企业、“隐形冠军”企业迅速发展，逐步形成“个转企、小升规、规改股、股上市”企业梯队。

四　协调发展是现代化的必然要求

协调发展是浙江现代化的重要经验，通过现代化的实践过程，浙江的城乡协调、区域协调、各领域的协调发展水平明显提升。

第一，随着高质量全面建成小康社会和现代化的推进，浙江省内不同区域间、城乡间在人均地区生产总值、居民人均可支配收入等人均指标上的差距不断缩小，并且区域间、城乡间在社会、政治、文化等领域公共服务的公平供给水平不断提高。2020 年居民人均可支配收入达 52397 元，城乡居民人均可支配收入比为 1.96∶1，是我国城乡收入差距最小的省份之一。第二，以城市群为主体，将宁杭、温州和金义都市区的发展与小城镇建设、美丽乡村建设结合起来，同步推进“山上浙江”“海上浙江”建设，促进“陆海联动”“山海协作”，有效降低了区域发展水平差距。第三，服务型政府建设成效显著，通过推进政府机构改革、行政审批制度改革，全面推行依法行政，政府宏观调控与市场的支配作用间形成良性互动，政府用于提供科教文卫和公共服务的支出不断增加、效益不断提升。社会现代化、文化现代化与经济现代化同步推进。第四，“美丽浙江”建设成效显著，用制度保护环境，扎实调整产业布局、推进结构升级，从招商引资、产业落户的源头上做好污染防治，加强环境统计、环境监测和绿色政绩考核三大体系的建设，生态现代化程度不断提高。

本章参考文献

[1]《杭州》课题组：《杭州》，当代中国出版社，2008。

[2]《面朝大海、改革不息——浙江改革开放（2009—2013 年）大事记》，《今日浙

江》2013 年第 20 期。

[3]《数说百年奋斗路、礼赞世纪辉煌史——中国共产党成立 100 周年浙江经济社会发展总报告》,《浙江经济》2021 年第 7 期。

[4]《浙江如何实现全面建成小康社会》,《求是》2015 年第 9 期。

[5] 陈凌:《论浙江现代化的内发性进程》,《浙江学刊》2000 年第 2 期。

[6] 郭占恒:《邓小平社会主义现代化战略及其在浙江的实践》,《浙江学刊》2001 年第 3 期。

[7] 郭占恒:《浙江 70 年发展的历史变革(之一)》,《浙江经济》2019 年第 14 期。

[8] 郭占恒:《浙江改革开放以来发展的路径演进和深刻变革》,《统计科学与实践》2019 年第 5 期。

[9] 胡文木:《从"平安浙江"到"社会治理现代化"》,《浙江社会科学》2016 年第 1 期。

[10] 江骏霞:《浙江省第十四次党代会以来经济社会发展成就之共同富裕篇》,《统计科学与实践》2022 年第 5 期。

[11] 林学军:《浙江作为共同富裕示范区的主要特征、路径与启示》,光明网,2021 年 7 月 29 日,https://theory.gmw.cn/2021-07/29/content_35038294.htm。

[12] 罗卫东:《改革开放以来浙江现代化进程的回顾与展望》,《浙江学刊》2000 年第 6 期。

[13] 史晋川:《浙江的现代化进程与发展模式》,《浙江社会科学》1999 年第 3 期。

[14] 文军、金延锋:《浙江改革开放备忘录》,《今日浙江》1998 年第 Z2 期。

[15] 夏宝龙:《"八八战略":为浙江现代化建设导航》,《求是》2013 年第 5 期。

[16] 杨建华:《现代化发展模式创新——浙江改革开放 30 年社会发展逻辑与启示》,《浙江社会科学》2008 年第 3 期。

[17] 于斌斌:《对省域、市域现代化进程的新测算——以浙江省为例》,《重庆大学学报》(社会科学版)2014 年第 6 期。

[18] 张菀洺:《区域现代化的理论与发展路径研究——基于浙江省的实证分析》,《浙江学刊》2012 年第 5 期。

[19] 陈武明:《浙江的现代化与城市化理论研讨会综述》,《浙江社会科学》1999 年第 2 期。

[20] 李景源、张晓明主编《浙江经验与中国发展:科学发展观与和谐社会建设在浙江》(文化卷),社会科学文献出版社,2007。

[21] 朱家良:《深化浙江现代化模式研究的现实意义》,《浙江社会科学》1999 年第 3 期。

第七章　山东省现代化实践探索

山东省是我国华东地区的重要沿海省份之一，同时也是我国重要的农业大省，经济发展实力日益增强，经济发展速度较快，自2007年以来一直居于全国第三的位置。山东省在现代化建设的不断推进中，走出了一条具有特色的省域现代化实践探索之路。

第一节　省域现代化的发展基础与特征

山东省是我国华东地区的沿海省份之一，在气候上属于暖温带季风气候，地理位置、文化传统以及在列强殖民侵略中的特殊遭遇等因素令山东现代化进程表现出有别于其他区域的一些特点，成为我国省域现代化建设具有自身特色的省份之一。

一　山东省区位特征与优势

山东在地理位置上自北而南分别与河北、河南、安徽、江苏4个省份接壤，下辖地级市16个、市辖区58个、县级市26个、县及自治县52个，是联合国生物多样性金融项目在中国的唯一示范省份，拥有丰富的自然资源、矿产资源与农业资源。

（一）优越的地理环境与丰富的自然资源为省域现代化创造了发展条件

山东地处我国东部沿海，与黄海、渤海临近，海洋资源丰富，东西向有胶济铁路，南北向有津浦铁路，海陆交通均十分发达。作为农业输出大省，山东具有丰富的农业资源与矿产资源。

数据显示，山东已发现矿产资源147种，占全国总量（173种）的84.97%。根据全国保有资源总量的统计，山东省的金、铪、自然硫等8种矿产资源保有量位列全国第一，菱镁矿、钛铁矿、玉石等 10 种矿产资源保有量位列全国第二，锆、片云母、化工用白云岩等 12 种矿产资源保有量位列全国第三，钍、钛、铁、石油、石墨、铝土矿、泥灰岩、玻璃用白云岩、钴等多种矿产资源保有量位列全国前十。其中，金、煤、铁、石油等重要矿产有着较好的后备资源远景。

（二）农业现代化水平与国际化水平的提升为省域现代化提供了保障

山东作为我国重要的农业大省，其农业的现代化水平和国际化水平近年来得到不断提升，粮食及其他农产品产量持续多年增长，总产量一直位于全国前列。

图 7-1 绘制了 2005~2020 年山东省农林牧渔总产值及其占全国农业产值比重的变化情况，可以看出在农业现代化进程中，山东省农林牧渔总产值呈现不断增长的趋势，自 2005 年的 3741.81 亿元增长至 2020 年的 10190.58 亿元，首次突破了 10000 亿元，年均增长率达 6.91%，且产值排名一直位列全国第一，占全国总产值的比重均值达 9.05%。

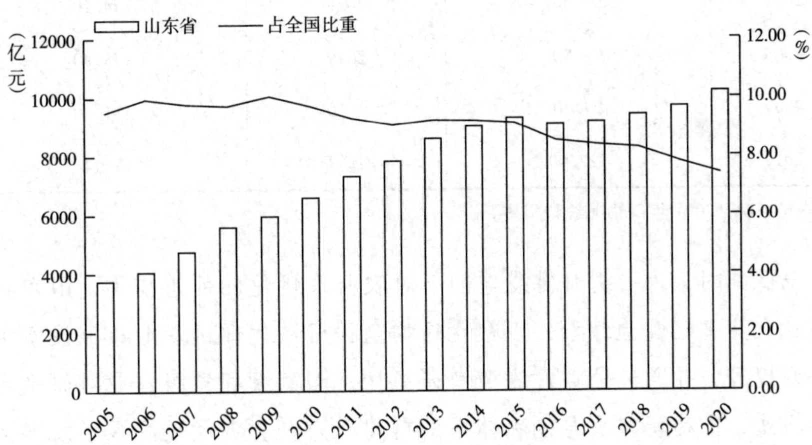

图 7-1 山东省农林牧渔总产值及占全国农业产值比重（2005~2020 年）

资料来源：2006~2021 年《山东统计年鉴》《中国统计年鉴》。

山东不仅仅是我国的农业大省，也是我国农产品出口大省，从其连续多年持续增长的农产品出口可以看出，在农业现代化进程中，山东省农业的国际化水平也在不断提升。如表 7-1 所示，山东省农副产品出口额自 2000 年的 35.30 亿美元增长到 2020 年的 181.70 亿美元，年均增长率达 8.54%，其出口总额占全国农产品出口总额的比重保持在约 1/4 的水平。

表 7-1　山东省农副产品出口额（2000~2020 年）

单位：亿美元，%

年份	农副产品出口额	年份	农副产品出口额
2000	35.30	2011	153.70
2001	44.70	2012	150.20
2002	52.30	2013	152.00
2003	65.80	2014	157.30
2004	83.00	2015	153.10
2005	69.10	2016	162.90
2006	80.90	2017	170.10
2007	92.50	2018	174.20
2008	99.80	2019	178.90
2009	97.70	2020	181.70
2010	127.00	年均增长率	8.54

资料来源：2021 年《山东统计年鉴》。

与此同时，为了提升科技与创新对农业现代化的促进作用，山东省不断强化农业基础设施建设，以粮食作物全程机械化促进农业机械设备水平的不断提升，并通过公益性农业科研机构、国家级和省级农业科研平台建设等方式，推动新型农业创新体系的构建，为农业现代化注入了发展活力与创新动力。

（三）充足的人力资源为人口结构现代化奠定了基础

山东是我国人口第二大省，农业人口占比较高，农业转移人口市民化成为人口结构现代化的重要指标，因此山东也一直将人口结构现代化作为现代化建设的重要指导思想之一。

农业转移人口市民化是指在工业化和城镇化的过程中，农村人口向城市迁移，逐步融入城市生活，转变为城市居民，其价值观、生活方式、行为习惯等向市民转换的经济社会过程①，这一过程涉及职业的转变、生活地域的转变、身份的转变以及观念的转变。从图 7-2 可以看出，1949~2020 年，山东省人口总数不断增长，自 1949 年的 4549 万人增长到 2020 年的 10173 万人，年均增长率为 1.14%，人口密度也由 1949 年的 290 人/平方公里增长到 2020 年的 643 人/平方公里。尤其是城镇人口数量占比不断提升，自 1949 年的 5.72%增长到 2020 年的 50.38%，人口城镇化水平不断提升，加快了人口结构向现代化迈进的步伐。

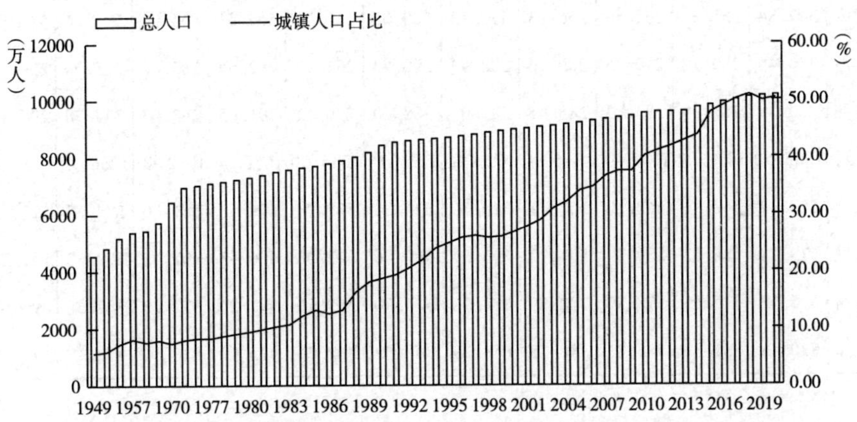

图 7-2　山东省总人口及城镇人口占比的变化趋势（1949~2020 年）

资料来源：2021 年《山东统计年鉴》。

具体到山东主要城市常住人口分布情况（见表 7-2），近年来常住人口总量突破 1000 万人以上的城市有青岛和临沂，常住人口总量在 800 万~1000 万人的城市有济南、潍坊、济宁、菏泽，常住人口总量在 500 万人以下的城市有淄博、枣庄、东营、威海、日照和滨州 6 个城市。可以看出，在山东省人口现代化进程中，仍然存在着人口区域分布差异较大的特征。从时间维度看，各地区在 2010~2020 年间的人口分布变化不大。

① 李广杰主编《山东经济形势分析与预测（2018）》，社会科学文献出版社，2018。

表 7-2 山东省主要城市常住人口区域分布（2010~2020 年）

单位：万人

	2010	2011	2012	2013	2014	2015	2016	2017	2018	2019	2020
济南	681.83	688.51	694.96	699.88	706.79	713.20	723.31	732.12	746.04	890.87	920.24
青岛	871.51	889.60	903.20	917.90	934.50	944.60	961.00	971.60	981.40	992.30	1010.57
淄博	453.25	455.63	457.93	459.26	461.50	464.29	468.69	480.84	470.18	469.68	470.56
枣庄	373.38	375.27	377.20	380.10	383.09	387.80	391.56	392.03	392.73	393.30	385.56
东营	203.69	205.50	207.26	208.49	209.91	211.06	213.21	215.46	217.21	217.97	219.35
烟台	696.82	697.57	698.29	698.93	700.23	701.41	706.40	708.94	712.18	713.80	710.37
潍坊	909.23	915.53	921.61	922.52	924.72	927.72	935.70	936.30	937.30	935.15	939.36
济宁	809.18	812.86	815.81	820.58	824.00	829.92	835.44	837.59	834.59	835.60	836.07
泰安	549.84	551.39	552.89	556.83	558.13	560.08	563.74	564.51	564.00	563.50	547.85
威海	280.46	280.10	279.75	280.56	280.92	280.53	281.93	282.56	283.00	283.60	291.08
日照	280.30	281.89	283.43	285.05	287.05	288.00	290.11	291.65	293.03	294.90	297.17
临沂	1005.50	1009.00	1012.44	1015.90	1022.10	1031.16	1044.30	1056.34	1062.40	1066.70	1102.57
德州	557.42	560.31	563.10	567.11	570.50	574.23	579.23	579.58	581.00	574.85	521.36
聊城	579.77	584.63	589.33	591.13	593.57	597.06	603.68	606.43	607.45	609.83	595.25
滨州	375.17	377.05	378.87	380.59	383.96	385.90	389.10	391.23	392.25	392.30	393.03
菏泽	830.18	831.87	833.81	836.79	843.79	850.03	862.26	873.60	876.50	878.17	879.90

资料来源：2021 年《山东统计年鉴》。

从山东省常住人口的受教育程度看，2020 年的第七次全国人口普查数据显示，山东省拥有大学文化程度的常住人口数量达 1460.3 万人，拥有高中（含中专）文化程度的常住人口数量为 1455.3 万人，相比于 2010 年，常住人口受教育水平得到了显著提升，尤其是每 10 万人中拥有大学文化程度的常住人口数量由 2010 年的 8694 人上升到 2020 年的 14384 人，15 岁以上常住人口的平均受教育年限也由 2010 年 9.03 年延长到 2020 年 9.75 年，文盲率由 2010 年的 4.97%下降到 2020 年的 3.26%，人口素质得到了显著提升。

经历了人口现代化的发展，山东省人口总量呈现不断增加的趋势，人口结构也呈现城镇人口占比不断提升、平均受教育年限逐年增长、人口集中度不断提高等特征。

二　山东省的经济发展基础

山东是农业大省，耕地率全国最高，其农业增加值也一直位列全国第一，粮食产量高、作物品种全是山东农业发展的重要特色。在现代化进程中，山东省的制造业比重也不断上升，产业结构不断优化，现代服务业得到快速发展。在“十三五”期间，山东工业增加值持续增长，2020 年的工业增加值达 23111 亿元，占地区生产总值的 31.6%，服务业增加值达 39153.1 亿元，占地区生产总值的 53.5%。

（一）农业农村现代化是省域现代化的着力点

山东省作为中国的农业大省，农业农村现代化的建设一直是省域现代化的重要着力点与抓手。尤其是在“十三五”期间，农业现代化面临着技术进步带来的环境代价，尽管山东粮食产量实现了连年增长，但粮食质量安全的隐患仍然存在，耕地质量下降、农业生产布局不合理等成为农业农村可持续发展的阻力。因此，山东省将高质量农业农村现代化作为省域现代化的着力点，以科技支撑全省粮食安全战略，促进粮食单产不断提升，通过粮食生产的区位布局合理化、粮食品种与农产品结构优化等手段稳定农业生产耕地面积，实现农业产业的优化。具体而言，表现为以下三个方面。

第一，由于山东省农业产业结构不够合理，无法发挥农业生产的规模效应，为了健全现代农业产业体系，促进农产品价格形成机制的不断完善，山东省通过农产品生产保护区以及农业优势产业带的建设，促进农业向绿色、有机转型，在区域内形成若干农业生产、加工的集聚区，促进农业产业的集聚与优化，发挥农业生产的规模效应。

第二，推进农业现代化与第二、第三产业的深度融合，纠正要素流动受到制约、管理的体制机制存在障碍等问题。山东省通过推进种养结合型、产业链延长型、农业功能多样化、技术融合化的产业发展模式，将农产品生产以及休闲农业相结合，积极利用“互联网+”等技术创新手段，发展农产品从生产到销售的线上化，搭建电商产业园，尤其是鼓励传统农业向智慧农业、休闲农业等方向转型升级。同时也通过农村基础设施建设不断夯实农业农村现代化发展的基础。

第三，完善农业监管机制，拓宽农产品走出去的途径，加快农业国际化的步伐。由于山东省早期农业发展以粗放式为主，农业监管体系不完善，农业监测手段也较为落后，难以实现全流程、全覆盖。近年来，食品安全和粮食质量安全逐渐受到重视，山东省也不断通过建立产地环境监测、分区域分时段休养耕地、标准化农业生产等方式，完善农业监管机制与监管手段，动态掌握农产品质量安全，及时发现风险隐患。只有建立完善的农业监管机制，才能更有利于山东实现农业国际化。尽管山东开放得早，但开放程度不够、开放水平不高，尤其是农业利用开放战略实现国际化的积极性仍显不足，因此山东省通过积极制定农产品走出去战略，同时完善财政、税收、金融等相关投资支持体系，以农业产业专项发展基金的模式促进有条件的企业实现国际化，对培育世界级农业企业提供了政策土壤。

2021 年 12 月，山东省在“十四五”的开局之年发布了《山东省“十四五”推进农业农村现代化规划》，以乡村振兴齐鲁样板示范省、农业农村高质量发展先行省和现代农业强省建设引领省作为农业现代化发展的目标定位，完成 2025 年区域内 80%以上县市区基本实现农业现代化的目标，不断为省域现代化强化农业产业优势。

（二）基础设施建设完善为省域现代化提供硬件支撑

基础设施是城市的名片，反映了当地的生活品质和城市的运行效率。①改革开放以来，山东不断出台支持基础设施建设的政策措施，推动了辖区内基础设施建设的不断完善。

山东的现代化建设离不开交通基础设施的建设。从公路通车里程来看，山东 2000 年的公路通车里程仅为 70686 公里，随着城市化进程的推进，到 2020 年增加到 286814 公里，公路通车情况得到了明显的改善。从铁路通车里程来看，山东 2000 年的铁路通车里程仅有 2672 公里，2020 年增加到 6881 公里。从内河通航里程看，山东 2000 年的内河通航里程为 1476 公里，在公路和铁路不断完善的过程中，内河通航的方式逐渐被取代，到 2020 年下降到 1117 公里。从客运量来看，除了 2020 年受疫情影响

---

① 李纪宏：《推动北京基础设施高质量发展的策略建议》，《中国工程咨询》2019 年第 6 期。

客运量显著下降之外，2000~2019 年山东省客运量波动大致可以分为两个阶段。第一阶段是 2000~2013 年，客运量不断上升，自 2000 年的 66128 万人上升至 2013 年的 269391 万人；第二阶段是 2013~2020 年，客运量显著下降，到 2019 年仅有 67317 万人。而货运量则自 2000 年以来持续增长，由 2000 年的 92483 万吨增长到 2020 年的 308627 万吨。根据最新的数据，2021 年山东省全省综合交通基础设施的总投资完成额达 2655 亿元，同比增长了 12.7%，山东省基础设施建设的步伐稳步向前（见表 7-3）。

表 7-3　山东省水陆交通基础设施概况（2000~2020 年）

年份	铁路通车里程（公里）	公路通车里程（公里）	内河通航里程（公里）	客运量（万人）	货运量（万吨）
2000	2672	70686	1476	66128	92483
2001	2709	71128	1476	70497	99464
2002	2709	74029	1476	74626	107454
2003	3236	76266	1012	75492	117712
2004	3348	77768	1012	89388	132036
2005	3402	80132	1012	98485	147999
2006	3405	204911	1012	109472	167511
2007	3379	212236	1012	123963	198507
2008	3329	220687	1012	213387	247489
2009	3620	226693	1012	234234	284463
2010	3833	229858	1150	248720	298055
2011	4177	233189	1150	250469	314962
2012	4306	244586	1150	264935	330270
2013	4397	252785	1150	269391	344401
2014	4546	259514	1150	73582	260983
2015	4863	263447	1150	59625	258444
2016	4882	265720	1150	62727	281557
2017	5115	270590	1150	64536	322564
2018	5676	275642	1150	66613	349481
2019	5972	280325	1150	67317	304732
2020	6881	286814	1117	30096	308627

资料来源：2021 年《山东统计年鉴》。

作为重要的沿海省份，山东省的港口建设也是交通基础设施建设的重要环节。从表 7-4 可以看出，山东省的四大港口中每年的货物吞吐量都在增长，尤其是青岛港和日照港的货物吞吐量增长幅度较大。青岛港作为山东最重要的港口，货物吞吐量自 2000 年的 8661 万吨增长到 2020 年的 60459 万吨，日照港的货物吞吐量增长速度最快，由 2000 年的 2674 万吨增长到 2020 年的 49615 万吨。

表 7-4　山东省主要年份港口货物吞吐量

单位：万吨

港口名称	2000	2005	2010	2015	2018	2019	2020
青岛港	8661	18679	35012	49749	54250	57736	60459
烟台港	1964	4506	15033	33027	44308	38632	39935
日照港	2674	8421	22597	36082	43763	46377	49615
威海港	658	1532	2407	7324	5570	3730	3863

资料来源：2021 年《山东统计年鉴》。

可以看出，山东省经济的持续健康增长得益于传统基础设施建设进程的不断推进，以及带来的生活与出行便利。尤其是在党的十八大之后，山东省进一步加快基础设施现代化水平的提升，基础设施建设不仅能够促进城市功能的不断完善、城市治理水平的不断提升、生态环境的持续改善，也为全省经济的可持续增长和省域现代化建设做出了重要贡献。

2018 年底的中央经济工作会议对"新型基础设施建设"做出定义之后，"加强新一代信息基础设施建设"于 2019 年首次被列入政府工作报告。2020 年 3 月 4 日，在中国经济增长减速、世界贸易摩擦加剧与新冠肺炎疫情突发的背景之下，中共中央政治局会议再次强调"要加大公共卫生服务、应急物资保障领域投入，加快 5G 网络、数据中心等新型基础设施建设进度"。随后山东省人民政府也在 2020 年 11 月发布了《山东省新基建三年行动方案（2020—2022 年）》。该实施方案明确了山东省新型基础设施建设的目标，指出到 2022 年实现"全省 5G 网络广泛覆盖，大数据中心集聚发展，工业互联网、物联网普及推广，人工智能技术领先，充电桩和加氢站、特高压、轨道交通支撑有力，区域创新能力位次前移，新基建衍生形成 50 个以上新兴产业集聚区，在全省新旧动能转换重点领域形成 200 个特色鲜明、亮点突出、可复制可推广的典型应用场景，基本建成全国新型基础设施建设先行区和示范区”。

（三）现代产业体系与创新体系为省域现代化提供发展动力

现代产业体系是现代化经济体系的核心组成部分。党的十九大提出“要加快构建实体经济、科技创新、现代金融、人力资源协同发展的产业体系”。山东省也在“十四五”期间提出要“在狠抓‘三个坚决’、优化提升产业链、增强企业创新能力、加快数字化发展、服务构建新发展格局以及促进民营经济发展六个方面强势突破。”

从图 7-3 的 1980~2020 年山东省三次产业对地区生产总值的贡献率可以看出：一是山东省的农业发展在 2000 年之前尽管有所波动，但对经济的贡献率一直较大，因而第一产业也是山东经济增长的要素禀赋；二是山东第二产业和第三产业对地区生产总值的贡献存在着明显的互补效应，尤其是 2015 年之后，山东第二产业的经济贡献水平显著下降，而第三产业成为经济增长的主要动力和来源。产业结构的不断优化离不开创新要素的不断集聚，表 7-5 展现了 2008~2020 年山东省的科技创新情况。可以看出，2008 年至今，山东在 R&D 人员折合全时当量、R&D 经费内部支出、R&D 经费内部支出占 GDP 比重、专利授权量上都取得了突破性进展。在 R&D 投入方面，R&D 人员折合全时当量自 2008 年的 124042 人年增长到 2020 年的

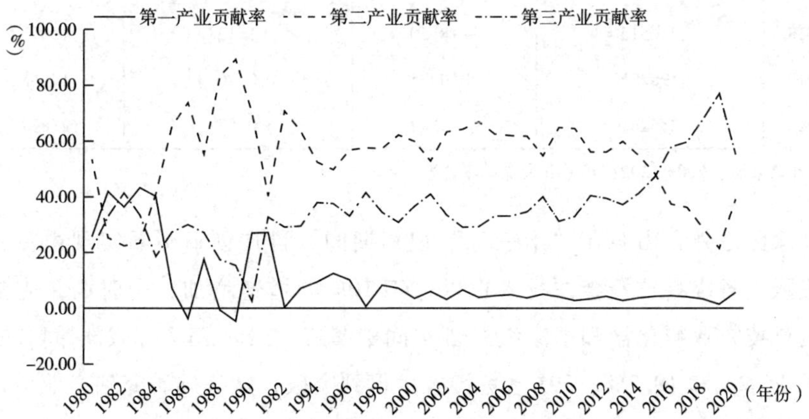

图 7-3 山东省三次产业对地区生产总值的贡献率（1980~2020 年）

资料来源：2021 年《山东统计年鉴》。

255281人年，实现了R&D人员折合全时当量翻倍。R&D经费内部支出从2008年的375.91万元增长到2020年的1365.62万元。R&D经费内部支出占GDP比重也从2008年的0.22%提高到2017年的1.15%，尽管近两年有所下降，但占比仍超过0.7%。在专利授权量方面，2008年的专利授权量仅为26688件，到2020年这一数量达到了238778件。以上数据无不说明，山东在近十多年的经济高速发展中，科技创新水平不断提升，基础创新投入和产业创新能力都得到了量和质的飞跃。

表7-5 山东省科技创新情况（2008~2020年）

时间	R&D人员折合全时当量（人年）	R&D经费内部支出（万元）	R&D经费内部支出占GDP比重（%）	专利授权量（件）
2008	124042	375.91	0.22	26688
2009	129892	456.71	0.35	34513
2010	—	—	—	51490
2011	180832	743.13	0.64	58844
2012	204398	905.60	0.81	75496
2013	227403	1052.81	0.91	76976
2014	230800	1175.55	0.98	72818
2015	241395	1291.77	1.05	98101
2016	241761	1415.00	1.08	98093
2017	239170	1563.68	1.15	100522
2018	236515	1418.50	1.13	132382
2019	198205	1210.95	0.70	146481
2020	255281	1365.62	0.87	238778

资料来源：2009~2021年《山东统计年鉴》。

除此之外，山东在“十三五”规划期间，科技创新不断实现由量到质的飞跃，省级科技资金的投入也以每年10%的增速增加；同时山东省的国家级科技企业孵化器和国家级众创空间数量在“十三五”规划期间分别增长了15.2%和19.2%；391项关键技术得到突破；从基础研究到产业应用的创新链不断完善，尤其是在智慧交通、燃料电池、精细化工等领域走在了全国前列，涌现出一大批重大科创成果。

三　山东省的社会发展基础

省域现代化进程的推进，不仅需要坚实的经济基础，还需要完善的社会保障制度和健全的医疗体系为社会的现代化发展提供基本保障。

（一）城市保障基础设施是省域现代化建设的重要承载

山东省在经济发展的过程中，不仅关注经济发展的速度，还通过社会保障型基础设施的建设不断提升城市现代化发展的质量。通过采取相关措施，以解民忧、纾民困、暖民心为目标，扎实办好各项民生事务，为省域现代化建设提供了重要的软环境承载。

从表7-6山东主要年份城市保障基础设施情况可以看出，随着山东省城市人口密度不断提升，供水普及率和燃气普及率保持在较高水平，为城镇化的居民基本生活提供了保障。从绿化角度看，人均城市道路面积不断增加，人均公园绿地面积和建成区绿化覆盖率也保持在较稳定的水平，园林绿地面积、公园绿地面积和绿化覆盖面积都显著增加，山东以“绿水青山就是金山银山”的发展理念，为现代化提供更优质的城市生活环境。从环境治理看，工业化进程中的污水年排放量虽然有所增加，但污水年处理量也相应大幅提升。

表7-6　山东省主要年份城市保障基础设施情况

指标名称	单位	2010	2015	2016	2017	2018	2019	2020
城市人口密度	人/平方公里	1389	1452	1502	1554	1622	1665	1665
供水普及率	%	100	100	100	100	99	99.7	99.8
燃气普及率	%	99	99	100	100	99	99.1	99.3
人均城市道路面积	平方米	22	26	25	25	25	25.3	25.6
建成区排水管道密度	公里/平方公里	10	11	12	11	12	11.8	11.3
人均公园绿地面积	平方米	16	17	18	18	18	17.6	17.7
建成区绿化覆盖率	%	41	42	42	42	42	41.8	41.7

续表

指标名称	单位	2010	2015	2016	2017	2018	2019	2020
供水总量	万立方米	290866	355903	373322	385519	394788	392093	379082
用水人口	万人	2715	3129	3361	3527	3673	3853	3983
污水年排放量	万吨	244417	302129	320099	327755	340919	354337	341815
污水年处理量	万吨	222691	289339	307953	317772	332217	346414	335873
园林绿地面积	公顷	157945	213517	225794	235690	243368	252338	262968
公园绿地面积	公顷	43191	54345	60336	63042	65179	67884	70508
绿化覆盖面积	公顷	181055	240024	253328	267944	279143	289833	299506

资料来源：2021 年《山东统计年鉴》。

从图 7-4 的 1978~2020 年山东省人均可支配收入和工资性收入变化情况可以清晰看出，无论是人均可支配收入还是人均工资性收入，都经历了快速的增长，并且工资性收入在可支配收入中的占比逐年下降。具体而言，人均可支配收入和人均工资性收从 1978 年的不足 400 元/人分别上升到 2020 年的 43726 元/人和 27250 元/人，工资性收入在可支配收入中的占比也由 1978 年的超过 90%下降至 2020 年的 62.32%，说明老百姓的收入来源更加丰富，收入结构更加优化。

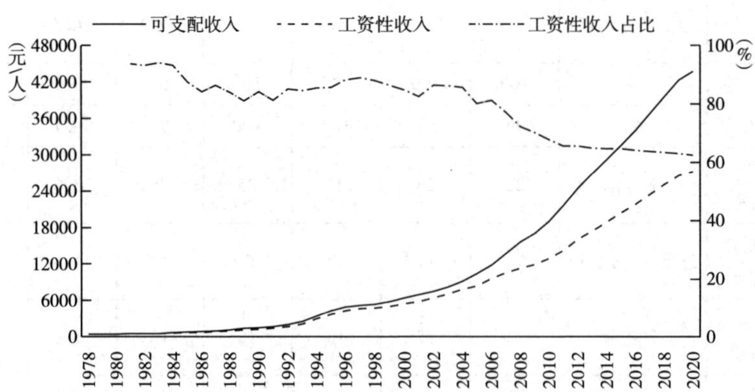

图 7-4　山东省人均可支配收入和工资性收入变化情况（1978~2020 年）

资料来源：2021 年《山东统计年鉴》。

（二）健全的医疗体系为省域现代化提供了健康保障

人类健康是社会文明进步的基础，而健全的医疗体系可以为社会现代化提供重要的健康保障。自改革开放以来，山东的医疗体系建设不断加大力度，医疗卫生机构数量和医疗卫生人员数量不断提升。

从表 7-7 的 1978~2020 年山东省卫生事业基本情况可以看出，山东自改革开放以来医疗水平有了显著提升，现代化医疗体系逐步建立。从卫生机构数可以看出，1978 年山东仅有 8389 家卫生机构，2020 年医疗卫生机构达 84870 家，年均增长率达到 5.66%。从卫生技术人员数量可以看出，1978 年山东仅有卫生技术人员 15.00 万人，到了 2020 年达到了 81.4 万人，卫生技术人员数量年均增长达 4.11%，医疗队伍的不断壮大为社会现代化提供了健康保障。

表 7-7　山东省卫生事业基本情况（1978~2020 年）

年份	卫生机构数（家）	卫生技术人员数（万人）	年份	卫生机构数（家）	卫生技术人员数（万人）	年份	卫生机构数（家）	卫生技术人员数（万人）
1978	8389	15.00	1993	68275	48.20	2008	17500	32.20
1979	8731	16.10	1994	68840	53.00	2009	16025	31.10
1980	8908	16.90	1995	75475	59.80	2010	16574	32.30
1981	9448	17.90	1996	9972	19.80	2011	16788	32.50
1982	9830	18.70	1997	10304	20.50	2012	17016	33.70
1983	9965	19.30	1998	10399	21.30	2013	15337	34.60
1984	10881	25.80	1999	10634	22.10	2014	77066	60.40
1985	10654	26.40	2000	10475	22.80	2015	77435	61.90
1986	10463	27.10	2001	10707	23.40	2016	77050	64.30
1987	11968	28.70	2002	11040	24.10	2017	79099	68.90
1988	10993	29.40	2003	11141	24.10	2018	81512	73.90
1989	11008	30.10	2004	10865	24.70	2019	83661	78.30
1990	14973	37.60	2005	14611	30.80	2020	84870	81.40
1991	15094	40.60	2006	17118	31.50	平均增长率	5.66%	4.11%
1992	16496	44.10	2007	17348	31.80			

资料来源：2021 年《山东统计年鉴》。

第二节　省域现代化的发展历程与实践

新中国成立以来，山东省实现了在市场体系建设、区域协调发展机制建立、对外开放战略逐步完善等方面的现代化发展，探索出了一条省域现代化的山东路径。在经历了现代化建设的初创期、探索期和蓬勃期之后，山东省的省域现代化建设进入了转型期。尽管在这一阶段，接连面临全球社会经济的诸多不确定性，但山东立足本省的发展现状与优势，在“十四五”阶段仍然稳步推进以“五位一体”为总体布局的社会主义现代化建设的进程，通过强化区位优势，加快现代农业建设、海洋强省建设为现代化奠定基础，通过与时俱进的区域发展、数字经济、金融赋能等战略为省域现代化提供源源不竭的动力。

一　山东省现代化的发展历程

山东省自新中国成立以来，就不断通过建设现代化市场体系、促进区域协调发展，以及深化改革开放等战略，脚踏实地推进社会主义现代化建设的进程，在70多年的探索中，走出了一条具有山东特色的省域现代化建设道路。

（一）1949～1978年：现代化建设的初创期

在这一阶段，山东基本完成了社会主义生产关系变革，确立了社会主义计划经济，生产力得到迅速发展，刚刚起步的工业化成为这一阶段省域现代化的核心，也在提高城乡居民收入方面起到了关键性作用。值得注意的是，这一阶段山东省的产业结构实现了由“一二三”到“二三一”的重大转变。

1949年之后，城市建设如火如荼。从地区生产总值看，这一阶段的经济迅速发展，到1957年地区生产总值已经实现了61.4亿元。新中国成立初期农业大省山东省的工业发展几乎空白，根据统计数据，1952年山东省的农业产值占地区生产总值约为70%。

1958年之后，山东进入了全面经济建设艰难探索阶段，由于受到“大跃进”的影响，经济发展陷入困境，全省在“三年经济困难”时期之后，开始逐渐调整各经济部门的发展，过快过度的工业化趋势得到了有效控制，农业生产逐渐恢复，农业总产值得到了较快的增长，产业结构日趋协调，经济发展在曲折中不断寻求新的发展。

1978 年前夕，山东省的产业结构逐步调整，工业化是这一阶段现代化的主旋律。因而山东省也建立起了门类齐全的工业体系，第二产业比重逐步超过第一产业，成为主导产业，工业主导型经济逐渐形成。

（二）1979~1991 年：现代化建设的探索期

这一阶段，山东省的现代市场体系进入探索建设阶段，区域发展也进入差异化发展阶段，改革开放的政策红利为山东省带来了开放和制度创新的机遇。

从现代市场体系建设看，作为农业大省，山东省首先从农业农村进行改革，家庭联产承包责任制也令山东省的城乡小商品市场逐渐形成，乡镇企业得到了发展的机会，此时的山东省从计划经济逐步向市场经济探索。随着国家经济体制改革的推进，现代化建设逐步向城市转移，市场定价机制不断完善，尤其是在党的十三大之后，山东省在“企业引导市场、政府调控市场”方面的改革力度不断增加，省域现代化在探索中进行。

从区域协调发展看，这一阶段的山东省尚处于发展的早期阶段，各地利用自身资源禀赋差异化发展，经济发展开始出现区域差异，地区发展不平衡现象也逐步出现。尽管如此，山东省政府很快就意识到区域协调发展的重要性，提出了省内区域发展要“东西结合”，让东部地区与西部地区共同发展。

从现代化的开放体系建设看，1978 年改革开放以来，山东省便将对外开放作为现代化建设的重要战略部署。山东省内的青岛、烟台作为沿海城市，成为新中国首批沿海开放城市，山东半岛经济开放区成为山东省内对外开放的窗口，也成为辐射全省经济的重要地区，对外开放的政策红利和外贸体制机制的改革，激发了山东省尤其是沿海城市的企业创新活力。

（三）1992~2008 年：现代化建设的蓬勃期

这一阶段，山东省的现代市场体系进入蓬勃建设阶段，区域协调发展的重要性日益凸显，改革开放成为山东省现代化建设的关键动力。

从现代市场体系建设看，这一阶段的山东率先从开发区开始发展，工业化和城市化都得到了迅速发展，市场化改革成为省域现代化建设的主旋律，通过现代企业制度、劳动力市场、医疗卫生保障体系等的完善，不断为现代化建设奠定基础。进入2000年之后，随着我国加入WTO，山东省在开放规则上不断与世界接轨，成为国际区域市场的重要组成部分，现代市场体系初步建成。

从区域协调发展看，这一阶段继续实行“东西结合”的发展战略，在东部地区发展的基础上，更加强调了东部地区对西部地区的帮扶，为了促进省内中部城市的崛起和西部城市的跨越式发展，2005年山东省出台了《山东半岛城市群发展规划》，将青岛作为龙头城市，引领区域协调发展。2007年又出台了《山东半岛城市群总体规划》，提出了“一群一圈一带”和“一体两翼”的区域发展战略，以区域协同发展促进省域现代化建设。

从现代化的开放体系建设看，1992年之后国家加快了改革开放的步伐，山东省也开始实施“全面开放、重点突破、分布进行、东西部一体化、加快发展”的新战略，外贸制度不断完善。1995年山东省的进出口总额首次突破100亿美元，2000年又再次突破200亿美元。2002年中国加入WTO成为国内对外开放体系建设的重要转折点，对于山东省而言，开放自此成为山东现代化建设的关键词，山东省开放型经济也进入了高速发展阶段。

（四）2009年至今：现代化建设的转型期

这一阶段，山东省的现代市场体系进入建设转型阶段，全省区域发展迈向新台阶，改革开放也逐步转向增强外贸竞争力为抓手。

从现代市场体系建设看，这一阶段山东省不断坚持市场在资源配置中的主导作用，通过供给侧结构性改革、积极融入“一带一路”建设，通过平衡区域发展、完善营商环境、推进农村农业改革、改革投融资制度等措施，打造了省内一批现代化发展的高地，保障了产业结构的不断优化和经济增长的持续动力。

从区域协调发展看，随着“两区一圈一带”战略的提出，山东省现代化建设中的区域发展进入了新时期。2013年，山东省出台了《省会城市群经济圈发展规划》，提出了要通过做大做强省会城市，进一步提升省会城市的辐射效应，带动周边城市联动发展。同年《西部经济隆起带发展规划》

又进一步对区域协调发展给出了建设方向。到 2020 年，山东区域发展的工作重点明确为推进省会、胶东、鲁南三大经济圈一体化发展，现代化进程中的区域协同发展开始进入新的阶段。

从现代化的开放体系建设看，尽管 2008 年的次贷危机引发了全球经济的不景气，山东省的对外贸易也受到了一定的影响，但在短暂的回落之后山东省的对外贸易再度回升，并在 2011 年首次突破 2000 亿美元。党的十八大之后，我国经济整体进入新常态，山东省经济发展的主线也转变为“稳增长、调结构、促平衡”。2014 年山东省对外经济达到改革开放以来的最高点，进出口总额达 2771.2 亿美元，随后接连面对国际形势的变化、新冠肺炎疫情的影响，山东省现代化建设逐步调整战略，开放体系建设逐步转向以更好的自主品牌作为支撑。

二 山东省现代化的实践路径

2020 年 11 月，党的十九届五中全会通过了《中共中央关于制定国民经济和社会发展第十四个五年规划和二〇三五年远景目标的建议》，明确指出“到 2035 年基本实现社会主义现代化”。2022 年 5 月 28 日，山东省第十二次党代会为未来五年的山东描绘了一张宏伟的现代化建设蓝图，建设社会主义现代化强省的目标也日益清晰。

（一）以优势产业为推进现代化的抓手，打造农业农村现代化的样板省

山东省作为农业大省，农业发展对经济的贡献功不可没。2015 年，山东省作为全国首个农林牧渔业增加值突破 5000 亿元的省份，农业增加值位列全国首位，占全国农业增加值比重达 7.8%，持续保持全国农业第一大省的地位。尤其是进入新常态时期以来，山东省致力于通过供给侧结构性调整，加强农业基础设施建设，以科技赋予农业农村现代化新动能成为农业农村发展的重要方向。通过农业综合生产力的提升，2016 年山东省粮食种植面积达 11267.18 万亩，粮食总产量实现持续增长。[①] 2017 年，新旧动能

---

① 山东省经济和信息化研究院：《农业大省基础稳固、提质增效成果斐然——党的十八大以来山东经济社会发展成就系列分析之三》，2017 年 10 月 18 日，［EB/OL］.http：//www.sdjxw.org.cn/news.asp？vid=2151#。

转换工程正式在山东落户，山东省农业机械化程度进一步得到提升，带动了农业生产效率的显著提高。在粮食生产过程中，通过半精播高产栽培、规范化播种等先进的栽培技术与种植方法，增强农作物抵御自然灾害的能力，实现粮食产量的稳定、优质；在粮食储存方面，山东省通过对机械通风、环流熏蒸、谷物冷却和粮情检测的“四合一”储粮技术的广泛应用，实现由安全储粮向生态储粮逐步转型；在农业技术推广方面，省内通过设立农业技术推广站、农业技术示范县等，以农业科技人员服务下乡的形式培育新型职业农民，解决农业科技“最后一公里”的下乡难题。随着信息化在农业生产、销售中的不断普及，山东省利用自身农产品特产质优价廉的优势，积极利用互联网实现农产品推广，强化了第一、第二、第三产业的融合发展。在农业科技进步的同时，山东省还积极重视农业生态文明建设，通过人口、资源和环境的和谐共生，改善农业生态环境、提高农民生活质量，生态建设取得了显著成效，全省经济也呈现健康平稳发展的良好态势。

推进农业农村现代化是我国现阶段全面推进社会主义现代化建设的重大任务。2018 年 6 月，山东省推出了《山东省乡村振兴战略规划（2018—2022 年）》，以及《山东省推动乡村产业振兴工作方案》《山东省推动乡村人才振兴工作方案》《山东省推动乡村文化振兴工作方案》《山东省推动乡村生态振兴工作方案》《山东省推动乡村组织振兴工作方案》五个工作方案，积极发挥农业优势，为乡村振兴工作注入了强大的动力。2021 年 1 月发布的《关于全面推进乡村振兴加快农业农村现代化的实施意见》和 2021 年 12 月发布的《山东省“十四五”推进农业农村现代化规划》，更加明确了山东农业农村现代化的定位是要打造“乡村振兴齐鲁样板示范省、农业农村高质量发展先行省、现代农业强省建设引领省”，并提出“到 2025 年，全省农业农村经济高质量发展取得显著成效，现代农业强省建设实现重大突破，乡村振兴齐鲁样板亮点纷呈，全省基本实现农业现代化的县（市、区）达到 80%以上，确保农业农村现代化建设走在全国前列”的目标。

（二）与时俱进的区域发展战略，为山东省经济的持续增长奠定了基础

山东省的区域发展战略坚持了与时俱进原则（见表 7-8）。在现代化建设的初期，由于东部城市沿海，具有充分的改革开放政策优势，因此山东省通过东部优先发展战略奠定全省的经济发展基础。随着东部城市的崛起，

省内经济发展差异逐渐凸显，区域发展不平衡成为制约省内区域协调发展的重要障碍，因此山东省提出东西结合、龙头带动等发展战略，以东部带动中西部、以龙头城市向周围城市辐射等方式协调区域发展的不平衡。近年来，随着省内各城市的快速发展，经济在新常态之下也进入了新的发展阶段，现代化建设要求区域发展更加协调、更加多元化。因此，山东省的区域发展战略逐渐由“一群一圈一带”“一体两翼”向“两区一圈一带”转变，并在2017年确定为三核引领、多点突破、融合互动的发展战略，为经济持续稳定的增长奠定基础。

表 7-8　改革开放以来山东省区域发展战略的演变

时间阶段	战略思路	规划重点
1978~1984 年	差别发展战略	重点发展东部地区
1985~1991 年	东西结合、共同发展	以东部开放发展带动中西部开发
1992~2001 年	东西结合、加快发展	“四四三二”区域布局
2002~2005 年	龙头带动、协调发展	青岛成为山东半岛城市群龙头城市，带动区域协调发展
2006~2007 年	一群一圈一带、一体两翼	重点发展半岛城市群和省会都市圈
2008~2016 年	两区一圈一带	半岛蓝色经济区、黄河三角洲生态经济区、省会都市圈以及鲁南经济隆起带的错位发展
2017 年至今	三核引领、多点突破、融合互动	从“两圈四区”演变为省会、胶东、鲁南三大经济圈共同发展

资料来源：刘冰等著《山东加快现代化经济体系建设研究》，经济管理出版社，2020。

与此同时，尤其是在区域发展思路上，具备四个重要特征。一是在企业层面，坚持政企合作，积极落实“放管服”政策，形成了有序发展的良好局面。二是在城市层面，突出各个地方的自身特色，鼓励各地区制定符合本地特征的产业规划，以创新走出现代化发展的特色道路。三是在省级层面，始终将城乡融合、区域协调作为现代化建设的目标与考量。四是在宏观政策层面，尽管区域发展战略不断发生变化，但能够相对保持政策的连贯性和一致性，通过规划的对接、政策的协同为现代化提供制度保障。

从山东省近年来现代化建设和区域发展看，山东省在发挥自身比较优势、利用省内资源禀赋的基础上，顺应国家区域发展战略的大方向，取得了较好的成效。区域协调发展对于促进经济长效增长、城乡居民收入稳定提升等起到了积极的作用。

（三）坚持开放促改革的发展理念，海洋经济成为省域现代化的抓手

从改革开放初期的探索到近年来“大进大出”贸易模式的形成，山东省的加工贸易产业发展迅速，带动了从服装等劳动密集型产业到家电、电子信息等高新技术产业的持续发展。基于地理位置的特征，改革开放之初，山东省与日本、韩国等国家的贸易往来密切，对山东省的产业结构和贸易结构产生了重要的影响。随着我国“一带一路”倡议的提出，山东省贸易伙伴日趋多元化，尤其是与东盟、非洲、南美洲等新兴国家的来往日渐增多，2017 年与这些新兴地区的国家贸易总额占贸易总量的比重超过 33%，对“一带一路”沿线国家的投资更是达到了 100.26 亿元，占全省贸易总量的比重超过 26%。2019 年山东自由贸易试验区成立，并先后发布了《中国（山东）自由贸易试验区总体方案》《关于推进中国（山东）自由贸易试验区贸易投资便利化改革创新若干措施的通知》等文件，标志着山东省转变发展思路，山东省贸易投资便利化程度进一步提升。

同时，山东省也是海洋大省，毗邻海域面积达 15.9 万平方公里，海岸线长度达 3345 公里，占我国海岸线总长的 1/6，海洋经济是山东经济的重要组成部分，海洋产业是山东省产业布局的重要板块，利用省内海洋资源优势，发展海洋经济，是顺应党中央对山东提出的“把建设海洋强省列入八大发展战略，把现代海洋产业列入十强产业集群”的发展要求，也是现阶段山东省进一步促进新旧动能转换、实现现代化的重要抓手。山东省具有较好的海洋科技实力，拥有中央驻鲁和市属以上涉海科研教学机构 56 所、海洋界院士 21 名，拥有省级以上海洋科技平台超过 200 个，其中 30 多个科技平台在世界范围内都处于领先水平，还拥有全国唯一的海洋科学与技术国家实验室及国家深海基地等国家重大海洋创新基地，海洋科研成果每年超过千项。

2021 年 11 月，《山东省“十四五”海洋经济发展规划》的印发，对山东省海洋经济提出了海洋经济综合竞争力加快跃升、现代海洋产业体系更趋完善、世界一流港口建设取得突破性进展、海洋生态环境持续改善、海洋经济开放合作深度拓展以及海洋发展民生福祉持续增进六大发展目标。在未来五年内，山东省将通过对海洋传统产业优势的不断提升、海洋新兴

产业的发展壮大、现代海洋服务业的加速发展以及海洋产业的数字化发展构建现代海洋产业体系。

（四）数字经济赋能经济转型，成为山东推进省域现代化发展的新动能

新发展阶段对全面推进数字化提出了更高的要求，在贯彻习近平总书记对"数字中国""数字政府""智慧社会"等方面的指示，山东接连发布了《数字山东发展规划（2018—2022 年）》《山东省"十四五"数字强省建设规划》《山东省 2022 年数字经济"重点突破"行动方案》等文件，始终把数字山东建设作为新旧动能转换和现代化建设的重要实践，积极寻求互联网、大数据、人工智能等新兴技术与实体经济的深度融合，通过数字基础设施建设、数据平台打造、网络安全保障等措施，实现数字产业化和产业数字化的发展目标。

在疫情之下，山东省发布《落实"六稳""六保"促进高质量发展政策清单（第四批）》，重点对培育壮大新经济提出了具体的要求。例如，省工信厅和财政厅牵头对省内数字产业园区进行综合评价，并且对园区企业给予不少于 3000 万元的资金支持；对"互联网+"、科技研发、文化创意、众创空间、工业旅游等新业态继续延续土地过渡期政策；对智慧领域日均流量超过 30GB 的 5G 基站相关企业给予最高 5000 元/个的补贴；对年度新增 5G 套餐用户数量的电信企业给予不超过 100 万元的奖励；省通信管理局牵头实施千兆城市建设行动，提升千兆网络覆盖率，降低宽带资费标准，实现网络惠民、网络惠企目标。省大数据局和省财政厅牵头以 1350 万元对全省智慧社区进行专项支持，打通智慧便民服务"最后一公里"。省科技厅和省财政厅对"卡脖子"关键技术给予大力支持，对高新技术产业创新载体加大支持力度，尤其是针对项目攻关、设备购置和人才引进提供相应的经费支持。省市场监管局和省财政厅对列入知识产权保护规范化培育行动的电商平台择优给予 20 万元左右的经费补贴，对专利保险给予年度保费补贴。

2021 年出台的《山东省"十四五"数字强省建设规划》，对山东省数字基础设施建设、打造数字科创高地、发展数字经济、建设数字政府、培育数字社会、营造数字生态 6 个方面，提出了具体要求和重点任务。在数字基础设施建设方面，提出要打造全国融合数字基础设施示范区。在打造数字科创高地方面，提出要加强对核心数字技术的攻关。在发展数字经济方

面，提出在工业数字化转型、数字产业高端布局、海洋产业数字化、农业数字化转型和服务业数字化升级5个方面实现产业数字化与数字产业化的齐头并进。在建设数字政府方面，提出要通过数字化建设全面提升政府治理能力。在培育数字社会方面，提出要通过数字化应用场景的供给，构建和丰富全民的数字生活。在营造数字生态方面，提出要以数据要素市场活力的激发、数据安全保障措施的完善等，营造开放包容、合作共赢、安全有序的数字生态。

（五）不断推动教育改革，为率先实现教育现代化提供高质量教育体系保障

教育是民族振兴、社会进步的基石。现代化的实现关键要依靠人才、依靠教育，而教育现代化是社会全面实现现代化的重要组成部分，也是改善民生和加快推进小康社会建成的战略要求。

在新中国成立之初，有着深厚传统文化底蕴的山东就积极建立起新中国的教育制度与教育体系，尽管建立教育制度与体系的初期充满了坎坷与挫折，尤其是面临着高等教育资源匮乏、人才短缺的问题，但在全省“面向世界、面向未来、面向现代化”和“科教兴鲁”的战略与信心之下，山东进行了教育教学体系的全面深化改革，不仅义务教育和素质教育得到了深入实施，在2000年成功实现了“基本普及九年义务教育、基本扫除青壮年文盲”的重要任务，更在高等教育和职业教育方面取得了显著成效。

党的十八大以来，山东更加意识到人才强省的重要性，在全面推进教育综合改革的基础上，针对基础教育、高等教育、职业教育等各阶段教育都出台了一系列改革政策，取得了显著成效。主要表现在基础教育通过“十大行动计划”实现综合改革，分类考试、综合评价、多元录取的考试招生制度逐步建立和完善；通过涵盖招生、人才培养、校企合作等50多个职业教育政策文件，基本形成了现代职业教育体系，并入选全国首批职教改革成效明显省份，每年为社会培养和输送的高素质、高技能劳动者近60万名；通过科教融合发展、高等教育结构优化等措施实现高等教育供给侧结构性改革，保障高等教育的高质量发展。

在“十三五”期间，山东实现了教育资源在城乡的均衡发展，重点县义务教育发展基本均衡，教育综合实力得到全面提升。为了解决义务教育

中存在的“乡村弱”“城镇挤”等问题，山东实施了中小学校舍安全改造工程，新建、改建农村中小学校舍超过7000万平方米，较大地改善了乡村义务教育学校的办学条件。同时，通过积极推行“科教兴鲁”和人才强省战略，激发人才创新活力，加快了教育现代化进程，为山东省的现代化建设提供更强大的人才支撑、智力支持和知识服务。

进入“十四五”时期，教育更是实现现代化的基础。2021年10月，山东印发了《山东省“十四五”教育事业发展规划》，提出了“到2025年，基本建成高质量教育体系，教育治理效能明显提升，教育内生动力和发展活力进一步激发，人才培养水平和教育服务贡献能力显著增强，学习型、创新型、技能型社会建设加速推进，教育现代化水平走在全国前列。到2035年，全面实现教育现代化，全面建成教育强省和人力资源强省，为山东新时代现代化强省建设发挥关键支撑作用”的教育现代化目标；并在立德树人任务的落实、高质量教育体系的构建、人才培养质量的提升、高素质专业化创新型教师队伍的搭建、高校科技创新体系的完善、新时代的教育创新改革、教育合作交流新格局的打造、具有山东特色教育评价体系的建立等方面提出了具体的要求。

（六）完善基层治理，实现社会治理体系与社会治理能力现代化发展

基层治理是社会治理能力的末端体现，也是为群众做好服务的最前沿。完善基层治理，是实现社会治理体系与社会治理能力现代化发展的关键所在，山东在改革开放之后，就不断通过思想转变、体制改革完善基层治理体系，结合各地方各部门的工作实际，因地制宜地推动基层治理机制创新，取得了较好的效果。

为了更好地配合《中共中央、国务院关于加强基层治理体系和治理能力现代化建设的意见》，加快山东城市基层治理能力现代化建设，促进山东省提升基层政务服务能力的目标从“能办”向“快办”“易办”“好办”转变。山东省在2021年11月印发了《关于进一步提升基层政务服务能力的实施方案》，并指出到2021年底实现“实体站点分类实现标准化，场所布局更加完善；基层办理事项进一步增加，与企业、群众生产生活密切相关的政务服务事项实现就近办；事项办理更加标准规范，办事体验度不断提升，社会获得感进一步增强”的目标。在政策的不断完善下，山东涌现出了以

“文明实践+基层治理创新”为路径的青岛模式、以文明实践中心为探索的济南模式和胶州模式、以积分制基层社会治理为路径的莱西模式等。

在民政部公布的2021年全国27个基层治理创新典型案例中，山东有两项实践案例成功入选。一个是东营市东营区“六维双向融合，油地共建共享，创新打造社区治理共同体”项目。东营市是全国5个独立工矿区剥离办社会职能综合改革试点之一，东营区作为主要承载区，近年来树立了“双向融合”的目标，在党建、文化、人员、服务等“六个维度”的创新治理体系中将原先的“二元分治”改变为现在的“协同共治”，将基层服务的“碎片供给”转变为“全科服务”，将社区与公民的“情感隔阂”转变为“价值认同”，使得社区治理服务水平得到了显著提升。另一个是临沂市平邑县“党建统领‘三治结合’构建城乡社区治理新体系”项目。临沂市平邑县以党建为统领，通过搭建“街道党工委、片区党委、社区党总支、网格支部”四级组织结构，设立“社区治理综合服务中心、社区党群 e 家会客厅、社区居委会、网格服务站”四级治理网格，发挥信息化、数字化在基层治理中的积极作用，构建协商共治的综合服务平台，推进自治、法治、德治“三治”融合，打造了疫情之下和谐共赢的社区治理体系。

第三节　省域现代化的经验启示

在国家战略和省内政策的多重叠加下，山东一直发挥着自身的区位优势，基于产业基础和国家发展战略方向，为全面建设社会主义现代化新征程夯实基础、积蓄势能。通过科技赋能传统农业，实现农业农村现代化；通过与时俱进的区域协调发展战略，为经济现代化奠定坚实的基础；通过教育改革培育现代化建设的人才，为精神文明现代化奠定基础；通过基层治理改革提升人民的获得感，推进政府治理现代化；通过数字经济、海洋经济等新兴产业，实现绿色可持续发展，促进生态文明现代化；通过共同富裕最终实现人的现代化。最终共同为省域现代化进程的不断推进做出贡献。

一　以科技赋能农业农村现代化

从理论的角度分析，农业现代化是通过加大现代物质技术要素的投入替代传统要素，以工业化生产的方式取代传统、粗放的农业生产经营模式，逐渐将农业由传统产业部门发展成为现代产业部门的过程①，其中科技要素就是促进农业现代化的重要物质技术要素。根据经济发展规律，全球迈进高收入门槛的国家和地区普遍实现了农业的现代化，且呈现“一多、四快、一大、一小”的发展趋势。②

从山东的实践经验看，山东作为全国农业第一大省，农业发展对经济的贡献功不可没，农业发展的现代化某种程度上也代表着省域现代化的发展基础。因此，山东省不断加强农业基础设施建设，以科技赋予农业农村现代化新动能成为农业农村发展的重要方向。例如，在粮食生产的过程中，通过半精播高产栽培、规范化播种等先进的栽培技术与种植方法，增强农作物抵御自然灾害的能力，实现粮食产量的稳定、优质；在粮食储存方面，山东省通过对机械通风、环流熏蒸、谷物冷却和粮情检测的“四合一”储粮技术的广泛应用，逐步实现由安全储粮向生态储粮逐步转型。在农业技术推广方面，省内通过设立农业技术推广站、农业技术示范县等，以农业科技人员服务下乡的形式培育新型职业农民，解决农业科技“最后一公里”的下乡难题。随着信息化在农业生产、销售中的不断普及，山东省利用自身农产品特产质优价廉的优势，积极利用互联网实现农产品推广，强化了一、二、三产的融合发展。在农业科技进步的同时，山东省还积极重视农业生态文明建设，通过人口、资源、环境的和谐共生，改善农业生态环境、提高农民生活质量，生态建设取得了显著成效，全省经济也呈现健康平稳发展的良好态势。

二 以区域发展战略推进经济现代化

从理论的角度分析，国内统一大市场的建设与产业链的不断完善都需要利用日益发达的区域分工网络体系，而开放环境的不确定性也对区域经济发展提出了更高的要求。区域分工是区际贸易的基础③，京津冀协同发展、长江经济带发展、粤港澳大湾区建设、长三角一体化发展、黄河流域

---

① 马晓河：《大国小农条件下的农业现代化》，《中国发展观察》2019 年第 2 期。

② 中国宏观经济研究院课题组：《迈向高收入国家行列进程中农业现代化的思路与任务》，《宏观经济研究》2022 年第 6 期。

③ 李皓：《开放条件下的区域发展理论及其对西部大开发的启示》，《西部发展评论》2014 年。

生态保护和高质量发展的五大区域发展战略成为我国推进经济现代化的重要区域发展战略①，自2017年党的十九大以来，我国区域协调发展战略的实施也取得了显著成就。

从山东省的实践经验看，山东省幅员辽阔，省内可以分为东、西两部分，其中东部地区包括青岛、威海、济南、东营、烟台、日照、潍坊、淄博8个城市，地理位置的差异带来了经济发展程度和市场化程度的显著差异，造成了东、西部的非均衡发展。因此山东省在现代化建设过程中，尽管前期采取了不平衡发展战略来提升全省的经济发展水平，但很快便意识到了区域发展不平衡对全省经济社会发展的不良影响。因此，不断通过政策调整，先后提出东西结合、龙头带动等发展战略，以东部带动中西部、以龙头城市向周围城市辐射等方式协调区域发展的不平衡。近年来，随着省内各城市的快速发展，经济在新常态之下也进入了新的发展阶段，现代化建设要求区域发展更加协调、更加多元化。因此，山东省的区域发展战略逐渐由“一群一圈一带”“一体两翼”向“两区一圈一带”转变，并在2017年确定为“三核引领、多点突破、融合互动”的发展战略，为经济持续稳定的增长奠定基础。

三 以教育改革推进精神文明现代化

从理论的角度分析，随着经济建设不断推进，国际竞争日趋激烈，教育理念、教育体制、人才培育、教学模式等都面临着改革的需求②，特别是在当前日新月异的信息时代，教育现代化、教育信息化成为我国教育改革的重要发展方向③。山东被称为“孔孟之乡，礼仪之邦”，是中华文明的发祥地之一，齐鲁文化也是中国传统文化中举足轻重的文化之一。传统文化的传承与现代教育制度的改革共同构成了山东精神文明现代化的重要组成部分。

从山东的实践经验看，山东在传统文化的保护与传播方面一直走在前

① 蔡之兵：《深入实施区域协调发展战略的五个关键》，《中国国情国力》2022年第3期。

② 涂思龙：《高校教育改革与创新性人才培养之管见》，《兰州大学学报》（社会科学版）2000年第S2期。

③ 任友群、冯仰存、郑旭东：《融合创新，智能引领，迎接教育信息化新时代》，《中国电化教育》2018年第1期。

列。截至2021年底，山东省级文物保护单位多达1968处，博物馆有639家，两者数量均位居全国第一。为了让传统文化融入生活，山东在全国率先实现大中小学开设“中华优秀传统文化”课程，真正做到了将传统文化的传承融入现代教育体系。党的十八大以来，山东更加意识到人才强省的重要性，在全面推进教育综合改革的基础上，分别针对基础教育、高等教育、职业教育等各阶段教育出台了一系列改革政策，取得了显著成效。在“十四五”时期，山东更是在立德树人任务的落实、高质量教育体系的构建、人才培养质量的提升、高素质专业化创新型教师队伍的搭建、高校科技创新体系的完善、新时代的教育创新改革、教育合作交流新格局的打造、具有山东特色教育评价体系的建立等方面提出了更高的要求。

四　以基层治理改革推进政府治理现代化

从理论的角度分析，随着社会结构的转型，政府在基层治理方面面临诸多困境，如传统治理观念、管理思想、管理职能等与社会经济发展之间的矛盾与冲突。[①]“新公民”队伍的不断壮大也对政治观念和方式的转变起到了促进作用，多元治理模式的建立日趋紧迫，基层政府能否从民众获得感出发推进政府治理现代化成为治理体系改革的关键[②]。

从山东的实践经验看，山东在改革开放之后就不断通过思想转变、体制改革完善基层治理体系，结合各地方各部门的工作实际，因地制宜的推动基层治理机制创新，取得了较好的效果。尤其是2020年以来，更是将市域社会治理现代化试点作为基层治理工作的抓手，积极探索符合省情和市域特点的社会治理新模式。在社会稳定、治安环境改善、公共服务优化和共建共治共享格局形成方面取得了显著成果，包括网络环境的不断优化，刑事案件、暴力犯罪案件等立案数量持续下降，政务办事线上化、网格化服务等为老百姓提供更多便利，全省超过1500万志愿者和近6万多个社会组织活跃在社会治理的城乡第一线，群众自治、共治的热情高涨。在政策的不断完善下，山东也涌现出了以“文明实践+基层治理创新”为路径的青

① 刘丽园：《现阶段我国政府基层治理的困境及突破路径——基于网络化治理的理论视角》，《沿海企业与科技》2021年第6期。

② 张明皓、叶敬忠：《权威分化，行政吸纳与基层政府环境治理实践研究》，《北京社会科学》2020年第4期。

岛模式、以文明实践中心为探索的济南模式和胶州模式、以积分制基层社会治理为路径的莱西模式等现实案例。

五　以产业数字化推进生态文明现代化

从理论的角度分析，资源环境是现代化经济发展的基础保证，也是生态文明成长的重要平台。良好的生态环境不仅为居民日常生产和生活提供了所需的基础资料，更为社会经济发展提供了积极作用。而一旦资源环境的稳定性遭到破坏，就会破坏人类社会正常的生活秩序。[①] 因此，认识到资源环境的基础作用和生态文明建设的必要性，对于推进省域现代化进程的持续发展具有重要作用。[②]

从山东的实践经验看，“绿水青山就是金山银山”，作为农业大省，生态文明现代化对于山东经济的健康发展有着深远的影响。近年来，山东通过传统动能提档升级、工业技改项目不断拓展、重点区域生态修复等措施，利用产业数字化转型取得了生态文明现代化建设的显著成效。2021 年，在山东省生态环境厅公布的第一批省级生态文明建设示范区和第一批省级“绿水青山就是金山银山”实践创新基地名单中，共有 9 个县（市、区）、乡镇（街道）获得省级生态文明建设示范区称号，11 个县（市、区）、乡镇（街道）、村获批省级“绿水青山就是金山银山”实践创新基地。

在“十四五”期间，山东更是明确了推动经济社会发展全面绿色转型的奋斗目标，通过打好污染防治攻坚战实现生态环境的持续改善，实现生态文明现代化建设走在前列。这就要求山东继续坚持生态优先的绿色发展战略，通过发展方式、产业结构、增长动能等方面的不断调整与重塑，持续推进产业数字化进程，尤其是中小微企业的数字化转型，实现生态文明的全面现代化。

六　以共同富裕为目标实现人的现代化

从理论的角度分析，随着改革开放的深入推进，中国经济的巨大实力

---

① 谷树忠、胡咏君、周洪：《生态文明建设的科学内涵与基本路径》，《资源科学》2013 年第 1 期。

② 张雷：《资源环境基础论：中国人地关系研究的出发点》，《自然资源学报》2008 年第 2 期。

带来了显著的脱贫致富效应①，然而要实现全面脱贫和防止返贫，还需要依靠贫困地区的内生发展动力，“一个地方必须有产业，有劳动力，内外结合才能发展”。② 这也是实现人的现代化的根本保障。

从山东的实践经验看，人的现代化是省域现代化的重要价值诉求，也是区域经济社会发展的主体动力，涉及面广、内涵丰富，对现代化进程有着深远的影响，而共同富裕则是实现人的现代化的根本保证。

促进共同富裕，需要多方面的共同努力，这样才能最终在高质量发展中满足人民群众对美好生活的向往。山东近年来在农业方面不断以科技手段助力农业农村现代化，在教育方面不断发挥基础性和先导性的作用，在社会保障方面关注社会弱势群体，为实现共同富裕奠定了良好的社会经济基础。例如，通过出台“就业优先 10 条”帮助高校毕业生实现收入提升，吸引人才本地就业；通过强化职业教育、就业技能培训等方式关注社会就业弱势群体；对城乡困难群体、大龄人员等设立公益性岗位，拓宽就业渠道；通过党支部领办合作社的方式，牵头打造“龙头企业+合作社+基地+农户”的产业化联合体，壮大村集体经济，实现乡村振兴。同时，通过完善教育、养老、医疗、住房等公共服务体系，减轻低收入群体的生活负担。

本章参考文献

[1] 蔡之兵：《深入实施区域协调发展战略的五个关键》，《中国国情国力》2022 年第 3 期。

[2] 杜振波：《山东省区域经济差异及其协调发展问题研究》，博士学位论文，山东大学，2011。

[3] 谷树忠、胡咏君、周洪：《生态文明建设的科学内涵与基本路径》，《资源科学》2013 年第 1 期。

[4] 季明川、孙万刚、杨萍：《山东省新型农业现代化综合对策研究》，中国农业出版社，2017。

[5] 李广杰主编《山东经济形势分析与预测（2018）》，社会科学文献出版社，2018。

---

① 易棉阳：《论习近平的精准扶贫战略思想》，《贵州社会科学》2016 年第 5 期。

② 《习近平的扶贫观：因地制宜“真扶贫，扶真贫”》，人民网，2014 年 10 月 17 日，http://www.china.com.cn/news/2014-10/17/content_33797242.htm。

［6］李皓：《开放条件下的区域发展理论及其对西部大开发的启示》，《西部发展评论》2014 年。

［7］李纪宏：《推动北京基础设施高质量发展的策略建议》，《中国工程咨询》2019 年第 6 期。

［8］刘冰等：《山东加快现代化经济体系建设研究》，经济管理出版社，2020。

［9］刘丽园：《现阶段我国政府基层治理的困境及突破路径——基于网络化治理的理论视角》，《沿海企业与科技》2021 年第 6 期。

［10］马晓河：《大国小农条件下的农业现代化》，《中国发展观察》2019 年第 2 期。

［11］山东省经济和信息化研究院：《农业大省基础稳固、提质增效成果斐然——党的十八大以来山东经济社会发展成就系列分析之三》，2017 年 10 月 18 日，［EB/OL］. http：// www. sdjxw. org. cn/news. asp？ vid = 2151#。

［12］任友群、冯仰存、郑旭东：《融合创新，智能引领，迎接教育信息化新时代》，《中国电化教育》2018 年第 1 期。

［13］宋晓雨：《山东“十四五”数字强省建设规划出炉》，《联合日报》2021 年 7 月 21 日。

［14］涂思龙：《高校教育改革与创新性人才培养之管见》，《兰州大学学报》（社会科学版）2000 年第 S2 期。

［15］王云鹏：《坚定信心、克难奋进，以新理念新举措推动泰安发展新跨越》，《山东经济战略研究》2016 年第 Z1 期。

［16］杨露、周建国：《城乡基层治理创新的归因模型与路径选择——基于扎根理论的多案例分析》，《城市问题》2022 年第 4 期。

［17］杨维凤：《以现代化都市圈建设推动京津冀协同发展》，《光明日报》2021 年 10 月 25 日。

［18］易棉阳：《论习近平的精准扶贫战略思想》，《贵州社会科学》2016 年第 5 期。

［19］张雷：《资源环境基础论：中国人地关系研究的出发点》，《自然资源学报》2008 年第 2 期。

［20］张明皓、叶敬：《权威分化，行政吸纳与基层政府环境治理实践研究》，《北京社会科学》2020 年第 4 期。

［21］中国宏观经济研究院课题组：《迈向高收入国家行列进程中农业现代化的思路与任务》，《宏观经济研究》2022 年第 6 期。

第八章　广东省现代化实践探索

作为中国的重要经济大省之一，广东省在国家战略和省内政策的多重叠加之下，一直按照先行探索现代化的要求，努力让深圳成为全国现代化的“先行示范”，同时通过不断落实“1+1+9”工作部署，推进粤港澳大湾区和深圳中国特色社会主义先行示范区建设，为全面建设社会主义现代化新征程夯实基础、积蓄势能。

自1989年起，广东省地区生产总值就连续位居全国第一，并且在进出口总额、居民储蓄存款余额、旅游总收入、社会消费品零售总额、专利申请数量、税收总额、移动电话拥有量、货物运输周转总量等许多经济指标上名列前茅。近年来，广东省在区域数字经济水平和数字经济竞争力方面更是位列全国第一，新基建发展取得了卓越成效，同时，粤港澳大湾区和深圳中国特色社会主义先行示范区的建设也为广东省的经济发展提供了政策支持和制度保障，为其更好地实现省域现代化提供了支撑。

第一节　省域现代化的发展基础与特征

广东省作为中国重要南大门，拥有多样化的自然条件和稳定的生态系统，丰富的自然资源使广东省成为国内自然资源要素市场化水平最高的省份之一。与此同时，毗邻港澳的区位优势也让广东省走在了改革开放的最前沿，发达的外向型经济、充足的人力资源、优越的基础设施，以及高度包容的文化都为广东省域现代化的发展提供了重要的支撑。

一　广东省区位特征与优势

广东省位于南岭之南，在气候上属于东亚季风区，从北向南分别为中亚热带、南亚热带和热带气候，在地理位置上北接湖南省和江西省，西连广西壮族自治区，东邻福建省，向南与海南省隔海相望，珠江口东西两侧分别接壤香港和澳门特别行政区，下辖21个地级市、65个市辖区、20个县级市、37个县及自治县，以占全国陆地面积1.87%的土地，建成了中国经济最为发达的省份之一。

（一）丰富的自然资源为省域现代化提供了发展契机

广东省海陆兼备，自然条件多样化且生态系统稳定性高，其中陆地面积17.97万平方公里，海域面积42万平方公里，包含1963个海岛和200多个深水海岸港湾，拥有全国最大的沿海滩涂面积和全国最长的大陆海岸线，森林蓄积量达5.84亿立方米，具有丰富的光、热、水、土、矿、海洋和生物资源，具有资源环境承载能力高、国土空间开发适宜性强的特征。正因如此，广东省也是国内自然资源要素市场化水平最高的省份之一，国有土地的使用权拍卖、城镇低效用地的再开发、无居民海岛的市场化出让、国有森林资源的有偿使用、海洋经济综合试验区的建设、海洋综合管理改革等政策接连出台，标志着市场在自然资源有效配置中起到了决定性作用，对发挥区位自然资源禀赋优势、提升营商环境也起到了助推作用。

（二）充足的人力资源为省域现代化提供了发展动力

自改革开放以来，广东省的人口结构呈现人口数量不断增加、流动人口数量不断增加、平均受教育年限逐年提升、人口集中度不断提升、人口变化与经济增长关联度不断提升等特征。[①] 具体可以从总量和结构两个视角来进一步分析。

从总量上看，广东省人口规模不断扩大，常住人口总量持续上升，是名副其实的人口大省。从图8-1的1978~2020年广东省常住人口数量及增长率变化情况不难发现，自改革开放以来，广东省常住人口数量不断增加，从1978年的5064.15万人增加到2020年的12624.00万人，常住人口的年均增长率为2.20%，尽管2010年之后常住人口增长率呈现下降趋势，但年

① 杨新洪：《近十年广东人口结构的变化、成因与思考（上）——基于第七次全国人口普查数据的分析》，《岭南学刊》2021年第5期。

均增速仍然保持在 2%以上，人口的净流入为广东省的经济发展提供了源源不断的人力资本支撑。

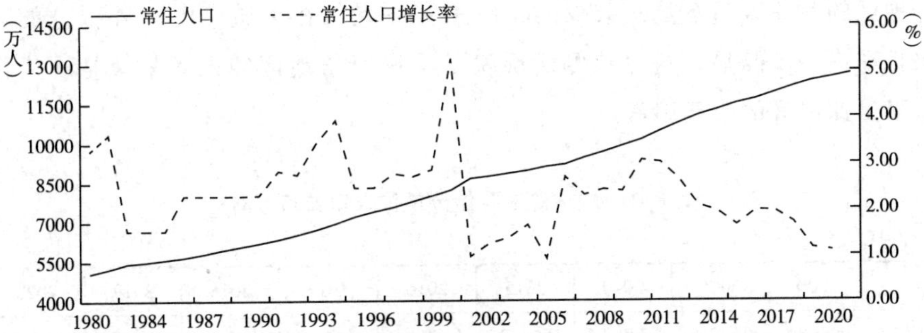

图 8-1　广东省常住人口数量及增长率变化情况（1978~2020 年）

资料来源：2021 年《广东统计年鉴》。

图 8-2 给出了 1978~2020 年广东省人口密度及增长率变化情况，可以看出随着广东省常住人口数量的不断增加，省内人口密度也在持续增长，从 1978 年的 285 人/平方公里增加到 2020 年的 702 人/平方公里，人口密度的年均增长率达 2.17%。

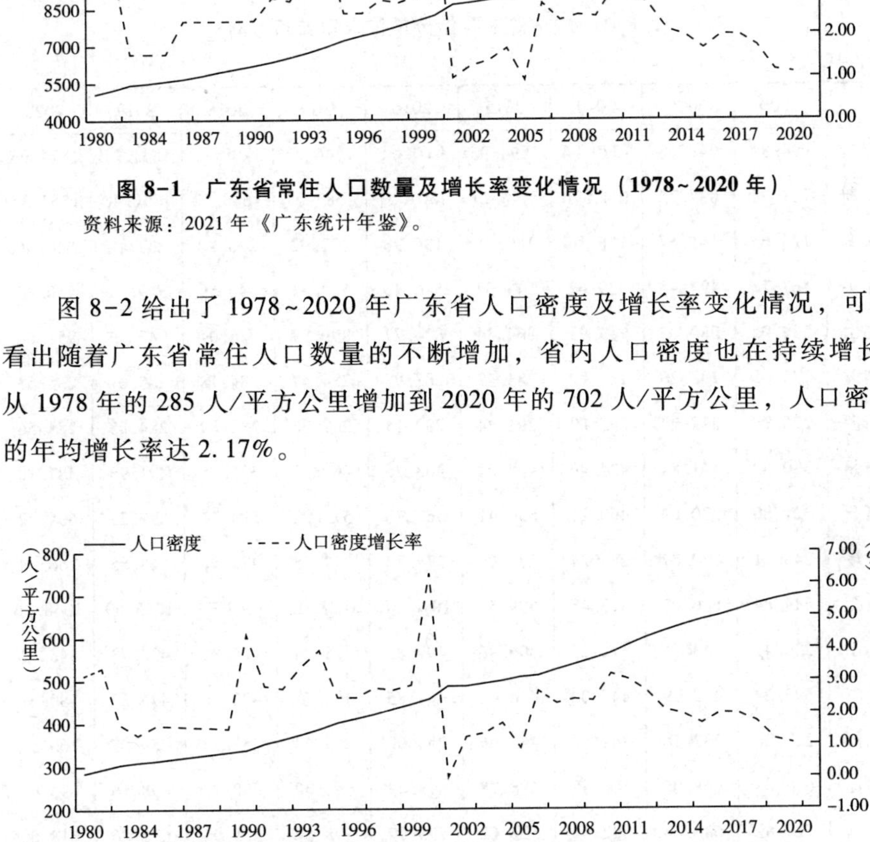

图 8-2　广东省人口密度及增长率变化情况（1978~2020 年）

资料来源：2021 年《广东统计年鉴》。

具体到广东省内各城市（见表 8-1），截至 2020 年，常住人口总量超过 1000 万人的城市有广州、深圳和东莞，常住人口数量在 500 万~1000 万人的城市包括了佛山、湛江、茂名、惠州、揭阳和汕头。从表 8-1 中主要年份常住人口城市分布可以看出，珠三角地区的常住人口集聚效应明显，从2000年的4289.78万人增长到2020年的7823.54万人，增长了82.38%，而粤东西两翼和山区的常住人口增长幅度非常有限，甚至在某些年份里，部分地区的常住人口数量是减少的，广东常住人口在大城市中“堆积”的现象正在进一步凸显，这也从侧面反映出了珠三角地区的人才集聚是现代化水平迅速提升的重要因素。

表8-1　广东省主要年份常住人口城市分布

单位：万人

	2000	2005	2010	2015	2016	2017	2018	2019	2020
广州	994.80	949.68	1270.96	1594.95	1678.38	1746.27	1798.13	1831.21	1874.03
深圳	701.24	827.75	1043.76	1414.21	1501.51	1587.31	1666.12	1710.40	1763.38
珠海	123.65	141.57	156.16	189.75	195.98	207.02	220.90	233.18	244.96
汕头	467.78	494.45	539.62	545.62	546.46	547.51	548.59	549.31	550.37
佛山	534.05	580.03	719.91	864.34	874.77	899.99	926.04	943.14	951.88
韶关	273.65	292.26	283.02	283.47	283.95	284.47	284.78	285.07	285.53
河源	226.78	278.24	295.82	291.24	289.13	287.38	285.89	284.83	283.56
梅州	380.52	411.84	424.46	407.01	403.76	400.02	395.51	391.96	387.10
惠州	321.80	370.69	460.11	550.41	562.73	572.22	584.72	597.23	605.72
汕尾	245.71	279.87	287.34	277.06	274.87	272.55	270.50	268.85	266.94
东莞	644.84	656.07	822.48	999.57	1016.58	1038.22	1043.77	1045.50	1048.36
中山	236.47	243.46	312.27	396.96	407.69	418.04	428.82	438.73	443.11
江门	395.24	410.29	445.08	458.02	461.85	465.12	470.38	475.32	480.41
阳江	217.20	232.14	242.53	252.06	254.02	255.73	257.26	259.09	260.59
湛江	603.43	668.95	700.38	698.78	698.49	698.30	698.23	698.16	698.07
茂名	524.82	584.04	582.64	592.62	593.72	598.52	605.95	612.26	618.00
肇庆	337.69	367.60	392.22	400.30	401.75	403.88	406.58	409.24	411.69
清远	314.98	359.37	370.38	386.29	388.32	390.66	393.12	395.48	397.40
潮州	240.44	252.01	267.21	259.76	259.46	259.09	258.81	258.29	256.66
揭阳	524.61	559.69	588.30	578.54	576.60	570.62	565.81	563.42	557.87
云浮	215.49	233.99	236.29	237.05	237.98	238.07	238.09	238.33	238.37
珠三角	4289.78	4547.14	5622.95	6868.51	7101.24	7338.07	7545.46	7683.95	7823.54

续表

	2000	2005	2010	2015	2016	2017	2018	2019	2020
东翼	1478.54	1586.02	1682.47	1660.98	1657.39	1649.77	1643.71	1639.87	1631.84
西翼	1345.45	1485.13	1525.55	1543.46	1546.23	1552.55	1561.44	1569.51	1576.66
山区	1411.42	1575.70	1609.97	1605.06	1603.14	1600.60	1597.39	1595.67	1591.96

资料来源：2021 年《广东统计年鉴》。

从人口的城乡结构看，广东省城镇常住人口占比自改革开放初期的 17.94%提升至 2020 年的 74.15%。在城镇化进程中，广东省常住人口受教育水平也在不断提升，根据 2020 年的第七次全国人口普查数据，广东省拥有大学（指大专及以上）文化程度的常住人口数量为 1978.29 万人，占比达 15.67%，比 2010 年的 8.21%增加了 7.49 个百分点，说明广东省在经济新常态下仍然保持着对人才强有力的吸引。

广东省背靠内陆、毗邻港澳、面向东南亚，是中国重要的海上交通“南大门”、沟通内陆与海外的“海上丝绸之路”重要节点、对外开放的前沿阵地。随着改革开放的不断深入、“双循环”新发展格局的加快构建以及粤港澳大湾区和深圳中国特色社会主义先行示范区的建设，广东省以其对内有广阔的国内大市场、对外有发达的文化交流和国际贸易基础，吸引着全国各地的人才，以人力资本集聚叠加自然资源禀赋，使得自身区位优势不断凸显，成为改革开放的前沿阵地和文化科技的引进窗口。

二　广东省的经济发展基础

广东省作为中国的重要经济大省之一，自 1989 年起地区生产总值连续位居全国第一，并且在进出口总额、居民储蓄存款余额、旅游总收入、社会消费品零售总额、专利申请数量、税收总额、移动电话拥有量、货物运输周转总量等许多经济指标上名列前茅。近年来，粤港澳大湾区和深圳中国特色社会主义先行示范区的建设，更是为广东省的经济发展提供了政策支持和制度保障。

（一）发达的外向型经济为省域现代化提供基础保障

广东作为外贸大省，对外贸易总额约占全国的 1/3，进出口总额更是超过俄罗斯、西班牙等国家。尤其是改革开放之后，广东省对外贸易格局发生了质的变化。1992 年在邓小平南行之后，广东省的经济发展方向更加明确，以“发展就是硬道理”为准则，广东进一步加大了对外开放的力度。1993 年广东省境内目的地和货源地进出口总额为 807.22 亿美元，1994 年达 1010.59 亿美元，增长率高达 25.19%。1993～2000 年，境内目的地和货源地进出口总额平均为 1231.52 亿美元，增长率均值为 12.11%。自从中国加入 WTO 以后，广东的对外贸易发展迅猛，为广东省乃至全国的经济增长做出了巨大贡献，图 8-3 是 2000～2020 年广东省进出口总额及增长率变化情况，可以看出广东省的进出口总额持续上升，尽管受 2008 年金融危机、2018 年中美贸易摩擦和 2020 年以来疫情的影响，某些年份的进出口总额略有下降，其余大部分年份的进出口总额均呈现稳定增长的态势，进出口总额的年均增长率超过 9%。

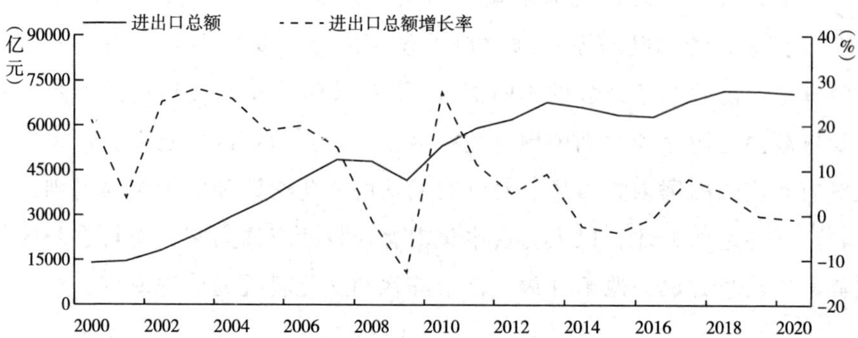

图 8-3　广东省进出口总额及增长率变化情况（2000～2020 年）

资料来源：2001～2021 年《广东统计年鉴》。

《广东统计年鉴》将广东进口贸易划分为国有经济、集体经济、私营经济、外商投资经济及其他经济五种类型。从不同经济类型进出口总额的规模上看，广东省国有经济、集体经济、私营经济、外商投资经济、其他经济的进出口额分别从 1993 年的 424.98 亿美元、7.73 亿美元、0.02 亿美元、341.8 亿美元和 8.91 亿美元，增长为 2020 年的 542.22 亿美元、192.09 亿美元、5443.7 亿美元、4030.33 亿美元和 30.68 亿美元。从占比上看，广东省国有经济、集体经济、私营经济、外商投资经济、其他经济的进出口额占比分别从 1993 年的 54.25%、0.99%、0.00%、43.63%和 1.14%，变为

2020年的5.30%、1.88%、53.17%、39.36%和0.30%。其中，广东省集体经济、私营经济和外商投资经济的进出口规模增速最高，私营经济和外商投资经济占据了进出口的90%以上。这足以说明，在改革开放、“放管服”改革和商事制度改革的进程中，广东省的民营经济活力和外贸动力都显著增强，民营企业成为外向型经济中支撑经济发展的重要力量。

在出口导向型外贸政策下，广东省以其自身区位优势，充分利用国外资源开拓国际市场，以出口产品与服务带动本地经济的发展。从表8-2的2013~2020年广东省按经济类型分的出口额占比可以看出，私营经济的出口额占比逐年提升，到2020年上升至53.23%，并在2018年首次超过外商投资经济的出口额占比；私营经济和外商投资经济的占比总和一直以来均在90%左右，占据了出口的大部分，集体经济的出口额占比稳定在2.5%左右，国有经济的出口额占比自2013年最高的7.93%逐年下降至2020年的5.20%，其他经济的出口额占比则非常少。

表8-2　2013~2020年广东省按经济类型分的出口额占比

单位：%

年份	国有经济	集体经济	私营经济	外商投资经济	其他经济
2013	7.93	2.37	33.49	56.15	0.06
2014	7.70	2.68	34.40	55.11	0.10
2015	7.71	2.88	33.91	51.74	3.75
2016	7.34	2.93	41.37	48.23	0.13
2017	6.79	2.70	44.30	46.14	0.07
2018	5.63	2.63	46.29	45.36	0.08
2019	5.57	2.61	49.81	41.69	0.31
2020	5.20	2.47	53.23	38.85	0.25

资料来源：2014~2021年《广东统计年鉴》。

从表8-3的2016~2020年广东省按产品类型分的进出口额占比可以看出，机电产品的出口额占比最高，占比每年均达到30%以上，其次为高新技术产品，其出口额在2020年首次突破30%，相比之下，农产品的出口额占比则较低。进口产品的分布情况也有相同的规律。机电产品和高新技术产品的进出口额占比较高，说明在现代化进程中，广东省的外向型经济推动了省内企业的技术进步。

表 8-3　2016～2020 年广东省按产品类型分的进出口额占比

单位：%

项目		年份				
		2016	2017	2018	2019	2020
出口	农产品	0.74	0.74	0.75	0.97	1.57
	机电产品	32.54	32.79	32.59	41.91	52.39
	高新技术产品	17.10	16.84	17.04	21.47	36.58
进口	农产品	5.03	4.71	4.60	3.41	3.88
	机电产品	67.63	67.02	69.10	44.08	43.42
	高新技术产品	53.22	52.80	55.02	35.26	35.16

资料来源：2017～2021 年《广东统计年鉴》。

总体而言，自改革开放以来，广东省迅速增长的对外贸易规模和不断提升的对外贸易质量，对促进广东经济增长发挥着日益重要的作用。近年来，面对中美贸易摩擦和新冠肺炎疫情的冲击，广东省积极寻求外贸新业态的发展，跨境电商的规模也随之实现了稳步增长。自 2015 年国务院首次设立跨境电子商务综合试验区以来，全国已经有 132 个跨境电子商务综合试验区，其中广东省的跨境电子商务综合试验区数量最多，截至 2022 年 2 月 9 日最新发布的试验区名单，广东省已经实现了 21 个地级市跨境电子商务综合试验区全覆盖（见表 8-4），政策红利得到释放。广东省具有显著的对外贸易区位优势，其外向型经济特征为省域现代化的不断推进提供了经济基础保障。

表 8-4　广东省跨境电子商务综合试验区名单

批次	城市
第二批（2016 年 1 月 12 日）	广州、深圳
第三批（2018 年 7 月 24 日）	珠海、东莞
第四批（2019 年 12 月 15 日）	汕头、佛山
第五批（2020 年 4 月 27 日）	梅州、惠州、中山、江门、湛江、茂名、肇庆
第六批（2022 年 2 月 9 日）	韶关、汕尾、河源、阳江、清远、潮州、揭阳、云浮

资料来源：作者整理。

（二）新型基础设施建设为省域现代化提供硬件支撑

改革开放以来，广东省通过一系列卓有成效的政策措施，推动了基础设施建设。基础设施建设通常资金需求庞大，仅仅依靠政府很难实现，广东省政府提出在基础设施建设中要“放权让利”，通过多元化集资渠道进行基础设施建设，一方面通过发行交通、通信的建设债券和股票等募集资金，另一方面采取“自筹资金、自担风险、分享利益”政策调动了全社会的积极性，将投资主体、利益主体和经营主体有机结合。

广东省的现代化建设离不开水陆空三种交通方式的硬件建设。从铁路来看，广东省 2000 年的铁路营业里程仅有 1942 公里，铁路机车数量为 538 台，2010 年铁路机车数量下降至 448 台，但铁路营业里程上升至 2297 公里；2020 年铁路机车数量持续下降至 319 台，铁路营业里程却上升至 4871 公里，铁路营业里程的年均增长率达 4.71%。此外，珠三角快速城际轨道交通也在不断完善，莞惠城际（惠州段）、广佛肇城际等城际轨道交通的建成不断丰富珠三角地区群众的出行选择。从公路来看，2000 年的公路通车里程仅为 102606 公里，珠三角以外的粤东西北地区公路建设落后；2010 年广东省公路通车里程已经增长到 190144 公里，公路通车情况得到了明显的改善，随后公路通车里程稳步提升，到 2020 年增长到 221873 公里，年均增长率为 3.93%。民用汽车数量也得到了显著提升，从 2000 年的 172.91 万辆增长到 2010 年的 783.50 万辆，再增长到 2020 年的 2500.92 万辆。从内河航运看，随着铁路、公路的不断发展，广东省的内河通航里程呈现缓慢下降的趋势，机动船和驳船的数量也显著下滑，内河航运已经逐渐被铁路运输和公路运输所取代。从航空来看，民用航空航线条数提升显著，从 2000 年的 329 条增长到 2010 年的 815 条，到 2020 年增长到 1623 条，年均增速达 8.31%；民用航空航线里程也从 2000 年的仅 50.03 万公里，增长到 2020 年的 369.21 万公里，年均增速达 10.51%。与此同时，民用运输飞机的数量也得到了显著增加，从 2000 年的 106 架增长到 2010 年的 441 架，到 2020 年增长到 886 架，大大便利了广东省与其他地区和国家的交流。从管道建设看，广东省 2000 年的油气运输管道里程仅为 1535.57 公里，到 2010 年增加到 6033.62 公里，而到了 2020 年，更是首次突破万公里大关，达到 10136.90 公里，管道里程的年均增长率接近 10%（见 8-5）。

表 8-5　广东省主要年份运输工具和线路拥有量

项目	单位	2000	2010	2015	2018	2019	2020
铁路机车数量	台	538	448	350	335	324	319
铁路营业里程	公里	1942	2297	3859	4630	4825	4871
公路通车里程	公里	102606	190144	216023	217699	220290	221873
民用汽车	万辆	172.91	783.50	1472.33	2116.94	2326.95	2500.92
内河通航里程	公里	13696	13596	12150	12111	12111	12252
机动船	艘	21733	8793	8716	7781	7136	6835
驳船	艘	1076	23	19	12	7	9
民用航空航线条数	条	329	815	963	1370	1569	1623
民用航空航线里程	万公里	50.03	180.74	237.29	277.49	306.05	369.21
民用运输飞机	架	106	441	625	831	978	886
油气运输管道里程	公里	1535.57	6033.62	6500.90	8966.34	9187.49	10136.90

资料来源：2021 年《广东统计年鉴》。

可以看出，广东省经济健康持续增长、现代化进程有序推进，都得益于传统基础设施建设进程的不断推进。尤其是在党的十八大之后，广东省进一步加快了基础设施现代化水平的提升，基础设施建设不仅能够促进城市功能的不断完善、城市治理水平的不断提升、生态环境的持续改善，还能为全省经济的可持续增长和省域现代化建设做出重要贡献。传统基础设施建设为广东省的省域现代化推进提供了硬件保障，而新型基础设施建设不仅是新常态下支撑中国产业结构转型升级、经济迈向高质量发展的重要动力来源，也为缩小区域发展差异、实现平衡充分发展、推进省域现代化的进一步实现提供了重要硬件支撑。

2018 年底的中央经济工作会议对“新型基础设施建设”做出定义之后，“加强新一代信息基础设施建设”于 2019 年首次被列入政府工作报告。在中国经济增长减速、世界贸易摩擦加剧与新冠肺炎疫情突发的背景之下，2020 年 3 月 4 日，中共中央政治局会议再次强调“要加大公共卫生服务、应急物资保障领域投入，加快 5G 网络、数据中心等新型基础设施建设进度”。随后广东省政府在 2020 年 11 月 5 日发布了《广东省推进新型基础设施建设三年实施方案（2020—2022年）》。该实施方案给出了广东省未来基础设施建设的方向，即“以科技创新为驱动，以信息网络为基础，支撑数字转型、智能升级、融合创新的新型基础设施体系”。

从广东省统计局在2020年的统计数据可以看出，该实施方案的推动效果显著，仅2020年第一季度，广东省在建或拟建的新型信息基础设施项目就超过了40个，完成投资44.3亿元，全省已建成的5G基站数量超过4.2万个，已经投入使用的数据中心数量接近160个。加上广东省地处粤港澳大湾区，借力香港科技、金融等专业领域的人才和澳门先进的服务业优势，正逐步建立一条背靠国内、面向国际的“新基建”产业链，在智慧能源工程、智慧交通工程、智慧城市工程、智慧物流工程、智慧医疗工程、智慧教育工程、智慧农业工程、智慧水利工程、智慧环保工程和智慧应急工程10个方面发力，成为有效支撑广东经济现代化，实现质量变革、效率变革和动力变革的不竭动力。

根据中国信息通信研究院的数据，广东省的区域数字经济水平和数字经济竞争力位列全国第一，说明广东省大力发展新基建取得了卓越成效，无论在数字创新要素、数字基础设施、核心数字产业、数字融合应用还是数字政策环境方面都保持着全国领先的地位，这也为更好地实现省域现代化提供了支撑。

（三）产业创新协同共建为省域现代化提供发展动力

现代产业体系是现代化经济体系的核心组成部分。党的十九大提出“要加快构建实体经济、科技创新、现代金融、人力资源协同发展的产业体系”。《广东省国民经济和社会发展第十四个五年规划和2035年远景目标纲要》提出要“坚持发展实体经济不动摇，坚定不移建设制造强省、质量强省，积极推动产业高端化发展，深度融入全球产业链，提升产业基础高级化、产业链现代化水平，加快先进制造业和现代服务业深度融合发展，推动广东制造向广东智造转型，打造具有国际竞争力的现代产业体系”。

从图8-4的1979~2020年广东省三次产业对地区生产总值的拉动可以看出，广东省作为制造业大省，其制造业在全国制造业的分布格局和制造业产业链中占据着重要地位，在广东省内，制造业对地区生产总值的拉动作用也最为显著，尤其是在 2010 年之前，广东省的制造业长期保持着对地区生产总值 4%以上的拉动作用。近年来，受国际政治经济不确定性和新冠肺炎疫情的影响，广东省的产业发展也面临困境，但广东省在“十四五”规划中依然明确了制造业高质量发展的必要性，指出要通过培育战略性产业集群，打造国际一流的制造业发展高地，继续强化制造业的支柱地位。随着现代化进程的推进、经济发展转型和产业结构调整的需求，区域发展逐渐由依靠单一产业推动转变为通过产业协同发展来实现，不同产业间的相互融合创新可以为现代化提供不竭的动力，因而广东省第三产业对地区生产总值的拉动作用也日益凸显，并且在 2000 年之后长期维持在 4%以上的水平（见图 8-4）。

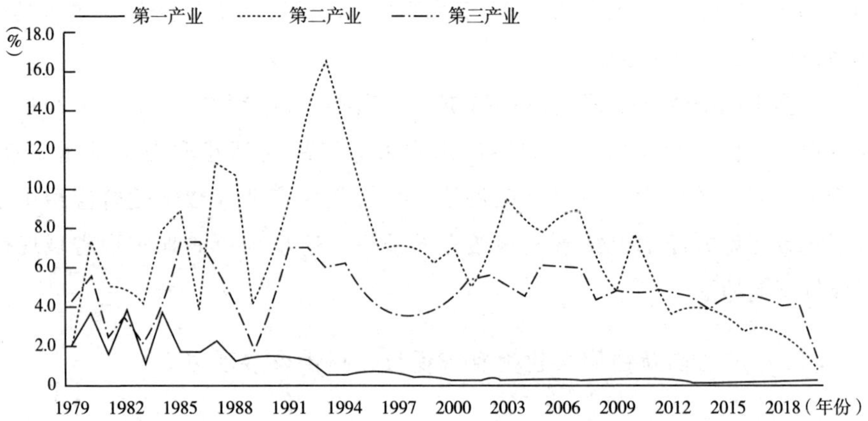

图 8-4　1979~2020 年广东省三次产业对地区生产总值的拉动

资料来源：2021 年《广东统计年鉴》。

制造业和服务业的协同发展可以为产业转型升级提供支持，而科技创新又是产业协同的动力，尤其是对于高新技术产业而言，科技创新为高新技术产业的发展提供了更强的竞争力，因而科技是高新技术产业发展的重要支撑①。高新技术产业如果能够配套专业的科研机构和科技服务机构，将有效提升科技要素集聚能力，形成规模效应，而产学研协同的科创模式，

① 刘湘云、吴文洋：《科技金融与高新技术产业协同演化机制及实证检验——源于广东实践》，《广东财经大学学报》2018 年第 3 期。

既能为科研机构的理论研究提供应用场景，也能为企业提供所需的技术支撑，提高产业整体的竞争力。

从表 8-6 的广东省主要年份产业创新投入情况可以看出，近年来的科技创新投入显著增强。从科研机构数和研发人员数来看，2010 年科研机构数仅为 4452 个，到 2019 年科研机构数增长到 32347 个，增长了 6.27 倍，研发人员数也从 2010 年的 44.66 万人增长到 2019 年的 109.15 万人。从 R&D 经费内部支出及其占地区生产总值比重来看，2010 年的 R&D 经费内部支出仅 808.75 亿元，占地区生产总值的 1.74%，2019 年 R&D 经费内部支出增长到 3098.49 亿元，占地区生产总值的 2.88%。从研发项目数及技术合同成交额看，研发项目数在 2010 年为 7.27 万个，到 2019 年达到了 22.49 万个，增长了 2.09 倍，技术合同成交额也从 2010 年的 242.5 亿元增长到 2019 年的 2272.78 亿元。

表 8-6　广东省主要年份产业创新投入情况

指标	单位	2010	2015	2018	2019
科研机构数	个	4452	8164	25484	32347
研发人员数	万人	44.66	68.02	102.31	109.15
R&D 人员全时当量	万人/年	36.47	50.17	76.27	80.32
R&D 经费内部支出	亿元	808.75	1798.17	2704.70	3098.49
R&D 经费内部支出占地区生产总值比重	%	1.74	2.43	2.71	2.88
研发项目数	个	72747	112680	184118	224904
技术合同成交额	亿元	242.5	663.53	1387.00	2272.78

资料来源：2021 年《广东统计年鉴》。

从表 8-7 的广东省主要年份 R&D 经费内部支出结构可以看出，2010 年有 93.32%的 R&D 经费用于试验发展、2.07%的 R&D 经费用于基础研究，但到了 2019 年，试验发展占 R&D 经费内部支出比重下降到了 87.44%，而基础研究占比提高到 4.58%，更多资金投向了基础理论研究。从资金来源看，政府资金在 2010 年占比为 8.13%，到 2019 年增长到 12.82%，政府对研发的支持力度在不断提升。

表 8-7 广东省主要年份 R&D 发展经费内部支出结构

单位：%

R&D 经费内部支出		2010	2015	2018	2019
资金用途	基础研究	2.07	3.01	4.26	4.58
	应用研究	4.61	9.18	8.52	7.98
	试验发展	93.32	82.25	87.22	87.44
资金来源	政府资金	8.13	8.11	10.64	12.82
	企业资金	87.66	89.32	87.59	85.52

资料来源：2021 年《广东统计年鉴》。

政府和企业双方的研发投入力度不断增强，广东省科技创新取得了显著的成效。从表 8-8 的 1990～2020 年广东省专利授权数量分布来看，2013 年之前，外观设计专利的授权数量占比最高，尤其是在 2010 年之前，外观设计专利的授权数量占比几乎每年都在 50%以上，最高时在 2002 年达 70.36%；2013 年之后实用新型专利的授权数量占比最高，2017 年之后持续保持在 50%以上，成为广东省专利授权的主要类型。从专利授权数量和占比可以看出，当下的创新已经逐渐从外观设计转向实用新型。虽然实用新型专利的创造性和技术水平要求比发明专利要低，但实用价值大，且从数量看，发明专利也不断突破新高，说明广东省的企业创新水平正经历不断提升，促进产业创新和产业协同发展进入良性循环，为省域现代化提供源源不竭的发展动力。

表 8-8 2000～2020 年广东省专利授权数量分布

单位：件，%

年份	发明		实用新型		外观设计	
	数量	占比	数量	占比	数量	占比
2000	261	1.65	4797	30.36	10741	67.99
2001	301	1.65	5246	28.73	12712	69.62
2002	351	1.54	6396	28.10	16013	70.36
2003	953	3.26	7921	27.09	20361	69.65
2004	1941	6.17	9307	29.60	20198	64.23
2005	1876	5.08	11017	29.86	24001	65.05

续表

年份	发明		实用新型		外观设计	
	数量	占比	数量	占比	数量	占比
2006	2441	5.61	15644	35.95	25431	58.44
2007	3714	6.58	21636	38.33	31101	55.09
2008	7604	12.26	25072	40.42	29355	47.32
2009	11355	13.58	27438	32.81	44828	53.61
2010	13691	11.47	43901	36.78	61754	51.74
2011	18242	14.21	51402	40.03	58771	45.77
2012	22153	14.42	65946	42.93	65499	42.64
2013	20084	11.78	77503	45.47	72843	42.74
2014	22276	12.38	83202	46.24	74475	41.39
2015	33477	13.88	105254	43.64	102445	42.48
2016	38626	14.91	118157	45.61	102249	39.47
2017	45740	13.75	169017	50.81	117891	35.44
2018	53259	11.14	268508	56.16	156315	32.70
2019	59742	11.33	282740	53.61	184907	35.06
2020	70695	9.96	380882	53.67	258148	36.37

资料来源：2021 年《广东统计年鉴》。

三 广东省的社会发展基础

省域现代化进程的推进，不但对经济发展提出了更高的要求，对完善的社会保障制度和健全的医疗体系也有着更高的期待。广东省在现代化进程中，通过不断提高法律保障体系和加强文化体育事业，为社会的现代化发展提供了基本保障，也为实现人的现代化这一目标奠定了基础。

（一）完善的法律保障体系是省域现代化建设的重要支撑

从法律保障体系看，2019 年 6 月，中共中央办公厅、国务院办公厅印发了《关于加快推进公共法律服务体系建设的意见》，明确指出要建设现代公共法律服务体系的指导思想、基本原则、主要目标、重要举措和保障措施。在中央政府的政策指导和广东省政府的大力推动下，广东省基本实现了公共法律服务体系的全覆盖，司法保障体系建设不断完善。

从表 8-9 可以看出，广东省 2005 年以来律师事务所数量、执业律师人数、民事案件诉讼代理数量、刑事案件诉讼辩护及代理数量等均有较大程度的上升，尤其是在基层司法保障方面有了较大程度的提高，如基层司法工作人员数量从 2005 年的 4938 人上升至 2020 年的 8798 人，调解纠纷总数从 2005 年的 169991 件上升至 2020 年的 444984 件。这一方面说明了司法保障体系逐渐完善，各级法律从业人员和机构数量都有了显著提升，为法制社会建设打下了基础，另一方面也说明民众的法律意识不断提升，通过法律维权的意识和基层法律调解的能力都在不断增强。

表 8-9　广东省主要年份的司法保障建设情况

项目		2005	2010	2015	2018	2019	2020
律师事务所	（个）	1110	1668	2290	2901	3418	3541
执业律师	（人）	15779	20230	28221	43434	48971	54957
担任常年法律顾问	（家）	20533	36484	59664	77954	84359	92416
民事案件诉讼代理	（件）	61800	150817	225385	371893	514353	610739
非诉讼代理	（件）	157212	126726	174951	214252	317205	262059
刑事案件诉讼辩护及代理	（件）	18675	38116	30739	92642	109733	117566
基层司法所	（个）	1647	1617	1616	1631	1631	1631
工作人员	（人）	4938	4976	6036	8048	8413	8798
人民调解委员会	（个）	28923	33789	32549	31898	31666	31494
调解人员	（人）	163459	194224	181205	170775	172280	172816
调解纠纷总数	（件）	169991	384531	326174	397191	460474	444984

资料来源：2021 年《广东统计年鉴》。

（二）丰富的文化体育事业为省域现代化建设奠定精神文明基础

习近平总书记多次提到“文化是一个国家、一个民族的灵魂”，而文化自信“是更基础、更广泛、更深厚的自信”。这无疑说明了精神文明建设是现代化建设的重要组成部分，文化体育事业建设不仅有助于推动文化强省战略目标的实现，也能够更好地丰富公民的精神世界，因此广东省 2021 年 11 月先后发布《广东省文化和旅游发展“十四五”规划》《广东省“十四五”体育发展规划》等文件支持省内文体事业发展。近年来为了更好地支持岭南文化“双创”工程，广东省陆续有 18 个项目成功入选国家第五批非遗名录、5 部戏剧作品入选国家优秀舞台艺术作品展演，文化体育产业发展在全国居于前列。

从表 8-10 可以看出，在文化事业发展方面，广东省在近年来的电影放映单位数量、文化馆数量、公共图书馆数量、博物馆数量、档案馆数量上都有了显著的增加，可供居民进行文化修养培育的场馆的增加为提升全民文化素质与文化自信提供了硬件设施，同时这些场馆内的文化资源利用效率的提升也在软件建设方面取得了较好的成效。例如，公共图书馆藏量从 2000 年的 2330 万册上升至 2020 年的 11687 万册，博物馆藏品数从 2000 年的 49.09 万件上升至 2020 年的 265.82 万件，档案利用数量从 2000 年的 36.32 万卷次上升至 2020 年的 669.65 万卷次。从新媒体覆盖率看，广播、电视综合人口覆盖率在 2015 年达 99.9%，并保持到 2020 年。

表 8-10　广东省主要年份的文化事业建设情况

指标		2000	2010	2015	2019	2020
电影放映单位	（个）	1626	1392	1793	2666	2845
文化馆	（个）	118	129	146	145	144
公共图书馆	（个）	125	133	140	146	148
公共图书馆藏量	（万册）	2330	4615	7008	10543	11687
博物馆（含美术馆）	（个）	131	169	193	259	324
博物馆藏品数（含美术馆）	（万件）	49.09	84.46	101.83	131.12	265.82
档案馆	（个）	161	205	217	189	186
档案利用	（万卷次）	36.32	301.00	495.00	661.00	669.65
图书出版量	（万册）	26978	23134	31287	39467	43448
广播综合人口覆盖率	（%）	96.0	98.0	99.9	99.9	99.9
电视综合人口覆盖率	（%）	96.4	98.0	99.9	99.9	99.9

资料来源：2021 年《广东统计年鉴》。

第二节　省域现代化的发展历程与实践

新中国成立以来，广东省始终跟随国家现代化建设的战略，探索实现现代化的广东路径。在经历了改革开放、加入世界贸易组织等重大机遇的同时，也面临过全球金融危机、中美贸易摩擦等诸多困境。正如习近平总书记在博鳌亚洲论坛 2018 年年会开幕式上的主旨演讲中说的那样：“中国人民的成功实践昭示世人，通向现代化的道路不止一条，只要找准正确方向、驰而不息，条条大路通罗马。”尽管当下的广东面临着诸多的不确定性，在接连经历了中美贸易摩擦、逆全球化潮流以及新冠肺炎疫情的冲击之后，广东依然在“十四五”的开局之年，稳步推进着以“五位一体”为总体布局的社会主义现代化建设的进程。

一 广东省域现代化的发展历程

2020 年 10 月，习近平总书记在广东考察时强调，广东要以更大魄力、在更高起点上推进改革开放，在推进粤港澳大湾区建设、推动更高水平对外开放、推动形成现代化经济体系、加强精神文明建设、抓好生态文明建设、保障和改善民生等方面展现新的更大作为，努力在全面建设社会主义现代化国家新征程中走在全国前列、创造新的辉煌。随后，党的十九届五中全会通过了《中共中央关于制定国民经济和社会发展第十四个五年规划和二〇三五年远景目标的建议》，并明确指出到 2035 年基本实现社会主义现代化。现代化建设不是一朝一夕的事，回顾广东省域现代化建设的历史进程、聚焦省域现代化进程中的战略难题，是实现省域现代化建设走在前列目标的基础。

（一）1949~1978 年：坚定不移践行国家现代化战略的初期阶段

新中国成立以来，广东省始终跟随国家现代化建设的战略，探索实现现代化的广东路径。这一阶段的现代化战略以城镇化和工业化为主要实践路径，目标以解决战争带来的通货膨胀和失业问题为主，并以极大的热情依靠沿海地区侨民众多的区位优势，如火如荼地开展了工业化建设。

1954 年 9 月，周恩来首次在政府工作报告中提出“四个现代化”，并明确实现“四个现代化”要分两步走，第一步是建立独立且完整的工业体系和国民经济体系，第二步是全面实现农业、工业、国防和科学技术的现代化。在“四个现代化”的指导之下，广东省以“敢为人先”的勇气大力培育地方工业，流溪河水电站、广州钢铁厂、石油工业部茂名石油公司等企业应运而生，广东省还扩建了广州造纸厂、广州水泥厂等工业项目，同时合并改组了许多小工厂，通过企业管理和整顿，提高了工厂的生产质量和技术水平，为之后改革开放进一步提升现代化水平奠定了扎实的实体经济基础。

（二）1978~2000年：改革开放为现代产业体系构建注入活力

改革开放后，广东抓住改革开放的机遇，利用中央赋予的特殊政策和灵活措施，持续推进社会主义现代化，走出了一条具有广东特色的现代化建设道路。这一时期，广东在经济发展、民生建设、思想文化建设、区域城乡发展、生态建设等方面都取得了重要成绩。

1978年，邓小平提出"人均国民生产总值1000美元的小康目标"是中国现代化的重要标准。广东作为率先得到1979年中央50号文件政策红利的省份之一，对长期耗能高、亏损严重的企业进行了调整，关停、合并、转产了一批企业，产业发展开始转向支持轻工业生产，通过"特殊政策，灵活措施"率先形成了"珠江水、广东粮、岭南衣、粤家电"的加工制造业产业分工。这一阶段的企业改制也取得了一定成效，通过管理体制改革、企业自主权扩大和经济责任制的推行，涌现出了一批企业性公司，解放和发展了生产力。

1987年，党的十三大指出要"为把我国建设成为富强、民主、文明的社会主义现代化国家而奋斗"，并明确了社会主义现代化建设的"三步走"发展战略。自此之后，广东经过长期艰苦的实践探索，人民生活水平有了较大的改善，奠定了现代化的坚实物质基础。作为改革开放的前沿阵地，广东更是在现代化建设中贡献了宝贵的创新理念和实践经验。借助珠江三角洲毗邻香港、澳门的区位优势，以前店后厂的产业布局发展了一大批"三来一补"企业，形成了外向型经济中的"珠江模式"。凭借着区位优势、劳动力优势的东莞，在三大国际城市的包围中，利用外资的资金、先进技术和管理经验，同样实现了从农业县变为世界工厂的奇迹，以其"东莞经验"在全国产生了巨大影响。

（三）2001年至今：不断在现代化建设中走在全国前列

2000年之后，随着中国正式加入世界贸易组织并不断融入世界经济体系，社会主义现代化的内涵也在不断丰富。从"全面建成小康社会，基本实现现代化”到“全面建成社会主义现代化强国”，广东抓住了新一轮的发展契机，逐渐形成了以装备制造、汽车等先进制造业和医药、电子及通信设备业等高新技术产业为主的现代产业体系，建立了较为完整的工业体系和国民经济体系。根据广东省统计局发布的《广东全面建设小康社会进程统计监测报告（2012）》，自 2000 年以来，广东持续有序地推进全面建设小康社会进程，并在 2009 年首次实现小康程度超过 90%，并且随后一直稳定保持在 90%以上。截至 2012 年，广东省的小康实现程度已经达 93.4%，在全国居于领先地位。近年来，广东也一直按照国家对全面小康社会的标准测算，通过“十三五”期间脱贫攻坚政策的不断努力，力争实现建成高水平全面小康社会的宏伟目标。

自党的十八大以来，习近平总书记先后视察广东三次，希望广东能够率先基本实现现代化。从 2012 年末总书记对广东提出“三个定位、两个率先”的殷切希望，到 2017 年总书记对广东做出“四个坚持、三个支撑、两个走在全国前列”的重要批示，再到改革开放 40 周年之际总书记对广东提出了“四个走在全国前列”的更高要求，无不透露着以习近平总书记为首的党中央对广东“率先实现社会主义现代化”寄予了殷切期望，希望广东探索出省域现代化的新模式、新路径。尽管身处全球经济的不确定性浪潮之中，面临中美贸易摩擦和新冠肺炎疫情的双重冲击，广东依然通过深化改革开放、推进粤港澳大湾区和中国特色社会主义先行示范区的“双区”建设，以“五位一体”的现代化建设布局持续推进社会主义现代化建设。2019 年 10 月，广东在支持深圳先行示范区建设的同时，又印发了《广州市推动“四个出新出彩”行动方案》，支持广州老城市重现新活力，也显示了广东省政府在广东全面实现区域现代化建设中的政策支持。

实体经济是一个国家或地区的发展之本，只有把发展实体经济摆在重要的战略位置，才能构建具有产业基础的现代经济体系，也正是意识到实体经济发展的重要性，2018 年 8 月 31 日广东省政府发布《广东省降低制造业企业成本支持实体经济发展的若干政策措施》，涵盖了降低企业税收、用地成本、社会保险成本、用电成本、运输成本、融资成本、制度性交易成本以及支持工业企业盘活土地资源提高利用率、支持培育制造业新兴支柱产业和支持企业开展技术改造在内的 10 项工作，并明确了工作分工。

在降低企业税收方面，对符合条件的省内跨地区经营制造业企业的分支机构就地入库，并对其总机构和分支机构实行增值税汇总缴纳，退还先进制造业、现代服务业符合相关条件的企业和电网企业一定时间内未抵扣完的增值税进项税额，按照国家规定的最低标准确定企业所得税率。

在降低企业用地成本方面，充分保障了工业用地，工业用地最长出让50年，可根据企业意愿，对有需求的企业实行弹性年期出让，对期满后符合续期使用条件的，可协议土地出让续期，对制造业发展较好的城市给予用地奖励。

在降低企业社会保险成本方面，推进养老保险的省级统筹，推动符合条件的地市实施失业保险浮动费率制度。

在降低企业用电成本方面，将全部省级产业转移工业园纳入电力市场交易用户范围。支持高新技术、大数据、互联网、高端制造业参与电力市场交易，对具备电力承装资质的企业所承建的电力建设项目，供电企业应无歧视接入电网并及时送电。

在降低企业运输成本方面，推动市属高速公路路段试行货车通行费八五折优惠，加大粤通卡发行力度，制定高速公路差异化收费试点方案，逐步取消普通公路收费。

在降低企业融资成本方面，鼓励制造业企业充分用国家政策性银行优惠政策，积极开拓境外资金渠道支持制造业发展，鼓励大型骨干企业设立财务公司，为上下游企业提供低成本融资服务；鼓励银行、商业保理公司、财务公司等机构为制造业核心企业产业链上下游中小微企业提供应收账款融资，对帮助中小微企业特别是小微企业应收账款融资的相关企业择优进行支持，支持省、市进一步建立健全中小微企业融资政策性担保和再担保机构。

在降低企业制度性交易成本方面，压缩审批时限，完善“粤省事”办事平台，实现政府审批信息共享共用，推动涉企工业数据的归集和共享，建立广东省制造业大数据指数（MBI），及时跟踪监测制造业发展情况。

在支持工业企业盘活土地资源提高利用率方面，保障国家级和省级开发区、产业转移工业园区（产业转移集聚地）建设高标准厂房和工业大厦的用地，加大地方财政的奖补力度，大力推进“工改工”项目建设。适时扩大解决重点制造业企业用地历史遗留问题试点城市范围，加快完善相关用地手续，所需用地指标在试点城市土地利用年度计划指标中优先安排。

在支持制造业高质量发展方面，培育制造业新兴支柱产业，实施重点领域研发计划，开展对经济、社会、产业、区域发展具有重大需求的核心技术、关键器件等的研究，鼓励企业积极申报高新技术企业享受相关优惠政策，实施广东重点产品质量比对研究提升工程，开展“广东优质”品牌认证，引导消费新需求，探索建立制造业企业高质量发展综合评价体系，引导资源向优质企业和优质产品集中。

在加大重大产业项目支持力度方面，对符合《广东省重大产业项目计划指标奖励办法》奖励条件的重大产业项目，广东省按照相应标准给予用地指标奖励，环境影响评价、社会稳定风险评估、节能评价等要在重大产业项目论证阶段提早介入，同步开展并联审批。重大制造业项目投产后，支持各市对企业高管、研发人才、专业技术人才等实行分类激励措施，加大对重大制造业项目配套基础设施建设支持力度，统筹协调省内高等学校和职业院校，根据重大制造业项目用人需求优化专业设置和招生规模。

在广东省的政策推动下，广东各个设区市也积极响应，出台了一系列支持政策。例如，佛山市对规模以上工业企业的新增用电、用气每年给予 2 亿元补贴，东莞市积极解决制造业企业在用地方面的历史遗留问题，珠海市创新了工业用地竞买模式，中山市提高工业用地的容积率上线，汕头市每年投入 200 万元财政资金用于产学研的实际合作，湛江市对天然气最高限价进行下调并鼓励工业企业原厂址升级改造，揭阳市开启“揭阳制造 2025”对重点制造业新兴产业加大支持力度，汕尾市进行商事制度改革将投资项目审批时间由 165 天缩短至 40 天。

当前，世界正处在第五个经济长波周期中，随着信息技术的不断自我革命，新一轮的信息技术革命将继续推动人工智能技术、新材料新能源技术、生物技术的不断发展，“互联网+”和数字经济也将不断催生新的业态和新的应用技术场景。

广东省也时刻以发展战略性新兴产业作为构筑强大实体经济根基的重要支柱，并在“十四五”规划中明确提出要“做大做强战略性支柱产业，培育发展战略性新兴产业”。正是由于广东省正处在新旧动能转换的关键时期，加快战略性新兴产业发展，可以推动广东省产业向价值链高端不断攀升，提高全要素生产率，依靠创新由粗放式发展向集约式发展转型。

以集成电路为例，在研发和成果转化方面，广东通过集成电路设计协同创新计划弥补集成电路的产业链短板，积极推进浪潮、科大讯飞、华为等企业的项目落地实施，同时强化产学研合作，推动芯片设计企业和科研院所之间的核心技术交流。在产业生产制造方面，布局华星光电、中芯国际的重大项目建设，同时为了提升芯片测试企业的计量检测精度与技术水平，重点在广州、深圳、珠海分别建立了集成电路的封装产业基地、设计制造基地和设计基地。

正如习近平总书记在博鳌亚洲论坛2018年年会开幕式上的主旨演讲中说的那样："中国人民的成功实践昭示世人，通向现代化的道路不止一条，只要找准正确方向、驰而不息，条条大路通罗马。"尽管当下的广东面临着诸多的不确定性，在接连经历了中美贸易摩擦、逆全球化潮流以及新冠肺炎疫情的冲击之后，广东依然在"十四五"的开局之年，稳步地推进以"五位一体"为总体布局的社会主义现代化建设的进程。

二　广东省域现代化的实践路径

在国家战略和省内政策的多重叠加之下，广东一直按照先行探索现代化的要求，努力让深圳成为全国现代化的"先行示范"，同时通过不断落实"1+1+9"工作部署①，推进粤港澳大湾区和深圳中国特色社会主义先行示范区建设，为全面建设社会主义现代化新征程夯实基础、积蓄势能。

（一）以实施综合改革试点为契机，推动深圳建设中国特色社会主义先行示范区

作为我国改革开放重要窗口的深圳经济特区，从改革开放之初的小渔

① "1+1+9"工作部署中的第一个"1"是指以推进党的建设新的伟大工程为政治保证。第二个"1"是指以全面深化改革开放为发展主动力。"9"是指9个方面重点工作：一是以粤港澳大湾区建设为重点，加快形成全面开放新格局；二是以深入实施创新驱动发展战略为重点，加快建设科技创新强省；三是以提高发展质量和效益为重点，加快构建推动经济高质量发展的体制机制；四是以构建现代产业体系为重点，加快建设现代化经济体系；五是以大力实施乡村振兴战略为重点，加快改变广东农村落后面貌，确保3年取得重大进展、5年见到显著成效、10年实现根本改变；六是以构建"一核一带一区"（珠三角核心区、沿海经济带、北部生态发展区）区域发展新格局为重点，加快推动区域协调发展；七是以深入推进精神文明建设为重点，加快建设文化强省，努力交出物质文明和精神文明两份好的答卷；八是以把广东建设成为全国最安全稳定、最公平公正、法治环境最好的地区之一为重点，加快营造共建共治共享的社会治理格局；九是以打好三大攻坚战为重点，加快补齐全面建成小康社会、跨越高质量发展重大关口的短板。

村一路走来，逐渐发展成为一座具有创新活力的国际化创新型城市。2019年8月9日，中共中央、国务院发布了《关于支持深圳建设中国特色社会主义先行示范区的意见》，希望“在更高起点、更高层次、更高目标上推进改革开放，形成全面深化改革、全面扩大开放新格局”，尤其是要率先建设能够体现高质量发展要求的现代化经济体系，主要包括了加快实施创新驱动发展战略、加快构建现代产业体系、加快形成全面深化改革开放新格局和助推粤港澳大湾区建设四个方面。

与此同时，《关于支持深圳建设中国特色社会主义先行示范区的意见》还指出，在法治环境现代化方面，深圳市需要全面提升民主法治建设水平，不断优化政府的管理和服务意识，率先营造彰显公平正义的民主法治环境，促进社会治理迈向现代化。在精神文明现代化方面，深圳要全面推进城市精神文明建设和文化产业的发展，率先塑造展现社会主义文化繁荣兴盛的现代城市文明。在生态文明现代化方面，提出要以生态文明制度的完善和城市绿色发展格局的塑造实现人与自然的和谐共生。在社会治理现代化方面，要不断完善社会保障体系，促进民生发展形成共建共治共享共同富裕的新格局。

（二）率先为建设“现代产业体系”提出政策指导，促进产业结构不断转型升级

早在2010年，广东省就根据《珠江三角洲地区改革发展规划纲要（2008—2020年）》《关于加快建设现代产业体系的决定》编制出台了《广东省现代产业体系建设总体规划（2010—2015年）》，提出了“坚持产业转型升级、坚持自主创新、坚持节能节地减排、坚持集聚发展、坚持区域协调发展、坚持对外开放”的6大原则，以“培育建设现代产业500强项目”和“培育发展战略性新兴产业”为抓手，加快现代服务业、高新技术产业、现代农业、优势传统产业、先进制造业、基础产业6大主体产业的建设，建立相关产业标准体系，构建现代产业体系的主体框架。

在制造业方面，作为制造业大省，广东省现代经济体系的建设离不开做大做强制造业产业集群。因此，广东省先后规划了装备基地、石化基地、汽车基地、船舶基地和钢铁基地这5个先进制造业基地；并打造广州信息产业国家高技术产业基地、广州国家软件产业基地、广州国家生物产业基地、

广州新材料国家高技术产业基地、深圳国家软件出口产业基地、深圳国家生物产业基地、深圳综合性国家高技术产业基地、珠海航空产业国家高技术产业基地、珠海国家软件产业基地、东莞信息产业国家高技术产业基地10大高新技术产业基地。2020年6月广东省发布了《关于培育发展战略性支柱产业集群和战略性新兴产业集群的意见》，2021年4月广东省发布了“十四五”规划，都进一步明确了要将新一代电子信息产业集群、绿色石化产业集群、智能家电产业集群、汽车产业集群、先进材料产业集群、现代轻工纺织产业集群、软件与信息服务产业集群、超高清视频显示产业集群、生物医药与健康产业集群和现代农业与食品产业集群等作为战略性支柱产业集群；将半导体与集成电路产业集群、高端装备制造产业集群、智能机器人产业集群、区块链与量子信息产业集群、前沿新材料产业集群、新能源产业集群、激光与增材制造产业集群、数字创意产业集群、安全应急与环保产业集群和精密仪器设备产业集群作为10大战略性新兴产业集群。近年来，产业政策的不断细化和具体，广东省对自己的产业优势和制造业发展目标逐渐清晰，制造业转型升级的步伐不断推进。

在现代服务业发展方面，广东省规划建设了中新（广州）知识城、珠海横琴新区、广州南沙新区、深圳前海和河套地区4个现代服务业产业基地，同时建设了包括5个金融服务集聚区、20个商务会展集聚区、10个科教创新集聚区、20个现代物流集聚区、5个文化创意产业集聚区和其他现代服务业集聚区在内的60个现代服务业集聚区，涉及金融、信息服务、物流、服务外包、科教创新、商务会展、文化创意以及旅游8大类型。2021年4月广东省发布的“十四五”规划，进一步明确了通过对标国际一流水平，全面提升服务业供给质量；利用粤港澳大湾区区位优势，深化与港澳的服务业合作；依托应用场景，不断培育和壮大新兴服务业。

（三）持续推进“科技创新强省”战略，将科技创新作为省域现代化的核心动力

党的十八大提出实施创新驱动发展战略，指出科技创新是提高社会生产力和综合国力的战略支撑。党的十九大强调创新是引领发展的第一动力，是建设现代化经济体系的战略支撑。这足以说明创新是发展的第一动力，也是现代化的核心动力。

2018 年 12 月，广东省人民政府印发了《关于进一步促进科技创新的若干政策措施》，从推进粤港澳大湾区国际科技创新中心建设、鼓励港澳高校和科研机构承担省科技计划项目、推进创新人才高地建设、加快建设省实验室和新型研发机构、加快高新区改革创新发展、加大企业创新普惠性支持、打通科技成果转化“最后一公里”、促进科技金融深度融合、加强科研用地保障、提高区域创新发展平衡性协调性、加强科研诚信和科研伦理建设、持续加大科技领域“放管服”改革力度 12 个方面给出了促进科技创新的具体路径。

近年来，新一轮科技革命正在孕育兴起，一方面广东以制度创新为引领，不断进行体制机制改革，通过科技“放管服”建立与创新相匹配的制度环境，进而不断激发企业创新活力。2021 年 4 月，广东省推出《2021 年广东省推进政府职能转变和“放管服”改革重点工作安排》，旨在通过市场化、法治化、国际化营商环境的加快构建，积极实现有效市场和有为政府的有机结合，激发市场主体发展活力。2021 年 9 月发布的《广东省科技创新“十四五”规划》指出了广东省科技支撑现代化经济体系的建设能力在以往政策的指引下显著增强，尤其是 2020 年的先进制造业增加值和高技术制造业增加值占规模以上工业增加值比重达 56.1% 和 31.1%，九大重点领域随着研发的扎实推进，已经在部分核心零部件及材料方面突破了国外垄断，“十三五”期间的科技企业孵化器、众创空间和在孵企业分别达 1036 家、1037 家和 3.4 万家以上，稳居全国首位。2021 年 12 月，广东省科技厅又发布了《广东省科技孵化育成体系高质量发展专项行动计划（2021—2025 年）》，对科技孵化和技术转化提供了更好的政策契机，提出到 2025 年，要“率先建成全国创新创业高质量发展先行地和国际创新创业新高地”，为战略性支柱产业与战略性新兴产业的发展提供重要支撑。

另一方面，广东省不断强化国家科创中心的职能，依托广深港澳科技创新走廊的建设，提高新型基础设施建设的数量和质量，积极提升数字化水平和创新平台公共服务能力，通过大数据、人工智能、云计算等将实体经济与数字经济深度融合，并通过打造人工智能与数字经济试验区，培育新兴增长极，吸引全球科技要素和创新要素的不断集聚。2019 年 10 月 20 日，国家发改委印发了《国家数字经济创新发展试验区实施方案》，并确定位于广东省、浙江省、福建省、河北省（雄安新区）、重庆市、四川省的 6

家单位作为数字经济创新发展试验区。广东省“十四五”规划对数字广东建设提出了新要求，要求全社会各领域积极推进数字化转型。2021 年 6 月 30 日，广东省印发《广东省制造业数字化转型实施方案（2021—2025 年）》，提出了到 2023 年，全省制造业要通过数字化转型实现网络化、数字化和智能化的显著提升，到 2025 年，广东省工业互联网国家示范区要发挥更为显著的引领作用，带动超过 5 万家规模以上工业企业向数字化转型，带动 100 万家企业上云用云降本提质增效。

（四）积极推动教育事业改革，加快推进教育现代化与教育强省目标的顺利实现

2019 年 2 月，党中央、国务院先后印发《中国教育现代化 2035》《加快推进教育现代化实施方案（2018—2022 年）》，基于此，广东省委、省政府也在 2020 年先后发布了《广东省教育现代化 2035》《广东省加快推进教育现代化实施方案（2019—2022 年）》，在发展广东特色优质教育、普及高质量教育、提高基本公共教育服务均等化水平、构建终身学习体系服务社会大众、提升教育现代化支撑创新驱动的价值、强化教师队伍建设、促进教育信息化发展、提升教育开放合作水平、推动教育治理体系和治理能力现代化等方面提出了更加符合教育现代化要求的具体举措，希望通过加快推进教育现代化，踏上教育强省建设的新征程。

2020 年 8 月，广东省教育厅牵头发布了《关于推进中小学幼儿园集团化办学的指导意见》，提出到 2022 年，全省要培育创建不少于 100 个省级优质特色教育集团，并充分发挥其辐射带动作用；每个地市至少创建两个省级优质特色教育集团。这种集团化办学的新思路，从学校内部的治理机制到基础教育的管理体制，再到基础教育的评价制度都实现了机制创新，通过跨学区、跨学段实施教育资源均等化和教育资源共享化，优化了办学布局和办学质量，有利于扩大优质教育资源的覆盖面和受益面，也有利于促进优质基础教育的均衡发展，是教育现代化实现的重要保障。

2021 年 9 月 23 日，广东省人民政府印发了《广东省教育发展“十四五”规划》，指出科技创新下社会生产的变革和激烈的人才竞争，使得教育水平的提升成为全面实现区域现代化建设目标能否实现的关键性因素。该规划从基础教育、职业教育和高等教育方面提出了具体的目标。其中，在

基础教育高质量发展方面，要巩固“5080”攻坚工程的成果，对乡镇和村级幼儿园的覆盖率要达到100%，高中教育毛入学率在95%以上；在职业教育方面，要争创世界一流，通过校企合作职业教育集团、产教融合联盟，建立高质量职业教育发展模式；在高等教育方面，要建设一批能够达到世界一流水平的学科，高等教育的毛入学率能够达到60%。

（五）以要素市场化改革为抓手，不断推进社会治理体系与社会治理能力现代化

为了更好地配合国家《关于构建更加完善的要素市场化配置体制机制的意见》实施，努力将要素向实体经济整合，赋予实体经济发展新动能，营造市场化、法制化的社会竞争环境，尤其是整合省内要素资源、提高要素的配置效率，广东省在2021年6月印发了《关于构建更加完善的要素市场化配置体制机制的若干措施》，针对土地要素、劳动力要素、资本要素、技术要素和数据要素5个领域提出了22项具体的改革措施。随后，又陆续针对数据、劳动力和资本要素出台了具体的行动方案文件。

数字治理和数据资源整合利用是一个世界性的新问题，作为数字经济大省和数据治理大省，积极开展数据治理也是促进政府治理水平现代化不断提升的重要手段。2021年7月5日，广东省发布了《广东省数据要素市场化配置改革行动方案》，该方案对如何释放公共数据价值、激发数据资源活力、加强数据资源汇聚融合与创新应用、促进数据交易流通和加强数据安全保护提出了具体的指导方案。

2021年9月，广东省出台了《广东省劳动力要素市场化配置改革行动方案》，指出要通过落户政策的完善和公共服务均等化的推进对户籍制度进行深化改革，对高层次人才和具备专业技能的劳动力创造社会性流动的渠道，对紧缺领域的人才加大引进力度、优化引进机制，对职业技能的评价体系进行不断完善。这些政策的出台和实施，为促进人才要素的跨区域自由流动创造了政策优势。

2021年11月，广东省出台了《广东省深入推进资本要素市场化配置改革行动方案》，试图通过金融体系的深化改革，完善资本要素配置的体制机制，从资本市场、跨境金融、科创金融、普惠金融和绿色金融5个方面进行深化改革，最终建成符合新发展格局要求的现代金融体系，为广东省的实

体经济发展和市场主体活力提供强有力的金融支撑。

除此以外，广东省政府还在 2021 年 6 月和 2021 年 9 月分别出台了《广东省数字政府改革建设“十四五”规划》和《广东省市场监管现代化“十四五”规划》。数字政府的建设可以为政府治理模式优化提供更有效的方案，实现政府治理能力的提升，自 2017 年广东省启动数字政府建设以来，至 2020 年已经连续三年获得全国省级政府网上政务服务能力评估第一名，带动了省内经济社会的高质量发展。全面推进市场监管体系现代化和市场监管能力现代化，有助于为社会营造市场化、法治化、国际化的营商环境，为区域现代化建设和经济社会高质量发展奠定了基础。

（六）以农业农村改革和生态环境优化，积极推进传统农业逐步向现代农业转变

建设现代农业一直是作为农业大国的中国的发展方向。然而，目前我国的农业仍然处于由传统农业向现代农业过渡的阶段，推进农业现代化的任务繁重。广东省一直将农业农村改革作为优化农业供给结构、提高经营效益的重要手段。2021 年 8 月，广东省人民政府印发了《广东省推进农业农村现代化“十四五”规划》，提出了“农业现代化走在全国前列、精美农村建设取得重点突破、精勤农民培育迈出坚实步伐、城乡融合发展体制机制基本建立”的目标，并通过珠三角地区和粤东西北地区的农业农村发展定位的优化，实现农业现代化的均衡错位发展。珠三角核心区通过都市农业现代化先行区和对标世界一流水平的美丽乡村，起到引领带动作用；粤东、粤西两翼以建设具有鲜明本地特色的精美乡村和推动区域联动发展为抓手，提升农业现代化的水平；粤北山区以绿色发展和生态农业发展为契机，不断优化区域内的生态环境。

与此同时，现代农业的发展应该是集约型、环境友好型的，农业现代化的进程不应该以生态环境的破坏为代价。广东具备优越的自然环境资源和经济发展基础，广东省政府为了探索出一条经济建设和生态文明建设协调发展的路径，在 2021 年 10 月印发了《广东省生态文明建设“十四五”规划》，提出了“到 2025 年，生态文明制度体系基本建成，国土空间开发保护格局清晰合理，生产生活方式绿色转型成效显著，绿色产业发展进展明显，能源资源配置更加合理、利用效率稳步提高，有条件的地区率先实现碳达峰，

主要污染物排放总量持续减少，生态安全屏障质量进一步提升，绿色低碳循环发展经济体系基本建立，美丽广东建设取得显著成效”的目标。

（七）坚持以人为本，以共同富裕为原则，不断促进民生与社会精神文明协调发展

为了更好地实现共同富裕，在改革开放初期，广东省就通过在农村创立“五定一奖”生产责任制、包产到户等体制改革，解放了农村生产力，开启了中国农业经营体制改革的实验。在城市里，广东省也通过股份制改革、发展个体经营经济、扩大企业自主权等方式探索市场经济体系检核，激发了城市发展的活力。此外，广东省不断打破“大锅饭”等平均主义，推行工资与经济效益挂钩、岗位技能工资制等多种工资分配方式，同时佛山、东莞等地的乡镇企业也在珠三角地区异军突起，成就了著名的“珠江模式”，也成为广东省共同富裕实践的早期典型和重要示范。

近年来，随着改革开发的不断深入，广东省更是持续发挥“强市场”与“强政府”的协同作用。通过财政转移支付、对口帮扶，建立了一批深汕特别合作区这样的飞地经济模式；通过放权让利、公司制股份制改革，让国有企业重新焕发活力；通过改善营商环境，激发了民营经济的巨大潜能。自党的十九大之后，广东省转变了以往先富带动后富的发展思路，走出了一条均衡区域发展的道路。通过以功能区为引领的发展战略，形成了“一核一带一区”区域发展新格局。

与此同时，近年来随着精神文明建设热潮的兴起，广东省已有广州市、深圳市、佛山市、中山市、东莞市、珠海市、惠州市、四会市、肇庆市、德庆县、龙门县、博罗县、仁化县 13 个市、县获得全国文明城市荣誉称号。取得这些成绩的背后，离不开广东省委 2020 年开启的为期三年的精神文明创建九大行动，极大地提高了城市公共服务水平，提高了人民生活质量。2021 年 6 月，为了进一步加强精神文明建设，广东省又印发了《广东省精神文明创建三年行动计划（2021—2023 年）》，为精神文明建设的持续推进提供了政策保障，也为地区文化建设搭建了公共服务平台。例如，佛山市乐从镇为流动人口设立的新市民学堂，为外来务工人员提供了政策指导和文化交流平台；惠州市博罗县率先设立新时代文明实践基金，将志愿服务和文明实践工作常态化；深圳推出智慧书房，将图书馆与文化旅游相结合。

第三节　省域现代化的经验启示

广东省通过产业升级和科技创新推动经济现代化，通过教育改革和精神文明建设推动文化现代化，通过以市场监管的改革推进政府治理现代化，通过农业的绿色转型推进生态文明现代化，通过共同富裕和民生发展推动人的现代化，最终实现省域现代化进程的不断推进。

一　以产业升级和科技创新推动经济现代化

从理论的角度分析，一方面，产业链现代化已经成为全球产业竞争的新趋势，推进产业链现代化，就要推进基础产业高级化，强化企业间技术经济联系，提高产业链与创新链、资金链和人才链嵌入的紧密度，以此构建现代产业体系。[①] 随着我国经济进入新常态，对省域现代化的要求也进入了更高阶段，在当前广东全面建设社会主义现代化的重要节点，构建现代经济体系是其重要的战略支撑。另一方面，科技创新作为产业升级的重要动力，推进科技创新的治理体系现代化也是支持创新驱动发展战略的重要抓手，而我国目前的科技创新治理体系与建设创新型科技强国的目标要求相比，仍然有着不小的差距。[②]

从广东的实践经验看，广东省的区域发展格局依托“一核一带一区”，不断促进区域协调发展、新发展格局构建和全面建设社会主义现代化三者的协同。其中，社会主义现代化建设依赖于现代经济体系的构建，现代经济体系的构建又离不开产业升级和科技创新的推动。

在省内产业错位发展上，珠三角地区利用良好的经济发展基础，通过新动能的不断壮大和新优势的不断重塑，积极通过广州、深圳的“双城”联动，广州、深圳、香港、澳门的“四轮”驱动，不断促进粤港澳大湾区的融合发展。沿海城市以汕头和湛江为重要的副中心城市建设为目标，积极发展临海产业集群；粤北山区城市以农业现代化改革，打造生态经济发

---

① 刘志彪：《产业链现代化的产业经济学分析》，《经济学家》2019 年第 12 期。

② 邓凌云：《推进科技创新治理体系现代化的对策研究——以广东为例》，《产业与科技论坛》2022 年第 12 期。

展的新标杆。

在科技创新激励政策上，通过科技“放管服”，建立与创新相匹配的制度环境，不断激发企业创新活力。同时依托广深港澳科技创新走廊的建设，提高新型基础设施建设的数量和质量，积极提升数字化水平和创新平台公共服务能力，通过大数据、人工智能、云计算等将实体经济与数字经济深度融合，并通过打造人工智能与数字经济试验区，培育新兴增长极，吸引全球科技要素和创新要素的不断集聚。

二　以教育改革和精神文明建设推动文化现代化

从理论的角度分析，随着经济建设不断推进，国际竞争日趋激烈，教育理念、教育体制、人才培育、教学模式等都面临着改革的需求①，特别是在当前日新月异的信息时代，教育现代化、教育信息化已经成为我国教育改革的重要发展方向。② 2022 年 4 月习近平总书记在海南考察时也进一步强调了精神文明在全面改革开放中的重要性，并提出“要持之以恒抓好理想信念教育，培育和弘扬社会主义核心价值观，广泛开展群众性精神文明创建活动，不断提升人民文明素养和社会文明程度”。③

从广东的实践经验看，近年来，广东省一方面在发展广东特色优质教育、普及高质量教育、提高基本公共教育服务均等化水平、构建终身学习体系服务社会大众、提升教育现代化支撑创新驱动的价值、强化教师队伍建设、促进教育信息化发展、提升教育开放合作水平、推动教育治理体系和治理能力现代化等方面提出了更加符合教育现代化要求的具体举措；另一方面，通过集团化办学的新思路，从学校内部的治理机制到基础教育的管理体制，再到基础教育的评价制度都实现了机制创新，通过跨学区、跨学段实施教育资源均等化和教育资源共享化，优化了办学布局和办学质量，有利于扩大优质教育资源的覆盖面和受益面，也有利于促进优质基础教育的均衡发展，为实现教育现代化提供了重要保障措施，

① 涂思龙：《高校教育改革与创新性人才培养之管见》，《兰州大学学报》（社会科学版）2000 年第 S2 期。

② 任友群、冯仰存、郑旭东：《融合创新，智能引领，迎接教育信息化新时代》，《中国电化教育》2018 年第 1 期。

③ 何雯雯：《越是深化改革扩大开放，越要加强精神文明建设》，《中华魂》2022 年第 7 期。

在改革开放40多年的实践中，广东逐步形成了敢为人先和敢闯敢试的特区精神、勇于担当和不断创新的创业精神、敬业专注和精益求精的工匠精神，这些精神助力广东在新时代不断探索全面建设社会主义现代化的道路，成为广东文明现代化的“软实力”，更是广东实现省域现代化的“硬支撑”。

三　以市场监管的改革推进政府治理现代化

从理论的角度分析，市场监管体系的统一建设，是建立统一开放、竞争有序的现代市场体系的关键环节[①]，而当前市场监管体系的改革重点在于对政府机构设置和职能配置的不断优化。全面推进市场监管体系现代化和市场监管能力现代化，有助于为社会营造市场化、法治化、国际化的营商环境，为区域现代化建设和经济社会高质量发展奠定了基础。同时，市场监管体系也需要依靠数字政府的建设提供技术支持。数字治理和数据资源整合利用目前仍然是一个世界性的新问题，作为数字经济大省和数据治理大省，积极开展数据治理也是促进政府治理水平现代化的重要手段。

从广东的实践经验看，数字政府的建设可以为政府治理模式优化提供更有效的方案，实现政府治理能力的提升，自2017年广东省启动数字政府建设以来，至2020年已经连续三年获得全国省级政府网上政务服务能力评估第一名，带动了省内经济社会的高质量发展。

四　以农业的绿色转型推进生态文明现代化

从理论的角度分析，农业现代化是通过加大现代物质技术要素的投入替代传统要素，以工业化生产的方式取代传统、粗放的农业生产经营模式，逐渐将农业由传统产业部门发展成为现代产业部门的过程[②]，其中科技要素是促进农业现代化的重要物质技术要素。绿色发展是一国综合实力提升的必由之路[③]，农业发展的绿色化、生态化也成为衡量一个国家现代化水平的重要指标。

从广东的实践经验看，广东省具有丰富的自然资源，群众对于良好生

① 王健、王鹏：《新一轮市场监管机构改革的特点、影响、挑战和建议》，《行政管理改革》2018年第7期。

② 马晓河：《大国小农条件下的农业现代化》，《中国发展观察》2019年第2期。

③ 于法稳：《习近平绿色发展新思想与农业的绿色转型发展》，《中国农村观察》2016年第5期。

态环境和美好生活有着强烈的需求，建设“美丽广东”也成为广东全面建设社会主义现代化的重要目标，因而有条件也有必要将生态文明建设和城市绿色发展作为广东全面建设社会主义现代化的重要标准，尤其是通过农业现代化的绿色转型升级，打造一个“绿水青山就是金山银山”的广东样本。

因此，广东省一直将农业农村改革作为优化农业供给结构、提高经营效益的重要手段。通过珠三角地区和粤东西北地区的农业农村发展定位的优化，实现农业现代化的均衡错位发展。其中，珠三角核心区通过都市农业现代化先行区和对标世界一流水平的美丽乡村，起到引领带动作用；粤东、粤西两翼以建设具有鲜明本地特色的精美乡村和推动区域联动发展为抓手，提升农业现代化的水平；粤北山区以绿色发展和生态农业发展为契机，不断优化区域内的生态环境。

五　以共同富裕和民生发展推动人的现代化

从理论的角度分析，随着改革开放的深入推进，中国经济的巨大实力带来了显著的脱贫致富效应①，然而要实现全面脱贫和防止返贫，还需要依靠贫困地区的内生发展动力，“一个地方必须有产业，有劳动力，内外结合才能发展”②。这也是对人的现代化实现的根本保障。

从广东的实践经验看，人的现代化是省域现代化的重要价值诉求，也是区域经济社会发展的主体动力。广东省通过提升社会治理效能和创新社会治理方式不断完善社会治理体系，形成了共建共治共享社会治理格局。尤其在完善民生保障制度方面，坚持“以人为本”“以民为本”，通过不断加强普惠性、基础性、兜底性民生建设，增强科教文卫事业，充实了老百姓的精神世界和文化生活，提高了老百姓的安全感和幸福感，推动了广东民众从“传统人”向“现代人”转变。

在共同富裕方面，广东通过深化政治经济体制改革，将共同富裕推向了全面深入阶段。尤其是自党的十八大以来，广东开启了精准脱贫的攻坚

① 易棉阳：《论习近平的精准扶贫战略思想》，《贵州社会科学》2016 年第 5 期。

② 《习近平的扶贫观：因地制宜“真扶贫，扶真贫”》，人民网，2014 年 10 月 17 日，http://www.china.com.cn/news/2014-10/17/content_33797242.htm。

战，帮助全省2277个相对贫困村和161.5万相对贫困人口全部脱贫，并在2021年如期完成全面建成小康社会的战略任务，为实质性推动共同富裕奠定了坚实基础。

在精神文明建设方面，尤其是在2021年中央文明办将新时代文明实践中心建设正式纳入全国文明城市创建测评之后，广东率先将深化拓展新时代文明实践中心建设写入“十四五”规划纲要。目前，广州从化、顺德乐从、惠州博罗等广东省内378个示范所、3134个示范站正发挥着文明实践的重要引领作用，推动全省精神文明建设不断迈上新台阶。

本章参考文献

[1] 陈雷刚:《广东探索全面建设社会主义现代化的历史逻辑、现实优势和基本路径》,《广东经济》2020年第12期。

[2] 邓凌云:《推进科技创新治理体系现代化的对策研究——以广东为例》,《产业与科技论坛》2022年第12期。

[3]《广东省降低制造业企业成本支持实体经济发展的若干政策措施（修订版）》,《南方日报》2018年9月11日。

[4]《广东省人民政府关于印发广东省深入推进资本要素市场化配置改革行动方案的通知》(粤府函2021268号),《广东省人民政府公报》2021年第26期。

[5] 何雯雯:《越是深化改革扩大开放，越要加强精神文明建设》,《中华魂》2022年第7期。

[6] 姜绍华:《习近平经济思想形成的深刻背景、内在特点及其价值意蕴》,《山东社会科学》2022年第3期。

[7] 姜卫民、范金、张晓兰:《中国“新基建”：投资乘数及其效应研究》,《南京社会科学》2020年第4期。

[8] 刘美琳:《四大城市群“新基建”竞争：七大领域各有优势，城市格局迎洗牌》,《21世纪经济报道》2020年4月6日。

[9] 刘湘云、吴文洋:《科技金融与高新技术产业协同演化机制及实证检验——源于广东实践》,《广东财经大学学报》2018年第3期。

[10] 刘志彪:《产业链现代化的产业经济学分析》,《经济学家》2019年第12期。

[11] 马晓河:《大国小农条件下的农业现代化》,《中国发展观察》2019年第2期。

[12] 任友群、冯仰存、郑旭东:《融合创新，智能引领，迎接教育信息化新时代》,《中国电化教育》2018年第1期。

[13] 陶一桃:《从“先行先试”到“先行示范”——经济特区的新使命》,《特区实践与理论》2019年第6期。

［14］涂思龙：《高校教育改革与创新性人才培养之管见》，《兰州大学学报》（社会科学版）2000 年第 S2 期。

［15］王健、王鹏：《新一轮市场监管机构改革的特点、影响、挑战和建议》，《行政管理改革》2018 年第 7 期。

［16］杨新洪：《近十年广东人口结构的变化、成因与思考（上）——基于第七次全国人口普查数据的分析》，《岭南学刊》2021 年第 5 期。

［17］易棉阳：《论习近平的精准扶贫战略思想》，《贵州社会科学》2016 年第 5 期。

［18］于法稳：《习近平绿色发展新思想与农业的绿色转型发展》，《中国农村观察》2016 年第 5 期。

［19］袁小慧、范金：《抓住逆周期调节下"新基建"发展机遇》，《群众》2020 年第 8 期。

［20］周权雄：《粤港澳大湾区制造业高质量发展的对策思考》，《探求》2022 年第 2 期。

第九章　现代化先行：东部发达省（市）的使命任务

习近平总书记在党的二十大报告中明确指出，中国式现代化“既有各国现代化的共同特征，更有基于自己国情的中国特色”。在开启全面建设社会主义现代化国家新征程中，东部发达省（市）需要顺应现代化发展的共性规律与区域率先特征，按照党中央对东部地区现代化发展的目标定位与使命要求，立足自身发展基础和比较优势，探索东部发达省（市）现代化先行的实践路径。

第一节　现代化发展的区域特征[①]

实现现代化，区域发展始终是一个不可回避的重点问题。我国国土面积辽阔，因区位条件、资源禀赋、发展基础等因素的综合影响，区域发展的东西失衡与南北差距问题比较突出。在开启全面建设社会主义现代化国家新征程的关键阶段，有必要对现代化发展的区域特征进行系统梳理和全面总结，为到21世纪中叶把我国如期建成富强民主文明和谐美丽的社会主义现代化强国提供借鉴与参考。

对西方国家现代化发展的历史实践进行梳理可以发现，区域率先是现代化发展的一个重要特征。[②③] 更进一步分析，某些小尺度空间区域可以率先基本实现现代化，这是世界现代化进程中的一般性客观规律。[④] 换言之，部分地区现代化走在前列，高度契合区域现代化发展的一般规律与共性特

① 本节主要内容已经发表。王树华、宋颖弘：《社会主义现代化建设试点：理论逻辑与地方实践》，《现代经济探讨》2020年第6期。

② 洪银兴：《现代化理论和区域率先基本现代化》，《经济学动态》2012年第3期。

③ 章寿荣：《发达地区推进区域现代化的模式与路径——以江苏为例》，《现代经济探讨》2018年第6期。

④ 刘志彪：《空间尺度较小区域的率先基本现代化问题》，《河北学刊》2011年第6期。

征。具体来说，现代化发展的区域特征可以从时空演进、动力转换、协调发展三个方面进行总结概括。

一　现代化的时空演进特征：相对集中性、非同步性与传导性、扩散性等并存

从区域现代化发展的时空演进特征来看，区域现代化同时具有空间上的相对集中性、时间上的非同步性以及发展上的传导性和扩散性等特征。在空间上，一个国家的现代化往往高度集中在某些区域，这些区域一般是这个国家自然条件、地理区位和人文氛围相对较好的地区，因而成为该国现代化发展的核心地区和力量源泉。现代化首先在先发地区取得进展和突破，然后影响并扩散到后发地区，这在空间上体现出现代化动力传导性和扩散性的特征。比如，在英国，工业革命最初发生在交通和资源条件良好的“伦敦-伯明翰-利物浦-曼彻斯特”一带沿线区域，该区域占英国经济总量的约80%，不仅催生了伦敦这样的世界级中心城市，而且成为西欧国家现代化的发祥地；在德国，“莱茵-鲁尔”地区具有便利的交通条件和丰富的煤矿资源，是德国重工业发展的重要支撑，一度被称为“德国工业的心脏”，并且孕育了多特蒙德、波鸿、杜伊斯堡等国际知名的世界性城市；在美国，最早承接英国现代化力量扩散的地区是紧邻大西洋的“波士顿-华盛顿”城市群，其后逐步向美国中部的“芝加哥-匹兹堡”城市群以及太平洋沿岸的“圣地亚哥-旧金山”城市群扩张，这三大城市群现已成为美国现代化发展的重要支柱；日本的现代化高度集中在“东京-名古屋-京都-大阪”组成的太平洋沿岸区域，该区域占日本全国经济总量的80%以上，已成为日本现代化发展的重要力量。①② 由此看来，在一国内部，部分经济发达地区率先推进现代化符合现代化建设的时空演进特征。

二　现代化的动力转换特征：科技创新逐步成为经济发展的主要驱动力

从现代化发展的动力转换特征来看，科技创新逐步成为西方先行现代化国家经济发展的主要驱动力。西方先行现代化国家大多倚仗殖民扩张争

---

① 吴权：《简论江苏在国家现代化建设中的先导作用》，《群众》2012年第6期。

② 夏锦文：《基本现代化的区域探索：理论阐释与江苏实践》，《现代经济探讨》2019年第3期。

得先机，获得了大量廉价劳动力，实现了资本的原始积累，从而经济发展的动力主要是劳动、资本等传统要素驱动的。在现代化发展中后期，现代化先行国家普遍对科学技术在经济发展中的先导性作用给予了高度重视，突出体现为政府对研发经费的高投入。根据2020年《国际统计年鉴》有关统计数据，2017年美国、德国、日本等西方发达国家的研发经费投入占GDP比重分别是2.8%、3.0%、3.2%，以色列、韩国的研发经费占比甚至高达4.8%和4.6%。回顾西方先行现代化国家的发展轨迹可以发现，在世界现代化进程中处于领先地位的国家，他们的科技发展水平往往也处于领先地位。为此，我国对科技创新也给予了高度重视。党的十九大报告明确提出要“加快建设创新型国家”。《中华人民共和国国民经济和社会发展第十四个五年规划和2035年远景目标纲要》明确提出要“坚持创新在我国现代化建设全局中的核心地位，把科技自立自强作为国家发展的战略支撑”。由此看来，无论从先行现代化国家的历史实践，还是从我国经济社会发展的规划来看，都特别重视创新在现代化建设中的重要驱动作用。

三 现代化的协调发展特征：经济、政治、文化、社会、生态等各方面协调发展

从现代化的协调发展特征来看，现代化是经济、政治、文化、社会、生态等各方面全面协调发展的有机整体。其中，经济现代化可以为其他方面的现代化发展提供物质保障，应当领先发展。[①] 但是，现代化不能只包含经济领域的现代化，也应该体现为政治、文化、社会和生态等各个领域的现代化。在现代化发展的进程中，经济、政治、文化、社会、生态是全面、协调和可持续发展的有机统一整体。在这个有机的统一整体中，经济现代化应该发挥根本性的作用，政治现代化、文化现代化、社会现代化和生态现代化对经济现代化的实现则具有巨大的反作用。从西方现代化发展实践来看，各国都把经济现代化作为基础。西方国家的现代化发展过程大多经历了由工业化推动的经济快速增长的过程。比如，在19世纪20年代，英国的工业总产值占世界工业总产值比重达50%左右；19世纪50年代，英国煤、铁、棉花的产量占全世界煤、铁、棉花产量的比重分别为60.2%、50.9%和

---

① 刘旺洪、章寿荣：《江苏率先基本实现现代化的三对关系初探》，《新华日报》2011年9月27日。

46.1%。由于率先完成第一次工业革命，当时全球其他国家使用的蒸汽机、纺织机械、铁路机械等大部分都来自英国。在经济现代化发展的基础上，西方各发达国家的社会现代化发展水平也得到相应提升。一个显著的指标就是城市化水平的提升。根据2020年《国际统计年鉴》有关统计数据，截至2019年，美国、英国、德国、法国等先行现代化国家的城市化率分别为82.5%、83.7%、77.4%和80.7%，日本、韩国、以色列等后发现代化国家城市化率也很高，2019年城市人口占总人口比重分别为91.7%、92.5%和81.4%。农民变成市民，居民的生活方式也得到了根本性改变，汽车、家用电器等工业品大量进入百姓日常生活。在经济发展的同时，居民的生产生活环境、医疗卫生教育等社会事业也相应得到发展。由此看来，现代化的发展历程应该是经济、政治、文化、社会、生态等各方面协调发展的历程。2012年11月，党的十八大报告全面提出了经济建设、政治建设、文化建设、社会建设和生态文明建设的“五位一体”的总体布局。在庆祝中国共产党成立100周年大会上，习近平总书记明确指出：“我们坚持和发展中国特色社会主义，推动物质文明、政治文明、精神文明、社会文明、生态文明协调发展，创造了中国式现代化新道路，创造了人类文明新形态。”① 这充分表明，“五位一体”总体布局，进而全面提升我国“五个文明”建设水平，是中国式现代化道路的鲜明特征。其中，经济现代化是根本，政治现代化是保障，文化现代化是灵魂，社会现代化是条件，生态现代化是基础。

第二节 东部发达省（市）现代化先行的现实基础

2012年11月，党的十八大报告明确提出，鼓励有条件的地方在现代化建设中继续走在前列，为全国改革发展做出更大的贡献。2017年10月，习近平总书记站在历史和时代的高度，深刻洞察和把握世界发展大势和当代中国现实，在党的十九大报告中做出了“中国特色社会主义进入新时代”的重大战略判断，并对实现“两个一百年”奋斗目标做出新阐述、提出新要求，用“两个十五年”对我国现代化进程做出新的战略部署，即“从全面建成小康社会到基本实现现代化，再到全面建成社会主义现代化强国，

① 《习近平谈治国理政》（第四卷），外文出版社，2022。

是新时代中国特色社会主义发展的战略安排”。这标志着我国在全面建成小康社会后即进入开启全面建设社会主义现代化新征程的新阶段。东部发达省份经济社会发展水平一直快于全国，在开启全面建设社会主义现代化新征程上既有现实基础优势，又肩负着历史使命。本书以北京、上海、江苏、浙江、山东、广东六个东部发达省（市）作为典型代表，对东部省（市）现代化建设的现实基础进行评估与分析。具体来看，东部发达省份开启全面建设社会主义现代化新征程的现实优势可以从发展水平、发展结构、全面小康社会建设情况等多个维度进行概括。

一　发展水平

从人均 GDP 来看，考虑到国际统计数据的可获得性，我们运用北京、上海、江苏、浙江、山东、广东六个东部发达省（市）2019 年的相关统计数据来进行国际比较分析。按照世界银行对各经济体 2019 年人均 GDP 的统计数据，高收入国家人均 GDP 为 44540 美元，中等收入国家人均 GDP 为 5575 美元，中低收入国家人均 GDP 为 5080 美元，低收入国家人均 GDP 为 780 美元。在中等收入国家中，中等偏上收入国家人均 GDP 为 9040 美元，中等偏下收入国家人均 GDP 为 2177 美元。如果按人均 GDP 衡量，以当年汇率折算，上述六个东部省（市）均已达到中等偏上收入经济体的发展水平。与世界平均水平比较，除山东省外，其余五省（市）均高于世界平均水平①。截至 2021 年，北京、上海、江苏、浙江、山东、广东六个东部发达省（市）人均 GDP 分别为 183997 元、173593 元、137039 元、113032 元、81707 元、98285 元，以当年汇率计算，分别为 28520 美元、26907 美元、21241 美元、17520 美元、12665 美元和 15234 美元（见表 9-1）。

表 9-1　东部六省（市）人均 GDP 的比较（2013~2020 年）

单位：元/人

	2013	2014	2015	2016	2017	2018	2019	2020	2021
北京	100569	106732	113692	123391	136172	150962	161776	164889	183997
上海	96773	104402	111081	123628	136109	148744	157279	155768	173593

① 根据 2020 年《国际统计年鉴》公布的统计数据，2019 年全世界人均 GDP 为 11429 美元。

续表

	2013	2014	2015	2016	2017	2018	2019	2020	2021
广东	56029	59909	64516	69671	76218	81625	86956	88210	98285
浙江	65105	68569	73276	78384	85612	93230	98770	100620	113032
山东	48673	51933	56205	59239	62993	66284	69901	72151	81707
江苏	72768	78711	85871	92658	102202	110508	116650	121231	137039

资料来源：2013~2020年数据来源于相关年份各省市统计年鉴，2021年数据来源于各省市国民经济和社会发展统计公报。

从经济增长速度来看，改革开放以来至2020年，北京、上海、广东、浙江、山东、江苏六个东部省（市）的GDP年平均增长率分别为9.6%、9.4%、12.0%、11.6%、10.5%、11.5%，均高于全国同期GDP年平均增长率9.2%。东部六省（市）占全国经济的比重逐步提高。截至2021年，北京、上海、广东、浙江、山东、江苏GDP分别为40269.6亿元、43214.9亿元、124369.7亿元、73515.8亿元、83095.9亿元、116364.2亿元，占全国经济总量的比重分别为3.52%、3.78%、10.87%、6.43%、7.27%、10.17%。

二　发展结构

从三次产业结构来看，伴随着经济发展水平的不断提升，第一产业比重趋于下降，第二产业和第三产业等非农产业比重将逐步提高，特别是以现代服务业为主的第三产业将逐步成为国民经济的支柱产业。从西方发达国家的情况来看，第三产业比重占比大多在70%左右。2018年，美国、英国、法国第三产业比重分别为77.4%、71.3%、70.2%，日本、韩国、新加坡第三产业比重分别为69.3%、56.8%、70.4%。作为都市型经济典型代表，北京和上海早在1993年和1998年分别实现了第三产业占GDP比重对第二产业占GDP比重的超越。而广东、浙江、江苏和山东四省则先后在2013年、2015年、2015年和2017年实现了第三产业比重对第二产业比重的赶超。近年来，东部六省（市）三次产业结构水平得到进一步优化。截至2021年，北京市三次产业结构为0.3∶18.0∶81.7，上海市三次产业结构为0.2∶26.5∶73.3，广东省三次产业结构为4.0∶40.4∶55.6，浙江省三次产业结构为3.3∶40.8∶55.9，山东省三次产业结构为7.3∶39.9∶52.8，江苏省三次产业结构为4.1∶44.5∶51.4（见图9-1）。与西方发达国家相比，六个东部省（市）三次产业结构已基本达到西方发达经济体水平。

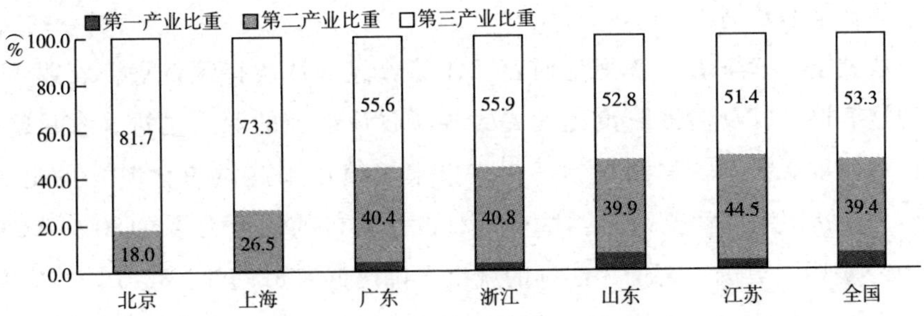

图 9-1　东部六省（市）三次产业结构与全国的比较（2021）

资料来源：2021 年东部六省（市）国民经济和社会发展统计公报。

从经济增长的动力结构来看，消费率的高低与经济发展水平密切相关。西方发达国家的历史实践表明，在现代化推进过程中，随着经济增长和人均收入水平的提高、中等收入群体的扩大、服务业比重的上升，消费率呈现从高到低、再从低到高的变动过程，在现代化基本完成后消费率将达到峰值并逐步趋于稳定。目前，西方主要发达国家的消费率大体保持在 60% 左右的水平。从东部六省（市）的情况来看，根据可获取的最新数据，北京（2019 年）、上海（2017 年）、广东（2019 年）、浙江（2019 年）、山东（2017 年）、江苏（2018 年）六省（市）最终消费率分别为 56.1%、57.3%、48.9%、50.4%、48.4%和 50.5%（见图 9-2）。与西方发达国家相

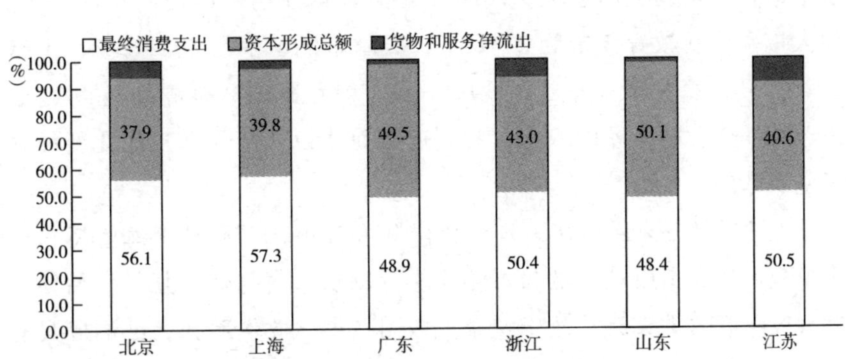

图 9-2　东部六省（市）三大需求对经济增长的贡献率（2021）

资料来源：2021 年东部六省（市）相关年份统计年鉴。

比，东部六省（市）消费率大约有10个百分点左右的差距。消费率偏低的一个原因是国民消费习惯，还有一个重要原因是我国资本形成总额对经济增长的贡献率较高。

从城镇化率来看，就理论而言，伴随着经济社会持续发展，农业生产率的显著提升以及促进城镇化发展的各项政策措施的深入推进，农村富余人口将逐步从农村转移到城镇，相应带来城镇化率（城市化率）的提高。从西方发达国家的情况来看，城市人口占总人口的比重大多在80%~90%。2019年美国、英国、德国、法国的城市人口比重为82.5%、83.7%、77.4%和80.7%。从东部六省（市）的情况来看，根据各省市2021年国民经济和社会发展统计公报公布的数据，北京、上海、广东、浙江、山东、江苏城镇化率分别为87.5%、89.3%、74.6%、72.7%、63.9%、73.9%。与西方发达国家相比，六个东部省（市）城镇化率已基本达到西方发达经济体水平。

三　全面小康社会建设

受益于相对较高的经济社会发展水平，东部省份全面小康社会建设总体上走在全国多数省（区、市）前列。从北京的情况来看，作为我国首都，近年来北京大力加强“四个中心”功能建设，打好三个攻坚战，率先全面建成小康社会，在经济社会发展各方面取得了显著成就，绘就了全面小康的“首都画卷”。经济发展更注重质量，北京已达到发达经济体中等水平；社会建设全面进步，2020年全市人均预期寿命提高到82.43岁，常住人口平均受教育年限为12.6年，居民恩格尔系数为21.5%；生态环境显著提升，森林覆盖率达44.4%，城市绿化覆盖率提高到48.9%。[①] 北京市经济社会发展成就的取得，为开启全面建设社会主义现代化新征程奠定了坚实基础。

从上海的情况来看，作为现代化国际大都市，近年来上海坚持在更高水平上全面建成小康社会的目标指引，深刻认识自身使命任务，始终当好新时代改革开放排头兵，敢于探索、敢闯敢试、敢作敢为，已形成具有全球影响力的科技创新中心基本框架，基本建成国际经济、金融、贸易、航

① 李晓壮：《见证全面建成小康社会伟大成就》，《经济日报》2021年9月30日。

运中心。城乡居民收入稳步提升，居民收入增长与经济增长基本同步提高，劳动报酬与劳动生产率同步提高，2021 年全市居民人均可支配收入达 78027 元，最低工资标准提高到 2590 元/月；社会保障力度进一步加强，基本社会保险实现应保尽保，充分展现了决胜全面建成小康社会的上海担当、上海力量。

从广东的情况来看，作为全国经济体量最大的省份，近年来广东牢牢把握高质量发展主题，推动规模扩大与质量提升并重，深化改革与扩大开放并进，经济社会发展水平得到显著提升。经济总量连续 33 年位居全国第一，以人均 GDP 衡量，广东已达到世界银行界定的高收入经济体标准。广东外贸进出口额连续 36 年位居全国第一，跨境电商出口规模位居全国第一。工业经济竞争力显著提升，涌现出新一代信息技术、绿色石化、智能家电等 7 个产值超万亿元的产业集群。科教文卫各项事业全面发展，生态环境显著改善，使率先全面建成小康社会的广东答卷成色十足。

从浙江的情况来看，浙江坚持一张蓝图绘到底，把忠实践行“八八战略”，奋力打造“重要窗口”作为浙江工作主题主线，2014 年浙江全面建成小康社会实现程度达 97.2%，位居全国各省（区、市）第一。创新发展方面，截至 2020 年，浙江区域创新能力连续 13 年位居全国第五，企业创新能力连续 5 年位居全国第三，创新型省份和科技强省建设成效显著。协调发展方面，城乡居民收入比于 2020 年首次降至“2”以下，成为全国协调发展程度最高的省份之一。绿色发展方面，环境治理满意度逐年提升，成为全国首个通过国家生态省验收的省份。开放发展方面，对外开放能级显著提升，“一带一路”枢纽建设成效显著。共享发展方面，城镇和乡村居民收入连续多年位居全国各省区第一，助力对口地区全部如期实现脱贫摘帽。[①] 一系列具有辨识度的成果，为高质量发展建设共同富裕示范区奠定了基础、积累了经验。

从山东的情况来看，近年来，山东通过推进“八大发展战略”，开展“九大改革攻坚”，实施新旧动能转换重大工程等系列举措，决胜全面建成小康社会实现胜利收官。全省发展动力显著增强，2020 年山东“四新”经

① 今浙平：《勇立潮头敢为先——写在浙江高水平全面建成小康社会之际》，《今日浙江》2021 年第 13 期。

济增加值占 GDP 比重达 30%以上，高新技术产业产值占规模以上工业比重为 45.1%。区域发展更加协调，区域布局进一步优化，乡村振兴全面起势，生态环境得到持续改善，社会事业全面进步。山东全面建成小康社会的一系列成就，为山东开创新时代社会主义现代化强省建设新局面奠定了坚实基础。

从江苏的情况来看，近年来江苏按照中央对江苏提出的“为全国发展探路”的一贯要求，把“强富美高”新江苏现代化建设作为目标指引，在江苏省第十三次党代会上确立了“高水平全面建成小康社会”的目标，进而明确“高质量发展走在前列”的定位，筹划“六个高质量”工作布局，经济社会发展取得了显著成就。全面建成小康社会的“地区生产总值翻番、居民收入稳步增长”两大核心目标均已实现。经济发展率先走上高质量发展轨道，人民生活比较宽裕，生态环境全面好转，社会文明程度显著提高，如期实现高水平全面建成小康社会，圆满交出了“强富美高”新江苏建设的小康答卷。

根据以上分析，东部发达省（市）不仅在发展水平上处于全国前列，已达到中等偏上经济体发展水平，而且在发展结构上也优于全国大多数省份，基本达到西方主要发达经济体水平。同时，全面建成小康社会为开启全面建设社会主义现代化新征程奠定了坚实的基础。这表明，东部发达省份先行现代化，不仅符合现代化发展的区域率先特征，而且具备先行现代化的基础和实力。

第三节　东部发达省（市）现代化先行的前景展望①

根据前述分析，一个国家的部分地区率先实现现代化，然后推进全国现代化，是一些先行现代化国家的共同做法。在开启全面建设社会主义现代化国家新征程中，北京、上海、广东、江苏、浙江、山东等东部发达省（市）理应发挥先导性带动作用，为全国现代化发展探路。理由有下面四点。一是省情与国情相似。以粤苏浙三省为例，在广东省内，珠三角发展

① 本节主要内容已经发表。王树华、孟静、查婷俊：《省域现代化何以可能与何以为？——基于东部发达省市的分析》，《江苏省社会主义学院学报》2022 年第 5 期。

水平明显高于粤东、粤西、粤北等地区，珠三角地区与两翼地区的发展差距与我国东部地区与中西部地区的发展差距类似。在江苏省内，苏南地区较为发达，苏中、苏北地区相对落后，与全国东部、中部、西部的梯度发展差异比较相似。在浙江省内，浙北地区的杭州、绍兴、宁波、嘉兴、湖州等市位于杭嘉湖平原，地形平坦，而浙南地区则是典型的丘陵地貌，浙南和浙北地区发展差距，也可以视作是国内丘陵地带和平原地带的发展差距。此外，浙江省内还存在浙西和浙东的发展差距，类似于内陆和沿海地区的差距。相似的区域发展情况可以为全国统筹推进现代化建设提供经验借鉴。二是地缘条件突出。上海、江苏、浙江处于长三角地区核心区，山东省紧邻长三角都市圈，北京是京津冀都市圈的龙头，广东省则坐拥珠三角。除北京外，这些东部省（市）大多沿江靠海，区位条件十分突出，均属于或毗邻三大都市圈，发展基础好、体制环境优、整体竞争力强，自然和人文条件十分优越，给现代化发展提供了强大的动力支撑。三是经济社会发展水平高。广东、江苏、浙江等省份的经济总量位居全国各省（区、市）前列，在世界各国（地区）GDP 排名中可以进入前 20 位。以人均 GDP 计算，按世界银行标准已进入中等偏上收入经济体行列，正处在现代化加速推进的关键阶段。四是创新能力强。东部发达省（市）科教资源丰富，区域创新能力和企业创新能力连续多年位居全国前列。丰富的科教资源和优越的创新能力为现代化建设从要素驱动转向创新驱动提供了强大驱动力。①

一　东部发达省（市）现代化先行的重点领域

借鉴现代化发展的区域共性特征，立足党中央关于我国社会主义现代化建设的战略安排和目标任务，结合东部地区经济社会发展优势和现实基础，东部省（市）可以在以下五个方面走在全国社会主义现代化建设前列。

（一）在加快发展动力转换上走在全国前列

创新是引领发展的第一动力，是构建现代化经济体系的重要支撑。党

① 章寿荣：《发达地区推进区域现代化的模式与路径——以江苏为例》，《现代经济探讨》2018 年第 6 期。

的十九大报告明确提出要加快建设创新型国家。党的二十大报告进一步提出要“坚持创新在我国现代化建设全局中的核心地位”。作为科教资源和人才资源集聚的高地，东部地区有责任、也有条件在发展动力转换上先行一步，推动以科技创新为核心的全面创新，加快实现经济发展动力从要素驱动、投资驱动向创新驱动转变。东部各省份应牢固树立“创新立省”“创新强省”的发展理念，以建设具有全球影响力的产业科技创新中心为目标引领，以增强自主创新能力和加强创新体系建设为主要抓手，切实推动创新成为引领发展的第一动力，这是事关东部发达省份能否在我国社会主义现代化新征程中有效发挥先导性带动作用的关键因素。东部省（市）在加快发展动力转换上走在前列至少包括以下三个方面的重点内容。第一，提升原始创新能力，推动更多科技成果实现“从 0 到 1”的原创性突破。第二，激发创新主体的积极性、主动性和创造性，推动创新成果在更多领域实现“从有到强”的转变。第三，增强协同创新能力。要立足重点产业，围绕产业链部署创新链，围绕创新链布局产业链，着力提升产业链现代化水平。要着力构建创新生态系统建设，推动“官产学研用”等多主体的协同创新，加快关键核心技术攻关和产业化应用，推动产业与科技深度融合，形成紧密型创新共同体。

（二）在促进区域协调发展上走在全国前列

区域协调发展是贯彻新发展理念的重要内容，也是社会主义现代化建设的重要目标。党的十九大报告提出要建立更加有效的区域协调发展新机制，这意味着区域协调发展的“旧机制”已经不能“更加有效”地发挥作用。党的二十大报告也明确提出了“促进区域协调发展”“深入实施区域协调发展战略”等要求。一直以来，我国东部、中部、西部地区之间，以及同一省内的不同区域之间普遍通过产业梯度转移方式推动区域发展。这种做法虽为发达地区的产业升级腾出了空间，却使欠发达地区滞留于产业链低端，形成了路径依赖。同时，也在一定程度上保护了落后产能。这既不利于缩小区域发展差距，也不符合我国建设社会主义现代化强国的目标要求。在新发展阶段促进区域协调发展，要妥善处理好效率与公平的关系，通过优化相关政策环境，力争在高质量发展中缩小区域发展差距。为此，东部各省（市）在统筹区域协调发展的过程中，至少要在以下两个方面加大工作力度，为全国区域协调发展积累经验。第一，在构建新型区域合作关系上实现突破。东部省（市）应本着合作共赢的原则，着力构建新型区域合作关系，推动区域产业分工从“梯度转移”向“产业协作”转变。第二，在促进区域间基本公共服务均等化上实现突破。东部省（市）应率先打破区域壁垒，推动医疗、教育、养老等基本公共服务在各区域间的均等化。唯有如此，才能为人才等各种要素资源在区域间的自由流动提供现实可能。

（三）在实现共同富裕上走在全国前列

党的十九大报告多次提到要“实现全体人民共同富裕”。党的二十大报告则提出要“扎实推进共同富裕”。从全国的情况来看，我国还处于库兹涅茨“倒U型”曲线左侧的上升期。但从东部发达地区的发展情况来看，由于经济社会发展水平相对较高，随着经济的进一步发展，预计居民收入将先于全国顺利跨越“倒U型”曲线的拐点，进入曲线右侧的下降期，居民收入差距有望逐年缩小。为加快推动这一拐点的到来，东部发达省（市）应聚焦缩小地区、城乡和收入“三大差距”的发展目标，让更多发展成果更公平地惠及广大民众，不断增强广大人民群众的获得感、幸福感、安全感。第一，通过构建和完善先富带后富的区域合作机制，充分发挥东部发达省份的示范和带动作用，综合运用对口支援、对口合作、东西部协作等多种方式，激发欠发达地区现代化发展的内生动力。在本省（市）内构建和完善省（市）域统筹发展机制，以重大项目和重点产业合作为载体，实现省（市）域一体化高质量发展，力争在缩小地区差距上取得实效、做出示范、走在前列。第二，通过统筹新型城镇化战略和乡村振兴战略，加快城乡基本公共服务均等化建设，促进城市基础设施向乡村延伸，实现城乡基础设施统一规划、统一建设、统一管护，完善农村转移人口市民化机制，让更多转移人口更公平地享受新型城镇化成果，力争在缩小城乡差距上取得实效、做出示范、走在前列。第三，通过探索居民稳定增收的有效机制，采取提高受教育水平、强化创业支持、做好收入再分配调节等务实举措实现“扩中”“提低”，加快形成中等收入群体为主体的橄榄型社会结构，力争在显著缩小收入差距上取得实效、做出示范、走在前列。

（四）在提升人的现代化水平上走在全国前列

人的现代化是区域现代化的主体动力，是社会主义现代化的核心。离开了人的现代化，社会主义现代化建设将无从谈起。党的十九届五中全会公报关于二〇三五年远景目标的描述将“人民生活更加美好，人的自由全面发展、全体人民共同富裕取得更为明显的实质性进展”列为基本实现现代化的主要目标任务之一。东部发达省（市）人文底蕴深厚、人力资源富集、人类发展指数全国领先，具备推动人的现代化走在前列的经济基础、人文优势和行动自觉。为此，东部发达省（市）在开启全面建设社会主义现代化新征程的实践探索中，应紧扣人的现代化主线，充分发挥人的主体作用，立足推动实现从“传统人”向“现代人”转变，实现从人力资源大省（市）向人才强省（市）转变等目标，在促进人的全面发展上走在全国前列。具体而言，需要在提升人的素质能力、养成人的文明素养、涵养人的道德习惯、提高人的幸福感获得感等方面走在全国前列。①

（五）在促进社会公平正义上走在全国前列

公平正义是衡量一个国家或地区社会文明程度的重要标志，是社会主义制度的本质要求，是中国共产党立党为公、执政为民的内在价值追求。从先行现代化国家推进现代化的历史实践和经验教训来看，现代化的过程必然是一个剧烈的社会转型过程，现代化的发展一方面推动了社会的不断进步，另一方面也可能会带来城乡分化、区域不均衡，乃至贫富差距过大等问题。我国推进社会主义现代化建设的重要目标之一，是经济社会的全面均衡发展。《中华人民共和国国民经济和社会发展第十四个五年规划和2035年远景目标纲要》在提出“十四五”时期我国经济社会发展必须遵循的原则时，明确提出了“促进社会公平，增进民生福祉”的内容，在提出“十四五”时期经济社会发展主要目标时，明确提出了“社会主义民主法治更加健全，社会公平正义进一步彰显”的目标任务。因此，东部发达省（市）在开启全面建设社会主义现代化建设新征程中走在全国前列，应当进

---

① 王树华、孟静：《以人的全面发展提升“人的现代化”水平》，《新华日报》2021年8月24日。

一步加强发展预判，前瞻性解决和克服现代化进程中的一系列失衡问题，坚持以人民为中心，在立法、执法、司法、守法的全过程贯彻公平正义的法治价值追求上走在全国前列，推进治理体系和治理能力现代化，实现科学立法、严格执法、公正司法、全民守法。

二　东部发达省（市）现代化先行的实践路径

推动东部发达省（市）现代化先行是一项系统工程，需要统筹谋划，从发展理念转变、现代产业体系构建、全面绿色转型等多个方面共同发力、综合推进。

（一）践行新发展理念，奋力推进高质量发展

推动东部发达省（市）在社会主义现代化建设上走在前列，前提是在践行“创新、协调、绿色、开放、共享”五大新发展理念上走在全国前列。

1. 通过践行创新发展理念增强现代化发展的内生动力

把强化创新发展理念放在发展的首要位置，通过创新增强现代化发展的内生动力，夯实东部发达省（市）现代化发展的根基。一是要进一步强化企业创新的主体地位。有效发挥市场在资源配置中的决定性作用，促进各类创新资源要素向企业集聚，推进以企业为主体的关键核心技术攻关，支持企业成为创新成果的重要发源地。二是要发挥政府对创新的引导和支撑作用。在共性技术研发、基础科学研究、公共研发平台建设等领域，政府应加大资金投入和政策支持力度，为创新发展提供制度保障和动力支持。三是充分激发创新发展活力。进一步优化创新相关的体制机制环境，进一步推动人才等各类创新要素集聚，进一步加大知识产权保护，为创新发展营造鼓励创新、宽容失败的良好氛围。

2. 通过践行协调发展理念促进城乡区域等的协调发展

把落实协调发展理念作为推动城乡区域、经济社会、人与自然、国内国外等重大关系协调发展的根本导向，致力于缩小各领域发展差距。一是通过更有效的制度安排，更扎实的举措推动新型城镇化和乡村振兴战略的落地见效，加快打造区域发展的新兴增长极，缩小城乡二元差距。二是聚焦补短板、强弱项，通过着力补齐和消除东部发达省（市）现代化发展的短板与不足，从整体上提升东部地区现代化发展的综合竞争力。目前，东

部发达省（市）在现代化发展的质量和水平上还存在一些短板与不足，亟待改进，主要体现在国土空间开发强度高，资源环境承载能力不足，制约重大基础设施、重大产业项目布局；城乡居民收入水平有待进一步提高，居民收入占 GDP 的比重仍然偏低；一些重点产业发展的“卡脖子”问题依然突出。这些短板和不足是今后一段时期东部发达省（市）在现代化走在前列阶段必须补齐的短板与不足。

3. 通过践行绿色发展理念促进经济社会全面绿色转型

把贯彻绿色发展理念作为推动东部发达省（市）经济社会全面绿色转型的重要途径，推动绿色低碳发展在东部发达省（市）率先取得显著实效，推动东部发达省（市）率先形成绿色生产生活方式。第一，率先形成绿色低碳产业体系。通过加大对现代农业、清洁能源、绿色制造等低碳产业的培育力度，加大对传统耗能产业的低碳化改造等方式，为推动绿色低碳高质量发展奠定产业支撑。第二，率先形成绿色生活方式。引导消费者提高绿色产品消费比重，在需求端为绿色低碳产品提供市场空间；加大公共交通建设比重，推动交通运输结构调整，进一步健全绿色出行体系，实现绿色交通、低碳出行。第三，率先实现“碳达峰、碳中和”。进一步加大清洁能源使用，促进可再生能源发展，提高生态碳汇能力，确保在全国率先实现“碳达峰、碳中和”发展目标。

4. 通过践行开放发展理念促进对内对外双向开放

把秉持开放发展理念作为推动东部发达省（市）由开放大省（市）向开放强省（市）转变的行动指南，进一步推进对内对外双向开放。在推动对外开放方面，要坚持“引进来”和“走出去”相结合，进一步完善对外开放的贸易布局、投资布局和区域布局，推动贸易产品提质升级，支持具有国际竞争力的企业“走出去”，通过对外投资加强产业链全球化布局，特别是加强对一带一路沿线国家和地区的开放布局。在推动对内开放方面，要以全国统一大市场建设为契机，推动国内各种生产要素资源基于市场机制下实现自由流动和优化配置，深化经济发展的跨区域合作。要特别注重加大对民营企业的开放，破除民营主体在市场准入方面的体制性、政策性障碍，为民营企业营造公平竞争的市场环境。

5. 通过践行共享发展理念增强人民群众获得感、幸福感

把坚持共享发展理念作为推动共同富裕的重要指针，通过合理有效的

制度安排，让全体居民共享改革发展成果。一方面，要进一步完善收入分配制度，在做大“蛋糕”的同时注重分好“蛋糕”，切实改善人民生活，让全体民众共享经济社会发展成果；另一方面，要进一步完善社会保障制度，统筹完善社会保险、社会救助、社会福利等制度，不断满足人民对美好生活的期待，充分挖掘总结浙江省共同富裕示范区建设经验，提炼可复制、可推广的经验并在国内加快推广，进一步增强广大民众的获得感、幸福感。

（二）加快建设现代产业体系，全面增强产业竞争力

产业发展是现代化发展的经济支撑。要坚持科技创新和体制机制创新并举，着力提升企业技术创新能力，激发人才创新活力，切实提高全要素生产率，从“自主”和“可控”两个方面发力，加快打造自主可控的现代产业体系。

1. 发力“自主”，增强重点产业的市场竞争力

全面梳理东部发达省（市）重点产业、骨干企业发展中需要重点突破的“卡脖子”技术难题，立足东部发达省市科教资源丰富、市场规模巨大等优势，发挥新型举国体制优势，通过“揭榜挂帅”等方式发布攻关项目，引导和激励市场主体参与重点产业链关键环节、基础研究和原始创新等领域的技术攻关。进一步加强“官产学研”合作，引导和支持行业龙头企业与产业链上下游企业、高校科研院所等相关机构通过组建国家实验室、产业创新中心等方式构建紧密的创新联合体。与此同时，进一步加强产业间和区域间的横向合作，推动重要产业建立协同攻关机制，从强化公共平台建设、加强政策保障等角度，推动关键核心共性技术协同攻关。

2. 聚力“可控”，增强重点产业的资源整合力

打造自主可控的现代产业体系并不意味着产业链的每个环节、每个产品都需要自己来生产，关键在于产业发展要“受控于我”。为此，必须加大对龙头企业在产业发展中的行业标准制定、产品品牌建设的培育和支持力度，培育一批掌握标准话语权、品牌影响力的龙头企业，以增强对全产业链的控制能力，“以我为主”组织产品的生产和供应。要推动科学技术与重点产业的融合发展、金融业与产业发展的良性互动、创新要素在重点产业发展上的高度匹配，显著增强重点产业对全球高端资源要素的整合能力，

做到重点行业发展所需的资源要素“为我所用”，从而切实实现东部发达省份在重点产业发展上的自主可控。

（三）坚持以人民为中心，显著提高居民获得感、幸福感、安全感

坚持以人民为中心，不断实现人们对美好生活需要的向往，显著提高人民群众的获得感、幸福感、安全感，促进人的全面发展和全体人民的共同富裕，是社会主义现代化建设的初衷和目标。对于东部发达省（市）而言，提高居民获得感、幸福感、安全感可以从以下三个方面加大施策力度。

1. 提高居民收入水平

着眼于加快实现共同富裕，千方百计促进高质量就业。一方面，坚持分类施策、精准帮扶，聚焦农村富余劳动力、高校毕业生、退役军人等重点群体进一步完善就业支持体系，通过更加精准有效的政策举措稳定就业基本盘。另一方面，主动把握新技术、新业态、新模式创造的新就业机会，制定更具包容性的就业促进政策，支持多渠道灵活就业；制定和完善灵活就业人员劳动权益保障制度，增强灵活就业人员的获得感、幸福感、安全感。在此基础上，要采取有效措施提高居民收入在国民收入分配中的比重，切实使“居民收入增长与经济增长同步，劳动报酬提高和劳动生产率提高同步”。一方面，要立足“扩中”，持续推动产业结构和就业结构优化调整，通过培育经济增长新动能创造更多的中等收入就业岗位，以此为扩大中等收入群体奠定产业基础和就业基础。另一方面，要立足“提低”，瞄准低收入人群，加大教育投入和职业培训力度，消除任何就业歧视制度，积极扩大中低收入人群就业空间，推动充分就业。

2. 完善分配制度

进一步深化分配制度改革，加快构建和完善初次分配、再分配、三次分配协调配套的制度体系，扎实推动共同富裕取得更为明显的成效。第一，充分发挥市场决定性作用，进一步完善初次分配制度。要采取务实举措提高劳动报酬在初次分配中的比重。一方面，进一步健全完善劳动参与分配的政策机制，着力巩固按劳分配的主体地位，注重健全和完善工资收入合理增长的长效机制，推动最低工资标准稳步增长，实现劳动报酬增加和劳动生产率增长同步，确保发展成果由全体人民共享；另一方面，着力健全和完善按要素分配机制，在通过职业教育和技能培训提升劳动者人力资本

存量的基础上，逐步构建和完善体现知识、技能和管理等要素价值的收益分配机制，确保劳动者凭借自有知识、技术、专利等获得相应回报。第二，更好发挥政府宏观调控作用，进一步完善再分配制度。在省级层面，可行的抓手是通过财政转移支付缩小地区间和城乡间的收入差距，通过基本公共服务均等化创造民众的“隐性财富”。第三，着力营造良好社会氛围，进一步完善三次分配制度。要营造民心向善的良好氛围，通过各种渠道加大对慈善文化、慈善理念的宣传教育，着力加强对慈善捐赠人和慈善从业人员的精神鼓励，进一步构建和完善激励慈善捐赠的配套政策体系，在全社会形成主动参与慈善捐赠的行动自觉。①

3. 提高社会保障水平

社会保障是社会稳定器、民生安全网。要不断健全完善与经济社会发展水平相适应的社会保障体系，大力提升公共教育、医疗卫生、养老服务等社会保障发展水平，让改革发展成果更公平地惠及更广大人民，更好促进人的全面发展。第一，要在提升教育整体发展水平的同时促进教育均衡发展。进一步加大教育投入，推动城乡义务教育一体化发展，实现教育资源在城乡区域间的均衡配置和充分共享，切实缩小教育在区域和城乡间的发展差距，实现教育公平。第二，要统筹抓好人民健康、公共卫生和医疗能力建设，把保障人民健康放在首要位置，着力补齐基层卫生基础设施建设短板，进一步提升公共卫生应急管理能力，全力守护好人民群众身心健康。第三，要加快发展养老事业，发展普惠型养老服务，加快构建多层次养老保险体系，进一步提升养老服务保障水平，构建老年友好型社会，实现“老有所养、老有所依、老有所乐、老有所为”。

（四）强化生态优先绿色发展，推进全面绿色转型

实现人与自然的和谐共生，不能走以牺牲资源环境为代价的老路、粗放发展的回头路。党的十九届五中全会提出要促进经济社会发展全面绿色转型，恰恰为东部发达省（市）的率先转型发展提供了难得的政策机遇和强大的发展推力。东部发达省份在现代化发展中走在前列，必然要求东部省（市）在推进全面绿色转型上也要走在全国前列。为此，要从构建绿色

① 王树华：《完善分配制度 促进共同富裕》，《群众》2022年第2期。

发展技术创新体系，加快传统产业绿色化改造，倡导形成绿色生活方式等方面加大推进力度。

1. 构建绿色发展的技术创新体系

绿色技术创新体系建设是一项系统工程，包括前端的技术研发、中端的产品生产和后端的市场化应用。在市场主体培育上，要进一步强化企业在绿色技术创新体系中的主体地位，通过开展绿色技术创新企业认定等务实举措，给予绿色创新企业政策支持。在重点领域上，要聚焦节能环保、清洁生产、清洁能源、生态保护与修复、生态农业等重点行业，加快突破一批原创性、引领性绿色技术，促进绿色技术创新成果转化，全面提升绿色产业竞争力。在相关支持政策上，要建立健全绿色技术交易市场，推动绿色技术在行业内的流动，加大绿色技术知识产权保护与服务力度，推动绿色制造技术创新，加强对绿色创新技术的金融支持，进一步加大政府对绿色产品的采购支持力度，助推绿色创新成果不断涌现。

2. 加快传统产业绿色化改造

实施重点行业绿色化改造工程，促进钢铁、石化、印染等行业清洁生产和超低排放改造。[①] 一方面，推动高耗能、高污染等重点行业的低碳减排。依法依规淘汰落后产能，鼓励和支持企业采用低碳减排技术，提高产业绿色化发展水平。以绿色化、智能化为方向，推动制造过程的智能化升级，打造一批具有示范带动作用的绿色工厂和绿色供应链，加快建设绿色制造体系。另一方面，提升园区的绿色化发展水平。进一步优化园区的产业布局和循环经济建设，共建共享园区环保公共设施，推动园区能源高效利用、废物综合利用，促进园区内企业循环式生产、园区循环式发展。

3. 倡导形成绿色生活方式

在供给端推动绿色生产的同时，还需要在需求端倡导绿色消费，形成“简约适度、绿色低碳”的生活方式。要显著增加绿色产品和绿色服务供给，引导居民优先采购绿色标志产品，强化资源节约和循环利用意识，推动垃圾分类和减量化处理、资源化利用，推动全体民众衣食住行全过程向绿色低碳方向转变。要加强宣传教育，提高全体民众的环境保护意识和绿

① 王树华、郭玉燕、宋颖弘：《在高质量发展中谱写现代化建设新篇章》，《唯实》2022 年第 2 期。

色发展的价值取向，进一步增强全社会的绿色消费、绿色出行、绿色居住意识，在全社会范围内形成绿色生活新风尚。

本章参考文献

[1]《习近平谈治国理政》（第四卷），外文出版社，2022。

[2] 王树华、宋颖弘：《社会主义现代化建设试点：理论逻辑与地方实践》，《现代经济探讨》2020 年第 6 期。

[3] 洪银兴：《现代化理论和区域率先基本现代化》，《经济学动态》2012 年第 3 期。

[4] 章寿荣：《发达地区推进区域现代化的模式与路径——以江苏为例》，《现代经济探讨》2018 年第 6 期。

[5] 刘志彪：《空间尺度较小区域的率先基本现代化问题》，《河北学刊》2011 年第 6 期。

[6] 吴权：《简论江苏在国家现代化建设中的先导作用》，《群众》2012 年第 6 期。

[7] 夏锦文：《基本现代化的区域探索：理论阐释与江苏实践》，《现代经济探讨》2019 年第 3 期。

[8] 刘旺洪、章寿荣：《江苏率先基本实现现代化的三对关系初探》，《新华日报》2011 年 9 月 27 日。

[9] 李晓壮：《见证全面建成小康社会伟大成就》，《经济日报》2021 年 9 月 30 日。

[10] 今浙平：《勇立潮头敢为先——写在浙江高水平全面建成小康社会之际》，《今日浙江》2021 年第 13 期。

[11] 王树华、孟静：《以人的全面发展提升“人的现代化”水平》，《新华日报》2021 年 8 月 24 日。

[12] 王树华：《完善分配制度 促进共同富裕》，《群众》2022 年第 2 期。

[13] 王树华、郭玉燕、宋颖弘：《在高质量发展中谱写现代化建设新篇章》，《唯实》2022 年第 2 期。

[14] 王树华、孟静、查婷俊：《省域现代化何以可能与何以为？——基于东部发达省市的分析》，《江苏省社会主义学院学报》2022 年第 5 期。

图书在版编目（CIP）数据

省域现代化的理论与实践 ：基于京沪苏浙鲁粤六省市的分析 / 王树华，孟静，查婷俊著. -- 北京 ：社会科学文献出版社，2022.11

ISBN 978-7-5228-0920-5

Ⅰ.①省… Ⅱ.①王… ②孟… ③查… Ⅲ.①现代化建设-研究-中国 Ⅳ.①D61

中国版本图书馆 CIP 数据核字（2022）第 197075 号

省域现代化的理论与实践
——基于京沪苏浙鲁粤六省市的分析

著　　者 / 王树华　孟　静　查婷俊

出 版 人 / 王利民
组稿编辑 / 任文武
责任编辑 / 方　丽　张丽丽
责任印制 / 王京美

出　　版 / 社会科学文献出版社 · 城市和绿色发展分社（010）59367143
地址：北京市北三环中路甲 29 号院华龙大厦　邮编：100029
网址：www.ssap.com.cn
发　　行 / 社会科学文献出版社（010）59367028
印　　装 / 三河市龙林印务有限公司

规　　格 / 开　本：787mm × 1092mm　1/16
印　张：17.25　字　数：284 千字
版　　次 / 2022 年 11 月第 1 版　2022 年 11 月第 1 次印刷
书　　号 / ISBN 978-7-5228-0920-5
定　　价 / 88.00 元

读者服务电话：4008918866